中外哲學典籍大全

總主編 李鐵映 王偉光

中國哲學典籍卷

宋元明清哲學類

吴澄集（二）

〔元〕吴澄 著

方旭東 光潔 點校

中國社会科学出版社

卷二十四　序

滕國李武愍公家傳後序

上天生不世之主，將建不世之丕績，開不世之丕基，必生命世之才而羽翼之，而爪牙之。有漢高祖，則有何、參、良、平、信、越、布、噲；有漢光武，則有禹、恂、異、弇、彭、復、宫、俊；有唐太宗，則有靖、通、紹、高、敬德、世勣。聖元世祖皇帝平一海内，極天所覆，盡地所載，靡不臣妾。開闢以來，未之有也。一時文武將相，或效智謀，或奮勇力，各展所長，以佐興運。如雲之從龍，風之從虎，共成丕丕不世之勛業，視漢、唐諸臣蓋有光焉。

滕國李武愍公，西夏人。大考以貴戚命邊城，天朝兵至，城陷死節。惟忠甫七齡，將殉父死。兵帥奇其幼慧，以獻，皇弟得之甚珍。後作州牧，治淄州。子十三人，公次居四。結髮從戎，熟歷行陣，技精氣鋭，所向莫禦。

廟算平南，自荆襄始。公長萬夫，率衆在行，築圍絶援，以孤敵勢。由是得樊得襄，勁卒前導，與宋力戰。額中流矢，彌壯彌毅。殪彼驍將，挫彼老將，師遂渡江。洞庭捷而岳陽附，沙市破而江陵下。有旨分三道進軍，一徑趨浙，一收湖廣。公以副帥偕大帥定江西，師薄洪城。僅一交鋒，不支即降。撫及建昌，瑞及臨江，相繼皆降。移師指吉，吉人偵師所過不殺不擾，嘆曰：「此仁義之兵。」開門迎師。贛、南安聞之，亦來納款。民按堵不動，不知干戈之臨、運代之革也。

臨安順命，宋臣有揭益、衛二王航海者立於閩中。江西近閩之郡，逋官遺民聚衆以應。公馳至盱，衆俱敗散。洪起大獄，誅籍巨室。公聞亟歸，平反其辭，全活百數。時廣猶未寧，它師往援，公獨鎮洪，遣偏裨蕩清贛境。

半年之後，宋之藎臣又自汀出，公以精兵逐之，循贛之鄙追及吉之鄙，支黨悉平。宋益王終，衛王嗣立，列舟駐廣之厓山。公暨張弘範，并膺蒙古、漢軍都元帥之任，期於必取。至元十六年春，二帥師集。彼敵雖小，堅勁未易摧。相持踰二十日，二帥舟師合攻，大戰自朝至於日中，宋師踣，相陸秀夫朝服抱宋主蹈海，後宮及文武官弁妻子從死者萬餘人。將張世傑潰圍奔南恩。後數月，溺水死，宋祚乃訖。公生平戰功，此其最大者。

公留洪五年，遷湖廣省，治潭。越二年，治鄂。又二年，扈皇子征交趾。明年，抵其國，則已空其國逃。逮夏水漲，師還中途，毒矢傷膝，轉戰愈力，擁護皇子脱於險。行七日，次思明州，竟卒。

公之官肇端淄萊路安撫司郎中，繼授諸軍總管，繼授副萬户，繼兼益都、淄萊兩路軍職，陞副都元帥，同知江西道宣慰司事，遙領福建道正使。尋改使江西，由宣慰使除行中書省參知政事，由都元帥除行中書省左丞，階宣武、明威、宣威將軍，定遠、昭勇大將軍，以鎮國上將軍換資善大夫，贈銀青榮禄大夫、平章政事，謚武愍，加贈推忠靖遠功臣、太保、儀同三司，追封滕國公。

公之長子榮禄大夫、江西等處行中書省平章政事世安，長孫翰林直學士、中議大夫屺，澄所識也。因閲公行狀、神道碑，載公之忠武勤勞夥矣。而澄數奉教於中州諸老，竊聞世祖皇帝篤信孟子能一天下之言，習知曹彬前平江南之事，睿謀神斷，專以不殺爲心，故南行將相必丁寧戒勑。其能欽承上意者固有，而亦豈人人如曹彬乎？惟公天資仁厚，江西之受其賜爲獨優。公之去洪適潭也，老稚嗟惜，垂涕攀留，如失慈父然。夫天道好生，而道家忌世將，爲其世將多殺也。今公之子孫政事文學表表顯庸，方興未艾之福如長江大河源源而來，混混不竭。觀天之所報於公，則知公之所勉於人其何如哉。予於公之盛德，身所親見者，樂爲江西之人道之。而凡公之雋功難以遍舉者，碑狀具存，不復一一論述也。

公諱恒，而字德卿云。

趙國董正獻公家傳後序

上天命皇元一四海，多生碩才以擬其用，河北史、董二家最著。董氏由龍虎衛上將軍俊始歸國，竭忠力戰而死。越四十餘年，其仲〔二〕子文炳竟佐丞相伯顔取江南，功第一；其

〔二〕仲，四庫本作「門」，據成化本改。

季子文忠以近臣侍左右，朝夕諷議，有裨君德國體、兵謀民病者甚夥，恭謹讜直，人比之石奮、魏徵，官至資德大夫、僉樞密院事，加贈體仁保德佐運功臣、太師、開府儀同三司、上柱國，追封趙國公，謚正獻。適嗣士珍，資政大夫、御史中丞，贈純誠肅政功臣、太傅，其餘官勳封國并如父，謚清獻。

適孫守中，今參知湖廣行中書省政事。謂正獻公行狀、墓誌、神道碑事蹟有缺遺，囑其客修成家傳，纂述該悉。夫論撰稱揚其先祖之美，勒在烝彝嘗鼎，以明示後世，此古昔孝子孝孫之心，記禮者嘉之。參政之心同乎是心也。嗚呼！爲人臣下，克忠於君；爲人子孫，克孝於親。忠孝之行萃董氏一門，其世美之久而彌彰也有以哉！

崇仁三謝逸事編序

邑西謝氏有諱九成者，字子韶。子貴贈承議郎，嘗往見臨江謝尚書諤，尚書稱爲宗人，書前賢訓誡之辭貽之。

承議六子，長公旦，字清父，一字景周。淳熙壬寅十一月生，嘉定癸酉貢士，明年登科。初授迪功郎，主永新簿班，改通直郎，知通城縣，轉奉議、承議、朝奉三官，直寶章、華文、焕章三閣，外歷制機、郡倅，内歷監察御史、崇政説書，遷太常少卿，丐祠而去。起知贛州，持憲浙東、浙西，終閩漕。淳祐乙巳卒，年六十四。

次洪，字申父，申父一字景範。淳熙丙午二月生，開禧丁卯、嘉定壬午兩預貢，寶慶丙戌免舉登科。初授迪功郎，主江陵簿班，改通直郎，知萬安縣。淳祐丙午十月卒，年六十一。

其三琳，字貢父。淳熙戊申六月生，嘉定丙子、己卯兩預貢，庚辰登科。初授迪功郎、南豐簿班，改宣教郎，知郢縣，官奉議、承議、朝奉，職文思、審計，監三省，門密院編修，擬右司文字，出知徽州。淳祐丙午，奔伯兄喪至家，哀慟成疾，四月卒，年五十九。

其四公浩，其五灝，其季公望。

常卿之子東之字若水，仕至儒林郎、淮西總領所轄幹官；萬安之子鎔之字若礪；右司之子清之字若冰，父澤授將仕郎。總幹之子宗斗、宗禮、宗周。宗禮一子；宗周二子，一爲宗斗嗣。

澄之從曾祖夢雋嘉定庚午貢於鄉，越五年甲戌，隨常卿同試禮部，自此有事契。後五十七年，咸淳庚午，常卿之孫宗斗與予同貢，欲偕予編纂三謝先生逸事。多方搜索，苦無文獻足徵。又五十七年，宗斗之弟宗周以所得一表示予，冠以尚書公所貽前賢訓誡，承議有跋語，常卿亦有跋語。常卿、總幹遺文若干篇，雖廑廑一二，然猶幸存此矣。三先生俱無行狀、墓誌，而三壙記敘述頗詳。繼今儻再裒輯，庶幾世美不墜。嗚呼！三先生伯、仲、叔接踵擢科，伯、叔以清節著聞，仲氏亦號賢令長。同門三傑，焜耀一時，盛哉！萬安、右司不幸無後，而常卿之苗裔能若是，可嘉也夫！亦可嘅也夫！

邢氏孝行序

晉散騎侍郎賀喬妻于氏，養其夫仲兄賀群之子率爲子，乳哺鞠育，同於己生。使喬廣置側媵，後有妾子曰纂，于亦子之。今觀大同穆氏妻邢氏子夫兄之子與夫妾之子，恩勤備極，二事適相類。然于氏爲士大夫之妻，通經史，能文章。咸和五年上表於朝，援引古今辭義蔚然。以此婦人而有賢德，固其宜也。邢氏生長民間，非有見聞之益、敎學之功也，而其賢不減於于，可不謂難能者哉！

嗚呼！近世士大夫不能正身以御家，縱其妻悍妬無道，無子而不肯子兄弟之子，鉗制其夫不令有妾，阻隔其妾不令有子，卒至絶嗣、爲不祀之鬼者，吾見多矣。聞邢氏之風，獨不内愧于心乎？夫婦人無非無儀，豈欲善行之聞於人？而君子樂稱邢氏之賢，亦將愧夫世之不賢者也。

項氏守節詩序

從仕郎、法物庫副使黄汝賢妻項氏，年十有六而歸，三十有七而嫠，無子，止一女。守節自誓，不復他適。其姻親孔善卿爲予言，予嘉嘆焉。易曰：「恒其德，貞婦人，吉。」象曰：「婦人貞，吉。從一而終也。」嗚呼！世俗衰漓，士大夫或喪其良心，况婦人乎？

有七子而猶不安其室者有矣，盛年無子，而從一而終，可不謂賢哉！昔衛有共姜，漢有陳孝婦，魏有夏侯令女，前聖存之於經，後賢具之於史。今項氏與三貞婦，雖所遭、所處時位不同，其貞正自守一也。好是懿德之人，安知無詩以美之、書以褒之，示世儀則者乎？予於是紀其事，以俟夫續列女傳者考焉。

趙氏慶壽詩序

愛其親者欲其壽，其心無所限極也。上壽百歲，中壽八十，下壽六十。下壽期於中壽，中壽期於上壽，爲人子孫之心皆然。廣平趙慶甫，昔爲轉運司屬官。慶其父八十，鄉貴馬尚書德昌以詩爲倡，中朝碩彦、當代名流莫不有詩，一時榮之。距今三十五六年矣，而慶甫又八十，壽且康强。行御史臺宣使禮，其孫也，壽其大父如昔慶甫之壽其父。自今八十中壽以至於百歲上壽，而禮之所期者猶未已。趙氏世世有子孫之賢，能致愛親之誠；世世有高年之親，得受子孫之奉，夫豈偶然者？非家之積善，何以獲天之厚報如此哉！禮也將裒諸公慶壽詩爲一卷，予爲之序云。禮字仲敬。

贈琴士李天和序 天曆己巳

新淦李天和，儒宦之裔。少倜儻任俠，客四方，即襄陽而家焉。遊藝之暇，寄迹於絲桐。子嵩壽年十八，已善繼昭文之綸，蚤慧可尚已。天歷二年秋，自襄來淦，于冬之仲命其子造吾門，貽書評三操之殊，考五絃之合，意若就正於野叟。夫術業有專攻，天和於琴，專業也，叟腐儒耳，頗究心禮樂之名數，而非習於其藝者，烏足與議哉？叟之所知，蓋曰匠師之目雖巧，而不能不資規矩以成方圓；樂師之耳雖聰，而不能不資於六律以正五聲。

琴工之調絃也，間二則按九徽，間一則按十徽。宫之於徵、商之於羽、徵之於半商，皆九徽間二而協；角之於半宫，必進半徽焉。商之於徵、角之於羽、徵之於半宫、羽之於半商，皆十徽間一而協；宫之於角，必退一徽焉。按律定聲則然也，若審之以耳，而不資於律，譬猶恃目力之巧，不用規矩而能成方員者，叟有所不能也。

至於琴操之古不古，此又關繫乎天地之氣運、國家之政化，尤未易以虛言也。樂調之聲，隨天地之氣運而淑慝；天地之氣，隨國家之政化而醇醨。三皇、五帝、三王之盛，如春之發生，夏之長養，秋之成熟，一時民庶熙熙皞皞於洪鈞块圠之内，陶然太和，充滿六合。其發於聲樂，而爲咸英莖章、韶夏濩武，盡善盡美，後世蔑以加。

周衰，諸侯放恣；周末，戰國紛争，禮樂久已淪廢。及秦燔滅詩書，禮樂遂泯絶而無餘。漢興，不能汲汲講求以復於古，陵夷極於晉、隋。唐初用祖孝孫樂，直謂樂聲無預治亂，是自安於今而無意於古也。開元成一代之典，豈能恥其所因之陋？禮且苟也，而況於樂乎？宋世講求亦屢，至大觀之大晟樂而定。斯時何時也？國家之政化若何、天地之氣運若何，而可爲此事哉？宜其聽者之輒昏睡而厭聞也。沿襲逮今，不過掇拾唐宋之緒而已。

夫樂有八音，革、木不分五聲，姑未論。金、石之聲舂容，匏、竹之聲條暢，惟絲聲不然。大樂之瑟、俗樂之筝，一彈一聲，簡短易歇。古者升歌，四工四瑟，倡一和三，連四爲一，然後可配它樂之一聲。今之琴韻，取聲於托、擘、抹、挑、勾、剔、打、摘，而有吟、猱、綽、注、汎指等類以衍長其聲，一琴之中而與古樂四瑟之倡嘆同意。惜其音調雖非教坊俗樂之比，而終未脱鄭、衛之窠臼。以今三操，北操稍近質，江操衰世之音也。淛操興於宋氏，十有四傳之際，穠麗切促，俚耳無不喜。然欲諱護，謂非亡國之音，吾恐唐詩人之得以笑倡女也。嗚呼！此關係乎兩間氣運之大數，豈民間私相傳習之所能變移者哉？

天和精於其藝，達於其本，試取三操參互損益之，以庶幾乎古。當今君明臣良，超越前代，但所在郡邑吏貪謬而民愁怨，猶不免虧傷天地之和。此惟政化孚洽，由上而風乎下，由近而漸乎遠；貪謬易而循良，愁怨轉而康樂。於此之時，所改之操乘革乖爲和之休運，其近於古也不期然而然矣。叟雖期耋，尚幸須臾無死，冀得一聞此音也。天和父子將北遊，京師人物都會，寧無奥學卓識，願贊明君良相之制作者？儻出予言諗焉，其必不以爲野叟之耄言也。嵩壽行，書此爲贈琴士李天和序。

送鄉貢進士董方達赴吏部選序

廬陵支邑之遠鄉有董氏一族，自宋初迄宋末，以文儒發身者七八十人。祥符甲寅，淳、滋、淵、湘一家同父兄弟四人同預貢。次年乙卯，淳登科。明道癸酉，洙暨弟儀、汀，子師德、師道一家父子兄弟五人同預貢。景祐甲戌，皆登科。此其科名之最稠者。登科之儒累累相續，敦逸官至侍從，德元官至執政，此其官位之最隆者。

紹興間，臨川分刱一支，邑割廬陵支邑之鄉隸焉，由是董氏屬撫，而文風士氣猶如屬吉也。逮宋之季，咸淳庚午，定得、雷先、省翁一家同父兄弟三人同預貢。次年辛未，定得又登科。越四年甲戌，江西混補試，中太學進士選者諱德，屯田員外郎文肇之十世孫也，科舉之文甚精。宋祚迄，課其孫肄業猶不輟。比及貢舉復，其孫天衢，至治癸亥預江西鄉試貢。次年泰定甲子，禮部會試，人期其文百試百中。既而小卻，期者觖望，而識者則曰：「此天將老其才而大其成。」被特恩，長龍興路宗濂書院。處三年，職業修舉，公私交相敬愛，以爲不特可以文學稱，又可以政事稱也。將謁吏部選士，友以序若詩贈行者不一。

天衢之大父，殿宋三百年進士之終，今其孫肇皇元萬億年進士之始。董氏儒科之有人，雖運代更易而不替，盛矣哉！天衢來告行，予謂之曰：「子之家世如此，子之才藝如此，有光於前，有開於後，將爲皇元董氏文儒之第一祖。予輒因子之族推而上之，原其受氏之久。自黃帝以來，若春秋之時，若漢唐之際，名世者多矣。實與廬陵一族相照耀，而爲古今第一者，江都相也。蓋『正誼不謀利，明道不計功』數語升入孔聖之堂室，三代而下以至於今，諸儒未有能及者也。充子之家學，遡而極之，有得乎此，則文學足以發身，政事足以涖官。既在人之先矣，又將可爲聖門四科之首，非但爲一族儒林之最而已也。」天衢之字曰方達云。

贈饒熙序

在宋嘉熙庚子，撫郡貢士以春秋經第一充第一人者，饒君鍪也；以詩經第一充第六人者，婁君建也。二賢長厚君子，温然粹然，有如玉之德，非輕揚峭拔、但以一日之藝稱輩流者也。晚年并特奏名授官，而婁之子一登進士科，一預進士貢；饒之子若孫騤騤繼婁之躅，而宋亡，科廢矣。二家胤胄孝友慈良，忠信謹重，人人而然。目其儀容，耳其論議，往往與時俊克濟世美，不墜家聞者哉！

澄五十年前已與婁之子文輔同貢，饒之曾孫熙亦一再及吾門。與二姓交際雖久近淺深之不同，而知其胤胄之賢則一也。熙在吾家，坐間有風予勸熙仕進者，予應之曰：「士之出處各有意。熙之才固可以仕，其進其退在彼，非予所可勸沮也。」

澄，撫人也，且爲言撫之事。宋之盛時，撫之曾、王二姓最盛。曾再世擢科矣，乃至中書舍人鞏，周産五人皆進士。王一世擢科矣，乃至丞相荊國公安石，同産三人皆進士，其一又特賜及第。然二姓之所以盛，蓋不止於科名。中書、丞相之文如麗天日月，上與漢之賈馬、唐之韓柳等夷。而丞相之志行，吾陸子所謂「潔白之操，寒於冰霜」者，百世一人而已。饒、婁二家賢祖父之所積累、所醖釀，自宋末至於今，其蓄也久而深，則其發也大而遠。乘皇元文運之隆，饒、婁二姓之盛，詎知其不如曾、王二姓之在宋乎？婁之子孫已小試者未可以自足，饒之子孫未一試者不可以自畫也。志行之卓，文章之古，科名之顯，予之所期於二姓者遠且大，而不願其以近利小試自安也。因書遺熙，俾自勗焉。

贈陳與道序

陳與道資質謹厚，其爲醫也詳審。留洪廛十季，凡臺省達官、廛里編户、朋友舊知、遠邇羈客，召診問藥者紛至，診無不中，藥無不效。廉而無所覬，人重其術而高其行。不惟親之，而且敬之。既而自洪歸鄉，則昔之詳審又加之以精巧，詎非更歷之多、試驗之熟而然與？夫人之求醫，喜世醫，喜老醫，何也？爲其更歷多而試驗熟也。予謂其多、其熟，豈係乎世與老哉？世而荒其祖父之業者有矣；老而昏耄，曾不如少壯之明察也。秦越人少爲舍長，則非老也；遇長桑君傳其禁方，則非世也。彼其術之神，固無俟於歷試驗也。然猶之齊、之晉、之秦，足迹幾半天下，所適之地廣，所治之疾不一，而彌多彌熟，雖神醫不能不然也。予期與道之學秦越人，則其術不但可名於今而已。尚勉之哉！

贈教諭榮應瑞序

豫章之武寧、分寧，山峭而水清，人生其間者，大率任俠尚氣，雖士亦然，蓋其土風然也。榮應瑞亦分寧士，官崇仁邑校三年，與少者相安，與老者相得；内無町畦，外無圭角，自始至逮官滿如一日，藹然如周旋揖讓於洙泗之鄉，視其鄉之土風無毫髮肖似，予其敢以分寧之士伍之哉！夫生於其鄉而異於其俗，此世所謂非常人也。況其發言也，馴雅而不媚；其處事也，雍容而不懦，是又得其土風之善，而合乎中庸之道者。夫如是，使之有言責，必不依阿而詭隨；使之有官守，必不罷輭而不勝任。惜乎沈晦於下寮，局促於冷職，而未得以展所藴。故予於其去也，勉之益加培養，以俟遭逢。予之未死也，猶將見其有立於世也。

贈史敏中侍親還家序 至順庚午

敏中，崇仁縣尹史侯之子也。數十年來，風俗大壞，居官者習於貪，無異盜賊。己不以爲恥，人亦不以爲怪。其間頗能自守者，千百不一二焉。

侯真定人。真定有史、董諸大姓，各以材武起家，皆沈毅質樸，無文史之險譎，無儒流之緣飾，其子孫出而仕宦者往往能廉。侯至崇仁，首示教條，諭民以所應爲、所不應爲。涖政數月，任己所見，悉無所私。因公過予，予問之曰：「侯能始終自守如是乎？此縣無職田，俸不足以自養，如之何？」答曰：「吾於沔陽種田，若無旱澇，可以粗給終歲之食。前任佐邑錢塘，彼俗浮靡，喜以賄賂污官吏，而吾不染其污也。身雖在官，而耕者在家，不廢歲收。家之所收，以供官之所用。」予聞其言，爲之嘉歎。處此三載，一一踐其言如初。

噫！人每以居官之所挐攫而肥其家，侯獨以居家之所營辦而贍其官，今世所希有也。不惟是也，凡居官有所施與，類皆虛言無實。侯修廟學，自助錢二十萬，侯家隸解送贍用之費至，實捐二百幣畀修學之司，亦所希有之事。今世貪官之子隨父行者，父受賄賂，子又外有所取。或父雖不受，子亦私取於人。敏中潔白自將，不損侯之廉名，可謂賢子哉！官滿侍親還家，求予誨言。予謂人之保初節易，保晚節難。今侯年六十，晚節完矣。敏中年方少壯，它日得仕，始終不改其父操，則史氏世世有廉吏，豈不有光於真定之世族哉！敏中字遜卿云。

贈何仲德序

先漢之初任文吏，宰相往往由吏起。吏貴重，故吏亦自貴重。嚴酷者或有之，而貪濁者鮮有也。其後重者浸浸以賤，逮宋之季極矣。國朝用吏，頗類先漢。至元間，予嘗遊京師，獲接中朝諸公卿，自貴戚世臣、軍功武將外，率皆以吏發身。蓋當時儒者進無它途，惟吏而已。曰官曰吏，靡有輕賤貴重之殊。今之官即昔之吏，今之吏即後之官。官之與吏，情若兄弟。每以字呼，不以勢分相臨也。而其時之吏多修潔。越十數年，吏習丕變，何也？雜以南土舊日之吏故也。夫南土舊吏，人所輕賤，不齒於大夫士者也。國朝之吏，又所貴重，可至於宰相者。以可至於宰相之地，而卑不齒於士大夫之人，其無識無耻，豈能自貴其身哉！不惟彼不自貴重也，而向之稍自貴而且重者，亦且相熏相染，同爲無所顧藉之歸，通天下皆然，莫可救藥，可嘆也！夫近年有儒流選而爲吏者，則異是。

潯陽何自明仲德，年少工儒。先世登進士科，官至御史中丞。仲德，儒官之裔，讀聖賢之書，吏于臨川郡三載，不刻不污，藹然文儒氣象，視世所謂吏者霄壤。既考滿而遷，當路達官争相羅致。它日能如吾前此所見之名公卿也何難！予惜其去，又喜其升，於是贈之以言。嘉之也，亦勉之也。

贈周南瑞序

天下之姓雖支分派别，其初實同出乎一本。春陵之周與廬陵之周豈有異也？安成周南瑞敬修扁「濂溪」二字於書室，或者議之。予謂無可議者。然慕濂溪之名，當繼濂溪之實。濂溪之實未易繼也。予嘗有意於慕效，求之六十餘年，茫然也，而僅識其路徑之所由趨，略窺其門户之所從入。敬修欲爲濂溪後人，亦頗知其門户、路徑否乎？爲之難者，言之不敢易，故予不欲遽以所識、所窺告。子歸而求之，取通書熟讀精思，一旦豁然有悟，他日重來，予一望間，見子有吟風弄月氣象，即席而共語，其必有以起予，予將喟然嘆曰：「是真可爲濂溪後人已夫！」濂溪有云：「聖人之道，緼之爲德行，行之爲事業。彼以文辭而已者，陋矣。」敬修之文辭固已卓冠乎鄉儒之上，自濂溪眂之，則陋也。盍暫舍其所已學，而勉進其所未學者哉？

贈道士謝敬學序

樂安招仙觀提點曾法師之徒多才，而各有所嗜。其長黄大有，其仲袁天啓，其少謝師程。黄嗜道書、佛書，袁嗜儒書，謝嗜醫書。

謝造吾門，留止過信次，談及五運六氣。予與言曰：「醫家論六氣流行，丑中至卯中一，卯中至巳中二，巳中至未中三，未中至酉中四，酉中至亥中五，亥中至丑中六，而一歲之氣周。又自大寒節起，爲來歲之始，交承之際，隔越一氣，不相連接。揆之造化，疑若不合。宋時青神楊子建善讀内經，謂氣運肇於子中，冬至後三十日在第一氣之前，是爲歲首之初氣。冬至前三十日在第五氣之後，是爲歲末之終氣。地氣六十日判而二之，分管初終。子、午之歲燥金在泉，則子中至丑中初氣三十日屬燥金，下生丑中寒水第一氣，及亥中相火第五氣，竟終氣三十日，又與初氣之燥金同。丑、未之歲寒水在泉，則子中至丑中初氣三十日屬寒水，下生丑中風水第一氣，及亥中燥金第五氣，竟終氣三十日，又與初氣之寒水同。寅申、卯酉、辰戌、己亥之歲皆然。燥金生寒水，寒水生風木，風木生君火，君火生濕土，濕土生相火，相火生燥金，六十年循環，繼續相生，并無間斷。」謝聞吾言，欣然領會。予雖博觀醫書，而未嘗學醫也。謝既從師得醫術，而於醫書又肯參究，其進進不已而爲良醫也，蓋可必矣。因筆吾言以贈焉。謝之字曰敬學云。

贈易原遷袁州掾序

古之爲士者，苟可以仕，則選於里、舉於鄉，而長治其鄉里之民，在公得以行己志，在私得以資禄養。此古之士所以自安於分内，而無願外之想也。後世取士之法不一，雖存選舉之名，而實與古不同，何也？所取不于其可用之實能，而於其不可用之虚伎；可以仕者或不得仕，而不可以仕者乃或得仕。時之多失人，士之多失志，往往由是。

學者易原，廬陵人也。其父禄仕於撫，因而家焉。原資敏才俊，習進士業，穎出輩流。然一再試藝不利，貧無以養，不得已而受庶人在官之禄，從事於郡四年矣。上莫之或尤，下莫之或怨，職其所職，有聲稱。例當遷它郡，於是由撫而袁。其行也，處者咸惜其去，而莫可留也。過予告行期，且請所以贈。予無可言，則言「謹身以養，庶人之孝也。」勉之哉，異日以藝進而伍於士，子優爲之。遲速則有命，子其居易以俟。

卷二十五　序

送董中丞赴江浙右丞序

天子一新庶政，御史中丞董公改授江浙行中書省右丞，於是朝野之正人君子咸咨嗟歎息，相與言曰：「人臣之所以委身報國者二：言責也，事任也。事任有大小，不得相侵越；而言責實關天下之重。故公之昌言直氣，心有所不可無不言，往往阨於任事者之非其人，而不得行化且更矣，非公得行其言之時乎？而又以一方之事任出，是不繫乎一身之輕重也？」余謂諸君子之忠慮誠深。抑古人有云：「臣之事君，不擇地而安之，忠之盛也。」公之先世，出總戎行則破敵摧堅，入踐禁闥則格非獻可，所謂不擇事而忠者。公廉正剛明，得於天資，成於家訓。當事任而敢於爲，當言責而敢於言，不墜其家、不負於國者，知忠而已。身之或出或入，庸何知焉？今以大臣出行中書省事，視古牧伯爲尤重。江浙之地，公之先正暨公皆撫臨之，與召伯世掌東方諸侯何以異，其任豈輕且小哉？邇年上下相蒙，遠近相師，政乖民怨，無處不然。况江浙地大人衆，素號難治者乎？凡弊之根株、蠹之孔穴，公蓋瞭然於胸中，剗除剔决無難也。本之以廉正剛明，輔之以精密詳審，毋偏聽，毋輕信，不期年而政事成。夫子論爲邦，終之以遠佞人，又申之以佞人，殆聖人非設危辭以恐人也。彼佞人者，其言可取也，其才可愛也，而孰知其不可近也哉？江浙，東南之都會，人物之淵藪，而公好賢樂善，爲天下最，聽言信行之際，尚其慎諸。會見公政成而來歸，有以解諸君子咨嗟歎息之懷，而余於烟霞泉石間聞之，亦將共爲天下喜也。

送盧廉使還朝爲翰林學士序

往年北行，徵中州文獻，東人往往稱李、徐、閻，衆推能文辭有風致者曰姚、曰盧，而澄所識惟閻、盧二公焉。閻踵李、徐爲翰林長，盧公繇集賢出持憲湖南，由湖南復入爲翰林學士。夫翰林之職，自唐宋至于今，一所以寵異儒臣也。公之文名，天下莫不聞，豈以寵異之數而爲輕重哉？是蓋未足爲公榮也。然而有可以爲天下喜者，何也？國有大政，進儒臣議之，此家法也。公事先皇帝，爲親臣三十年，朝夕近日月之光，朝廷事、宫禁事耳聞目見熟矣。凡宏規遠範、深謀密慮，有人不及知，而公獨知之者。事或昔然而今不然，昔不然而今然，苟有議，公援故事以對，言信而有証，聽者樂而行者不疑，其與疏逖之臣執經泥古、師心創説，而於成憲無所稽者，相去萬萬也。詩曰：「維今之人，不尚有舊。」謂其明習舊事者也。儒之爲天下貴也，用之而有益于斯世也。若曰是官也，職優而地散，秩崇而望清；步趨襜如，言論淵如；炳如也，鏘如也。華蟲黼黻，如玉磬琴瑟，于以儀天朝、瑞盛世而已。言及當世事，則曰夫既或治之，又奚庸問？公不如是也，而亦非天下士所望于公也。

别趙子昂序 并詩

盈天地之間，一氣耳，人得是氣而有形，有形斯有聲，有聲斯有言，言之精者爲文。文也者，本乎氣也。人與天地之氣通爲一，氣有升降，而文隨之。畫易造書以來，斯文代有。然宋不唐，唐不漢，漢不春秋戰國，春秋戰國不唐虞三代，如老者不可復少，天地之氣固然。必有豪傑之士出于其間，養之異，學之到，足以變化其氣，其文乃不與世而俱。今西漢之文最近古，歷八代浸敝，得唐韓、柳氏而古，至五代復敝，得宋歐陽氏而古。嗣歐而興，惟王、曾、二蘇爲卓卓。之七子者，於聖賢之道未知其何如，然皆不爲氣所變化者也。

宋遷而南，氣日以耗，而科舉又重壞之。中人以下，沉溺不返。上下交際之文往往沽名釣利而作，文之日以卑陋也無怪。其間有能自拔者矣，則不絲麻、不穀粟，而獨毯是衣、蜆蛤是食，倡優百戲、山海萬怪畢陳迭見，其歸欲爲一世所好而已。夫七子之爲文也，爲一世之人所不爲，亦一世之人所不好。志乎古，遺乎今，自韓以下皆如是。噫！爲文而欲一世之人好，吾悲其爲文；爲文而使一世之人不好，吾悲其爲人。

海内爲一，北觀中州文獻之遺。是行也，識吴興趙君子昂於廣陵。子昂昔以諸王孫負異材，丰度類李太白，資質類張敬夫。心不挫於物，所養者完，其學又知通經爲本。與余論及書樂，識見敻出流俗之表。所養、所學如此，必不變化於氣。不變化於氣而文不古者，未之有也。子昂亟稱四明戴君，戴君重廬陵劉君、鄱陽李君。三君之文，余未能悉知。果能一洗時俗之所好而上追七子，以合六經，亦可謂豪傑之士矣。余之汩没，豈足進於是哉！每與子昂論經，究極歸一，子昂不余棄也。南歸有日，詩以識别。

畸人坐書癖，殊嗜流俗笑。解絃三十秋，已矣鍾期少。

近賦遠遊篇，上下四方小。識君維揚驛，玉色天人表。

伏梅千載事，疑讞一夕了。詩文正始上，白晝雲能蹻。

樂經久淪亡，黍管介毫杪。瑟笙十二譜，苦志諧古調。

科斗史籀來，篆隸楷行草。字體成一家，落筆如一掃。

草木蟲魚影，自植自飛跳。曲藝天與巧，誰實窺奥窔？
肉食肉眼多，按劍横道寶。鶴書徵爲郎，瑚璉恆清廟。
班資何足計？萬世日杲杲。蹇駑厲十駕，天下君共操。

送鄧善之提舉江浙儒學詩序 并詩

世以儒爲無用久矣，惟譔述編纂之職、講論傳授之事不得不歸之儒，是所謂無用之用者。隱有用之用難也，而無用之用豈易哉？予觀儒以無用之用用於世而無媿焉者幾希，則儒之見輕，未必皆輕之者之過也，殆亦由己取之，而於人也何尤？

往年初識吴興趙子昂，亹亹説蜀人鄧善之爲畏友。子昂標致自高，平視一世，其所稱許，必有以大慊其心而然。越十有六年，善之與余俱被當路薦爲翰林國史之屬，始克會于京師，益信子昂之與爲不苟。予不及試而去，善之善於其職，㝵轉爲修撰。其辭章炳炳琅琅，追典誥命制之作，得頌雅風騷之遺；見推于同輩，傳誦于人。人知與不知，莫不膾炙其文，金石其行。爲儒者一洗見輕之恥，善之有力焉。雖善之所可重，豈直無用之用而已？而未嘗以有用之用用也。掌文翰垂十年，出領江浙等處儒學事，留於朝者咸惜其去，而善之怡然，無不可於意矣。苟未至于達，可行之天下，而守一官、効一職，顧何往而不可？而戀内者或以補外爲戚，羨外者或以留中爲苦，二者各有所爲，以圖便其私，而儒者不如是。儒者不如是，況儒而如吾善之，而肯如是乎？夫無所不可者，儒者之心也；惜其不留者，朋友之情也。

情發於聲，於是各有聲詩，以「落月滿屋梁，猶疑見顔色」爲韻，蓋其情猶子美之於太白云爾。夫李杜文章才氣格力相抵，相視如左右手。離别眷眷之情，又豈常人之所可同！宜乎詠歌嗟歎之不能已也。詩若干首，臨川吴澄爲之序。而繫之以詩，詩曰：

所謂温如玉，如今見此人。形神兩素淡，文行一清淳。禁著聲華重，東南教事新。朋知相繼出，吾亦欲垂綸。

送吴真人序

崇文宏道元德真人翊贊其師留京師三十載，典司其教，靡所闕遺，禱祠供給，出入禁密，被眷遇至渥。前時推恩官其父，授翰林學士、中順大夫。新天子即位，追崇太廟，達其孝於群臣之家，封贈逮三世，或再世，或一世。於是真人之曾大父母、大父母例追贈，而父進秩榮禄大夫、大司徒，封饒國公；母封饒國夫人。

真人將上旨祝釐江南，祇奉恩命以歸而榮其親。世儒率謂二氏之徒去家離親而外倫紀，固哉言夫！夫竺土之習不可知，道家者流，則守藏吏者也。予觀禮家所記答夫子問禮之辭，纖悉周遍，其後注宮假解傳世演迤，謂外倫紀，可乎？真人雖遊方之外，而事親之孝，儒家子有不能及。其事君也恭順，其事師也無違禮，蓋在三如一矣。而又通儒好文，樂道人善。凡所尊所嘉、所容所矜，一一各得其歡心。是以無貴賤，無長少，無遠近，翕然稱之曰賢。所以光其親者，誠如昔人所謂「幸哉有子如此」，豈特人爵之榮榮其親而已哉？

真人予同姓。吴自延陵季子以來，歷漢、晉、唐、宋，代有聞人。以老子法中而有斯人也，予焉得不爲吾宗家喜。其歸而榮親也，予又焉能已於言乎？

送孔教授歸拜廟序

昔朝議大夫孔宗翰敘家譜，閔其宗族之賢俊多所遺，仁矣哉，朝議公之心也！孔氏居江南者有臨江之族，在宋以三仲顯；有温州之族，蓋自後唐同光年間諱檜者，厭中土之亂，避地吴越，家于温之平陽。越十有三世，其孫文定少時以孔氏胄試補國學弟子員，後授初階官。未及仕，入國朝，爲南康路教授。有文有學有時，才可爲當世用。官滿再調，例當膺民社之寄，詮曹屈之，復俾教授于温，公議咸爲君嗛，予獨以爲不然。

吾夫子之教，素其位而行，不以獲乎外者爲輕重。教授官雖卑，職則儒師職也。誠能得英才而教育之，以稱明時興文右儒之意，其功異于他官，奚翅百倍！君家于温，而淑温之士，誾誾然、彬彬然浸用丕變，温其不爲小洙泗矣乎？然則斯官何可少也？况今之屈詎知不爲後之伸哉？雖然，君子無容心焉，泰然安之，以俟命而已矣。

予之所期於君者大，與人之所嗛者固不同也。毋以人之所嗛者自沮，而以予之所期者自壯且自勵可也。是行，歸拜曲阜墳廟，當以予之言質正於宗家父兄，其然乎否。夫朝議公之於宗族也，惻然念已往者之無聞，接乎耳目者又當何如也？今無朝議公則已，如有，有不爲君惻然者哉？

送監察御史劉世安赴行臺序

天子所與分治其民者，古有百里之國，有七十里之國，有五十里之國，不能五十里者爲附庸。國有卿、大夫、士任其職，有諫諍輔弼匡其過，又有連率、州牧、方伯董正於其上，是以鮮或敢爲慝政以病其民，古制然也。民生斯時者，何其幸哉！

後世封建既廢，郡縣之長，是亦五等諸侯，爲天子治民者也。漢之部刺史、唐之觀察使，所謂董正於其上者歟？然其於郡縣也，監臨統治之意多，而不專於舉刺彈擊。若夫專爲督察郡縣而設，則武帝繡衣宜指之使、順帝八使之遣是已，而特一時創見之事，員不常置。

皇元因前代郡縣之制損益之，郡之大者曰路，其次曰府若州。其下有屬縣，若古附庸，府若州如古次國、小國。路設總管府，如古大國之爲連率。路總於道，古之州牧也。內有省，外有行省，以總諸道，古之方伯也。此其監臨統治之職也。內有御史臺，外有行臺，臺之屬有監察御史，各道有肅政廉訪使。視刺史、觀察，則其事專；視直指、八使，則其職常。此其舉刺彈擊之任也。各道、各路、府若州、若縣，廉訪司糾之；內省、外省，監察御史糾之。故監察之權比各道廉訪爲尤重。夫服七品之服，而自一品以下之官府莫不畏憚。地無遠近，事無大小；官之得失，民之利病；有聞無不得言，有言無不得行，其權不既重矣乎？權之重若此，其權不大重矣乎？而豈人人當其選哉？

濟寧劉世安，剛毅伉直。少勤勞民間，閭閻之情僞苦樂靡不究悉。長而奮迅讀書，爲儒教于國子學十年，由助教而博士。在學以禮法綱紀爲先務，諸生嚴之，凜然肅然。吏僕有欺罔侵盜，發摘懲戒，無以逃其罪。名聲上達，擢爲江南等處行臺監察御史。命下之日，僉謂得人。余自江南來貳國子監，與世安同僚再閲月，一見知其才之有用，而又喜是官之稱其才也。於其行也，不能已於言。

夫貪邪害民者之側目於憲府也，猶羽族之於鷹隼、毛群之於猫虎。何如其畏憚也？以彈擊去官，或終身不復得仕者，前後相踵也。而未聞其有所懲而少戢，何也？導之以德不先，而齊之之刑徒密也。夫澄源正本，使人相率爲善者，上也；發姦摘伏，使人不敢爲惡者，下也。而世之議者曰：「御史之職，以發奸摘伏爲事而已耳。而曰澄源正本，何其迂也？」

夫世安，儒者也，與予同業也，是以爲是言也。夫孟子之言，時君咸以爲迂；夫子之言，門人猶以爲迂也。以儒者之言、言之於儒者之前，人之迂之也固宜，而孰知其有不迂者存乎其間哉！不然，今日罷一官，明日撻一吏；今日平反一獄，明日改正一事，如是而曰「吾職已盡」，噫，此才御史也，非儒御史也。世安，非徒才者也，才而儒者也。才而儒，儒而才，他日御史之最，其不在吾世安乎？夫行臺所糾三省十道，若路、若府、若州、若縣，不知其幾，皆御史按行所至也。事之可爲、當爲、得爲者，亦衆矣，得爲即爲之，予将爲江南之民幸。

送杜教授北歸序

五方之人言語不通，而通之者，曰譯曰鞮，曰寄曰象，周之設官也，總名象胥。皇元興自漠北，光宅中土，欲達一方之音於日月所照之地，既有如古之象胥通其言，猶以爲未也。得異人制國字，假形體，别音聲，俾四方萬里之人，因目學以濟耳學之所不及，而其制字之法則與古異。

古之字主於形，今之字主於聲。主於形，故字雖繁，而聲不備；主於聲，故聲悉備，而字不繁。有形者象其形，無形者指其事，以一合一而會其意，三者猶未足，然後以一從一而諧其聲，聲諧，則字之生也曼衍無窮，而不可勝用矣。然亦不足以盡天下之聲也，有其聲而無其字甚夥，此古者主於形者然也。以今之字比之古，其多寡不逮十之一。七音分而爲之經，四聲合而爲之緯。經母緯子，經先緯從，字不盈千，而脣、齒、舌、牙、喉所出之音無不該，於是乎無無字之音，無不可書之言。此今之主於聲者然也。

國字爲國音之舟車，載而至中州，以及極東極西極南之境，人人可得而通焉，蓋又頡、籀、斯、邈以來文字之一助也。皇風浩浩，無遠弗被，建學立師，以宣其教。内置學士，外提舉官，而路、府、州各設教授與儒學等，勅國字在諸字之右，示所尊也。

河北杜唐臣，以國字教授富州，慈良純厚，州之人莫不崇重。官滿而去，相率爲詩文以華其歸。余官于洪，移病就醫至于此州，人以其詩文屬余敘其首。余一見唐臣，而知其賢果如州人之所稱，乃爲之敘耳。

送吕詵赴江西行省掾序

中書省選儒吏四人，往補江西行省掾，范陽吕詵宗道其一也。宗道嘗受學於翰林承旨郭公安道，後爲國子學生，升伴讀，以儒學教授貢。未及受命，而出充憲府之屬。繼丁二親憂，復入充工部之屬。工部事最繁夥，志勤職脩，人服其才。今往江西，詣予言别。其同往有申屠子迪，余已告之以獲乎上之道矣。所以告宗道者，又豈有異于説哉？然獲乎上之道本諸身，持其身之道，儒者自知之，予不贅言也。予方将以老病歸田，得二三俊佐其長，而江西之境内大治，則兩道生齒皆爲幸民，予亦與受其賜。二三俊勉之，無俾兩道之民觖望。

送皮滘赴官序

學者皮滘嗜唐李祕監書、宋黄太史詩，學之俱各升其堂，嚌其胾。博記覽，工談論，儒群之騏驥也。受父澤貳邑令，潔白持身，惠愛及民，吏治之鳳鸞也。昔也年盛，而今則衰矣；昔也家富，而今則貧矣。然年雖衰，而氣不挫；家雖貧，而節不改。自邵陽丞考滿，以逮于今，将二十餘年，受朝命者再：一爲名州民牧之參，一爲會府征司之長，皆以疾不赴。今又掌流通錢幣之職，官于東南之第一郡。

噫！湑，文儒也，而不獲齒館閣之清班；良吏也，而不獲試撫字之善政，乃俾録録任泉布會計之勞，疑若枉其才者。常人處之，寧無怏怏不懌者乎？而湑之赴官也，訢訢而往，綽綽而進，略無一毫怏怏之意留于中，予是以深嘉而重喜之也。夫乘田委吏，夫子之所屑爲。蓋居上而官人者當擇人，居下而官于人者不當擇官也，顧己之所以堪其事者何如爾。湑之至官也，其竭乃心，踐乃職，使國用民用兩利焉，是亦儒術吏能之一端也。他日得展所志，行所學，亦如是而已。

贈學録陳華瑞序

陳華瑞，儒家之佳子弟，真所謂如芝蘭玉樹者。受行省命爲洪都教官之參，往就職，過予請曰：「洪，江右會府也。游居輻湊，俊乂林立。某将觀善而進學焉。學之方其若之何？」予曰：「今之處庠序者，大率計較斗升銖兩之利。子有恒産、有恒心，惡肯效彼而爲雞鶩之争、狗鼠之盜？不義之得視如土草，即此一節，固已超越乎輩流，況平日耽玩四書？四書，進學之本要也。知務本要，趨向正矣。雖然，讀四書有法，聊爲子言之。必究竟其理而有實悟，非徒誦習文句而已；必敦謹其行而有實踐，非徒出入口耳而已。朱子嘗謂大學有二關：格物者，夢覺之關；誠意者，人獸之關。實悟爲格，實踐爲誠。物既格者，醒夢而爲覺，否則，雖當覺時，亦夢也；意既誠者，轉獸而爲人，否則，雖列人群，亦獸也。號爲讀四書，而未離乎夢、未免乎獸者蓋不鮮，可不懼哉！物之格在研精，意之誠在慎獨。苟能是，始可爲真儒，可以範俗，可以垂世。百代之師也，豈僅可以掌一郡之教乎？予言止此，子其勉諸。」

送徐則用北上序

至順二年春，予八十三矣，卧病踰月不出户。有清江徐鎰來訪，强起迎之，語甚久。從容謂予曰：「鎰讀易至觀卦，觀也者，坤地柔順，卑下之民仰觀九五陽剛中正之君也。然觀之初六曰『童觀』，觀之六二曰『闚觀』。童者，蓋如嬰孩童穉之觀；闚者，蓋如婦女闚覘之觀。所觀狹少，而所見不能以廣大，是何也？初與二在下，遠于九五也。夫至廣大者，天也。戴盆而觀之，坐井而觀之，豈能見天之廣大也哉？以下觀上，而遠于天位，何以異于戴盆、坐井而觀天者乎？若觀之六四則切近九五矣，故其繇曰『觀國之光，利用賓于王』。然則觀盛治者，宜近不宜遠也。鎰嘗有四方志，曩一至京師，獲觀山河之高深，土宇之綿亘，都邑之雄大，宮殿之壯麗，與夫中朝鉅公之恢廓嚴重。目識若爲之增明，心量若爲之加寬，此身似不生於江南遐僻之陬也。未及一期，適罹家難，倉忙而歸，距今二十二年。在家已無親可事矣，已有子可應門矣，將畢前志，謀再趨輦轂下，以觀國之光。先生可之乎？」予曰：「子於觀卦諸爻遠近之義精且悉，善讀易者也，予復何言？子通經術，閑時務，方當强仕。往近天子之光，其可。觀之上九曰『觀其生』。觀其生者，自觀其一身也。上九遠處一卦之外，物外人也。他無所觀，唯自觀其身而已。子年鼎盛，宜在近而觀于國；予年衰耄，宜在遠而觀其身。所觀雖有不同，其幸得遭逢聖世一也。」

贈豫章高晉序

豫章高晉以儒試吏，而求儒言，余謝之曰：「子逃吏歸儒，則可問余。今舍儒就吏，當以吏爲師，而奚于余乎問？腐儒本迂濶，而老年逾昏耄；子方備世用，開仕途，不資長於卓犖奇偉之時流，而拾短于迂濶昏耄之野叟。爲計不亦左歟？」禮辭固辭，而請不置。

於是爲之言曰：孟子嘗謂矢人之心豈不仁于函人，而擇術不可以不慎。挾矢人之術，則雖有函人之心，不能不變而傷人矣。孟子所言，蓋爲工人而發。工人者，庸俗人也。庸俗人之心因其術而變，君子則不然。雖殺人，而有生道；雖勞人，而有逸道，外術惡足以移其內心哉？況今所謂吏，古之府史也。從長貳以施政，官府之所不容無。夫豈皆有矢人傷人之心者？以傷人爲心，殆末世貪殘之吏所爲，古府史不如是。倘使余年少而爲吏，何但云無害而已，將悉令民無寃，而子子孫孫受無窮陰德之報于天。今之吏非不能之，特不爲耳。此余迂濶昏耄之言也，然乎？不然乎？子其擇焉。

送宋子章郎中序

今之行中書省，古之分正東郊也，而江浙行省視諸省爲尤重，土地廣、人民衆、政務繁，而錢穀之數多也。朝廷之所注倚，故其用人也常不輕。昔順德忠敏王答剌罕自湖廣涖江浙，江浙之民想望其風采。未幾入相成宗，名著于天下，至今號稱賢相。王之子克嗣先德，又以聖賢之訓益其資質之美，治江浙數年，而江浙大治。比來入覲，天子寵嘉之，進相位，還治所，而爲貳、爲叅者，亦皆極一時之選。汴梁宋子章，操守猷爲，表表在人耳目。嘗自外而留中，復由中而補外，爲江浙宰屬之長，彼地之民俗、政體固所熟諳。今位冠都司，而一省之政可否是非，必先經君審處而後行。夫以天下人望之所歸萃于一省，公平廉正，上下長屬靡不合志，則其行事又豈有齟齬扞格之患哉？江浙一省之治，其爲天下最也宜矣。余爲數道之人幸，是以于子章之行也，不能已於言。

送崔兵部序

夫五方之人言語有不通也。嗜欲有不同也。而其仁義忠孝之心則一而已，豈以東西南北之地而間哉！何也？人之生於兩間也，地之所以成其質者異，而天之所以成其性者不異也。仁義忠孝，根乎性者也。

兵部員外郎崔耐卿，高麗人也。今上潛龍時，宫内史府，仁宗朝入典京城商征。常數之外，歲贏五十餘萬緡，不私取一毫，而悉歸之公。又恐其數增而後難繼，則或至于厲民也，乞不以爲例。此一事也，而見其義焉、見其仁焉。高麗王羈留于京師，竭智殫力以匡贊之，而得復位。晨夕惓惓慕父母，送其王歸國，而因過家以覲省。此一事也，而見其忠焉、見其孝焉。中國之與之接者，靡不愛之敬之，如兄弟，如僚友，亦其仁義忠孝之天昭昭然不昧，有以感動夫人也。故余於其東歸也，贈之以言，而勉之以晞賢晞聖之學，俾益擴其仁義之良心，益敦其忠孝之善行，庶幾他日遂爲中國名卿云。

送邵天麟序

天麟去史院而適淮土，中書參政王繼學贈之以言。其綱一，曰慎；其目六：曰懼也，曰平心也，曰擴慮也，曰明無恃也，曰聰毋偏也。其爲言也忠矣，予雖欲有言，復何言哉？天麟其繹之。徒悦之而不繹焉，則非予之所望也。

卷二十六　序

送李吉夫赴河南行省理問序

仕不出鄉，人之至願也。中世遊宦在數千里外，不能復歸其鄉里者有焉。歸德李侯吉夫，繇從事大司農府陞中書省掾，擢授工部主事、通政院都事、大都路治中、通政院判官，留京師十有八年，今得河南行省理問以歸。河南省治汴梁，領路十有二，府若州四十有六，縣百八十有三，歸德爲支郡，相去不三百里，可謂仕不出鄉者矣。三代之時民，自選舉賢能以長治其鄉里。選之舉之者必當其人，所以利於我也；長之治之者必盡其心，所以仁其鄉里也。自選舉不本于鄉里，而仕于四方者或不諳其土俗，或視其民如路人，而螟螣之，魚肉之，靡所不至。一旦官滿，掉臂而去耳。烏乎！人心吏治之不古也，比比若是，可嘆也。夫李侯質直無城府，其涖官也廉而才，其處繁劇也泰然不失其常度，而慈祥豈弟，無絲毫傷人害物之意。以是爲政于天下，何施不可？而况于其鄉里，尤所用情者乎？理官理刑獄，雖專問大吏，而不及小民，然大河以南、大江以北數道，方伯之寄，事之關民休戚者衆矣。得賢者能者爲之屬，從容贊畫，陰有以福澤其民，而鄉里與受其賜，其所補豈少哉？侯之考妣俱受恩贈，考爵縣子，妣封縣太君。侯歸拜墳墓，會宗族，見長老，白叟黄童歡呼及門，喜吾鄉里之賢能將有以福澤於我也。侯不自以爲榮，而鄉里榮之；侯不自以爲幸，而鄉里幸之。予也與侯同年生，嘉侯之歸其鄉，而愧予之未能也。故于侯之行也，以是贈。至大辛亥五月甲午。

贈道士黄平仲遠遊序

士之遠遊者過予，予輒止之曰：「道脩于家可也。既仕而驅馳王事，則有四方之役。處士而離父母、去妻子，栖栖奔走，将何求哉？」因吾言而不復游者有焉。高仙觀道士黄平仲，劬書工詩。與之語，見其爲儒流，不見其爲道士也，亦有遠游之志。人以道流爲孤雲野鶴，任其所之，非如四民之有定業，有定居也，則其遠游也惡乎可止？而止之意以爲不然。今之道士，自謂老氏之徒。予觀老氏之書，以鄰國相望而不相往來爲美，夫豈亦以遠游爲善哉？倘若遍覽山川，周知風俗，則老氏固云不出户知天下，其出彌遠，其知彌少矣。青牛西度，蓋閔周之衰亂而辟世。孔孟之歷諸國，聖賢之不幸也。若夫漆園吏之逍遥游，三閭大夫之所謂遠游，此非行地之游也。予儒流，不足以知此。它日解后，尚當細論。

送崔德明如京師序

古者教人以德、行、藝三事。教之而成，乃賓興其賢者、能者，俾之長治其民。後世之取人異是矣，而隋、唐以前，猶未有科目也。科目興，而取人不稽其本實，所取者，辭章之虚而已。就使辭章如馬、班、韓、柳，抑不過爲藝之下下，其視古者禮、樂、射、御、書、數之藝，天壤絶也，况其辭章之鄙淺，何嘗夢見馬、班、韓、柳之彷彿乎！唐世兼采人望，雖未免于私，而間或不失一二。糊名考校似爲至公，其弊不可勝既，然亦時有俊傑出于其間，何也？世運方盛，則暗中摸索，往往得才，偶然爾，天也，而非人也。

國朝貢舉率因前代，而拳拳欲取經明行脩之士，意欲燭其弊而防之者。夫經苟明，則知、仁、聖、義、中、和六者之德，無一不知。行苟脩，則孝、友、睦、婣、任、恤六者之行，無一不能。德無不知，行無不能，六藝縱或有缺，不害其爲本立而末未備。不審今之進士，經果明歟？行果脩歟？抑否也？

豫章崔德明，至治癸亥鄉貢，次年試禮部，竟失特恩，貳撫郡教官。其在職也，僉曰：「斯人不爲利疚，皎然有清冰白雪之潔。」又曰：「斯人不與物戾，盎然有瑞日祥風之態，純良粹美。君生于三代之時，其不名于六德、六行之中乎？」泰定丁卯，予始識之，而益信所聞于人者之爲信。然則其前之試有司而一得一失也，皆天也，而非人也。斯人不進士，而猶謂科目足以得人也哉？今將謁選吏部，予不能已於言。蓋非徒爲德明悼既往之屈，實爲古今取士之法制而深慨也。此行達京師之日，予之舊友儻觀予文，必有笑予之年逾加，而狂論偏見猶不減者夫！

送甘天民之京師序

甘愨天民，豫章之秀士。方其少而處鄉里也，已如龍泉、太阿之在地，沈匿閟藏，未見于世，而光芒欝發，莫可禁遏，往往上衝于天，識者固駴之。及其壯而出四方也，則如離匣之劍，直之無前。與論文藝，則炳炳琅琅；與論政事，則優優綽綽；與論天下山川、人物、習俗，則如鏡鑑燭照，水之建瓴、丸之走坂，無所停滯。凡與游與居，孰不期其爲有用之器？小試夷陵學官。夫三峽綰西蜀之口，中州人士雖鮮到，然疇昔歐陽文忠公、尚書謝昌國俱嘗仕其土，逮今川士之流寓猶以十百計，未可以僻陋易視也。而天民之客彼，當路之長、同類之朋咸願其久留，而惟恐其代去。其果何以得此于峽之人哉？今兹學官秩滿，又將矯首振翼乎天京。予觀士之北上者，大率僥覬其所不可必得，其立心之初已可薄，而或者安然以爲當然也。天民有識有守，獨不其然。予是以再三嘉嘆，而贈之言，而助其氣，而堅其道義，而使不失己也。朝之公卿大夫閱人多矣，亦必心喜而曰：「及今乃見大江以南之異人也夫！」

送道士劉道圓序

予舟行每過湖口，喜其崖壁峻削，巖洞奇怪，倘非神靈所宅、鬼物所凴，自宜爲仙祠真館，始可稱其地之險幽。水經謂有石鍾山，而東坡蘇子嘗夜半造其下以聽其聲，蓋殊絶之境也。道士劉道圓請于天師，將建碧霞觀，亦其地之形勢有以召之而然。然道圓從全真師學全其真，豈俗間酒肉道士比？夫道之真以治身，而緒餘土苴以應世。果欲擇險幽之地而脩真乎？脩之脩之，所以當全者，一真而已矣，它又奚足爲哉！

送徐則詔赴播州儒學正序

唐人憚播州荒僻，往者多非其欲。我朝疆土之廣，曠古所無。播雖遠在西南一方，人士去來視猶中州，曾不以爲難。徐九成，宋兵部侍郎之孫、元安慶同知之子。以世家之冑、俊秀之選，擢爲播州學正。將行，余謂之曰：「侍郎吾不逮事，同知吾所與游。不逮事者，稔見其文辭；所與游者，深服其德器。今之往也，其以爾祖之文賁彼習之朴，以爾父之德革彼俗之窳，惟固守家學可矣，地之荒僻何患焉？向余在京時，嘗聞播之連帥來覲，好文而重儒，九成往哉，其必有合也。」

送常寧州判官熊昶之序

豫州熊昶昶之，尉崇仁六年，其廉如清濟之水，無一塵之滓，且明且能，且仁且公，士民思之，至于今不忘。聞将赴湖南常寧州判官。

近者平陽李有仲方六年金谿縣尹，其操守、其政事實與崇仁尉相似。予嘗稱李尹之善，一曰廉、二曰明、三曰仁、四曰能、五曰公，而爲言之曰：「世固有廉者矣，其見不明，則爲吏所蔽，雖廉奚補？亦有廉而且明者矣，其心不仁，則自矜其廉明，而深刻嚴酷，略無豈弟慈祥之意。或其心雖仁，而短于剸裁，徒有仁心，而民不被澤，仁而不能故也。或其才雖能，而意之所向不無少偏，終亦不免于小疵，仁而未公故也。全此五善者，蓋難矣哉！而李尹兼有之，所以卓然爲治邑之最與。」予之稱李尹者若是，而熊君亦然。因書此以寄，而贈之行。它日湖南之士民必知予所言之爲信。

贈王用可序

章貢王用可，能煆煉金石而製丸藥，其售于人也，曰仙丹；又能觀察形勢而爲葬師，其號于人也，曰仙輩。大凡藥，特醫家之常劑爾；葬師，亦術家之常流爾。常劑、常流而冒仙之名，得無名之浮于實乎？或有所疑焉，而以問予。予曰：「可以起死回生者，丸藥之功也；可以改神工、奪天命者，葬師之法也。茲非其伎之近于仙者哉？借名曰仙，蓋以此。名之浮與？否與？未易懸斷也。回生也，奪命也，而果如予之言也，則其謂之仙也奚忝焉？」

送蕭九成北上序

章貢蕭君九成，善史學，自羲農以至于唐虞，自唐虞以至于金、宋，事之紀載于史者，歷歷如指諸掌。予謂之曰：「善言古者，必有驗于今。君于方册所有之事皆能言之矣；今日之事，有書契以來之所未嘗有者。自古殷周之長、秦隋之强、漢唐之盛，治之所逮，僅僅方三千里。今雖舟車所不至，人跡所不通，凡日月所照，霜露所隊，靡不臣屬，如齊州之九州者九而九，視前代所治，八十一之一爾。自古一統之世，車必同軌、書必同文、行必同倫。今則器用各有宜，不必同軌也；文字各有制，不必同文也；國土各有俗，不必同倫也。車不同軌，書不同文，行不同倫，而一統之大，未有如今日。睢盱萬狀，有目者之所未嘗覩；呷嘔九譯，有耳者之所未嘗聞。財力之饒，兵威之鷙，又非拘儒曲士之所能知。君之史學，苟徒稽諸方册之所紀載，而不證諸耳目之所見聞，得無有闕乎？況君所著述，當路既上送官，盍亦觀諸今之史館，如君之學者有幾。各舉所見，各誦所聞要，必有以互相發。」九成曰：「子之言然。然適百里者，具一宿之舂；適千里者，聚三月之糧。今将爲萬里役，而徒手以往，可乎？子将何以資我哉？」予曰：「是謀非吾所能及也。當今尚仁急義、意氣相許者滿天下，君姑挾吾言以往，試就而謀焉，其必有以張君之行也。」

送胡宗時序

李超暨子廷珪再世居歙，以墨名家。「黄金可得，李墨不可得」，其貴重如此。吾鄉胡湛然，曰嘉定癸未于信州龍虎山遇異人，授墨法。堅青光黑，莫能及之。傳其子士楚，子又傳其孫宗亮、宗時、宗權，三世矣。向時與柯山一二墨工齊等，今柯山不復有墨，胡墨遂爲第一。蓋工以世工爲善。墨者，文房之寶，非它工比，尤當論其世也。李墨再世，胡墨三世。一家祕妙，人不與知，其獨爲名墨工也宜哉。

送陳景洛序

昔成周設食醫、疾醫、瘍醫等官，而醫師爲之長。然是官惟王朝有之。今在朝有太醫院，而普天之下，各道各路及府、州、縣莫不有醫官焉。或以治爲職，或以教爲職。官之所用，一一取給于衆醫，官愈多而醫愈困矣。非得仁而廉者居是官，孰能拯斯弊乎？若吾里陳君景洛，心仁而行廉者也。爲醫官于吉水、新喻二州，其在職也，衆醫思之。景洛其何以得此于人哉？

景洛，醇儒也，儒而通于醫。家世儒門，賢厚稱于鄉黨。惜也，其仁心廉行足以悦于下，而其虛氣實力不足以結于上。則下雖悦之，而何能使之有以悦其下哉？予在朝時，知太醫院諸官皆貴人鉅公，無非仁且廉者，景咨與之合德。誰能以景咨之姓名心行轉而上聞？

贈無隱相士序

無隱相士工相人，以形聲定一生之貴賤、富貴、壽夭，以氣色定一時之休咎、福禍、吉凶。是惟不言，言則必中。如鑑之照物，妍醜無所隱。是以人之喜貴、喜富、喜壽，與夫期休、期福、期吉而幸其言之或然者，慕而就之；惡賤、惡貧、惡夭，與夫慮咎、慮禍、慮凶而恐其言之或驗者，畏而避之。予曰：「子之相術，與鄭季咸，能使心醉者，列子其人爾。設遇壺邱子，子惡得而相諸？壺邱未嘗有隱也，子將自以爲隱矣。且今之所遇，今之列子也。後之列子骨肉俱融于斯時也，又何氣色形聲之可議？然則如之何？請問希夷。」或曰：「希夷之相人，猶無隱之相人也，而奚問爲？」曰：「以耳聽聲，聲無遯情；以目視色，色無遯形，是曰無隱。聽不可聞無聲之載，視不可見無色之界，是曰希夷。」草廬耕者敘。

送袁用和序

納人之死骸于土，以天地之生氣養之，苟得其養，則死者如生。凡其遺體之本乎是骸而生者，自然蕃衍盛大，譬猶培木之根，而其枝葉茂。此郭氏之葬書與程子之遺言合，而葬師之泥于曲藝者，鮮或究其原也。蓋其伎有本有末，有正有偏，有真有僞，世之紛紛以伎自號求售于人而圖利于己者，大率末也，偏也，僞也。幸而其傳之不泯，或識其大，或識其小。而吾用和適然有聞焉，殆千萬人中不一二也。噫！用和其亦慎其所用哉。斯蓋助孝子慈孫之仁其親，而匪徒曰富貴福澤之而已。用和其亦慎其所用哉！

贈醫家吴教授序

儒之道無所不通，醫之道一伎爾，而于儒之道爲近，何也？儒之道，仁而已。愛者，仁之用，而愛之所先，愛親、愛身最大。親者，身之本也。不知愛親，則忘其本。身者，親之枝也。不知愛身，則傷其枝。愛親、愛身而使之壽且康，非醫其孰能？故儒者不可以不知醫也，醫之道賾矣。炎皇博物明理，而有本草之經；黄帝爲民立命，而有靈素之經。今世所傳雖或不無後來之所附益，要之其原必出于上古生知之聖。伊尹之先覺，而論湯液，以齊量、五氣、五味之配合；周公之多藝，而設官職，以參兩、九藏、九竅之動變，皆因炎黄之明物理、立民命者充之也。醫之道詎可易視乎？武王之養疾于親也，常欲審其力之所能勝；夫子之慎疾于身也，不敢嘗其心之所未達，知藥之不可苟也。聖人之愛親、愛身何如哉？惟其愛親、愛身之至，所以重醫之道與？

吴成，學儒道者也。少而孝于親，慕醫道，而未及學。中歲身有痼疾，慨思此身爲親之遺體，有疾而不治，則非唯不愛身，是亦不愛親也。師門講求于善醫之人，竟能已其疾，由是志于醫。既足以保其親之身，而醫院又官之。自新昌州醫學正勑授餘干州醫學教授，将赴官，過予。予嘉其留意于醫也，爲述炎、黄、武王、伊、周、孔子六聖人仁民濟世、愛親愛身之道以開廣其志，且俾人人知醫道之重，不可視之爲一伎而忽之也。成字山則，醇謹篤厚。女弟之子妻之，予是以贈之言焉。

贈胡道士序

三代以上，姓、氏分爲二。故氏屢易，而姓不可易。三代以下，姓、氏合爲一，往往以氏爲姓，而無復有姓外之氏。姓固姓也，而氏亦姓也，于是但有不可易之姓而已。自晉室不競，中州之族姓混淆。爰及唐初，每輕以賜姓寵降附之徒。至于唐末，又多以養子繼軍伍之籍，而姓愈不可辨矣。嗚呼！有生之類或知母而不知父，或知父而不知祖。能知其祖者，唯學士大夫。儻知其祖，則孰不欲世守其姓，以傳之子子孫孫而不易哉！

大中祥符觀道士系本豫章進賢之胡，其父占軍籍，而本姓失。子既讀書，通於義理，念先世神明之胄而不祖其祖，安乎圖改籍而貧不自振，力有所不能也。乃寄跡老氏教中，以復其姓。所師所友皆吾儒，身雖不在學士大夫之列，而心則卓有學士大夫之識。不獲編齒于四方，而不能不依托于二教者，勢之厄于人、命之厄于天也。其志蓋有可嘉而可悲者焉。道士名原，字子泉，今復其姓爲胡氏。

贈樂順德成序

天之生氣在地中者，隨隴阜之形勢而行止，人之生氣在身中者，隨經絡之血脈而乖和。此自然而然，非有使之者也。世之畸人能乘地中之生氣，則有藏往之仁；能候身中之生氣，則有知來之智。斯二術者，通于神明矣，豈易能哉？樂順德成，儒家子，遇專師，得真傳，于是工其伎。頗或闖子所能，有求有問者日衆。吾不願子之輕于言也，然安能閉子之目、緘子之口乎？亦謹之而已矣。因子出遊，書此以戒。

贈葬師賴山泉序

能原其來于百十里之外，而不能乘其止于一二尺之内，此察地理者之通病也。學者鍾生問術于寧都之賴葬師，而得其文，持以示予。予曰：「此真術也。」既而賴師來過，驗之果然。噫！此術傳之者祕，故能之者稀。師固能矣。然真術不行，行術不真，不若五星新法之曼衍而易售也。能者不輕爲人葬，不輕與人言。其毋貴人之利而賤己之藝哉！

送鄧顯宗序

鄧顯宗歷司縣吏将近八十月，謹畏自守，無纖毫過失。未嘗一至上司之庭，兹由樂安縣赴平準庫，經吾里，造吾門。予喜其能自完也，嘉其既往，又勉其方來，欣然領吾言而去。因思曩歲有一二新進士，予規之以廉正，聞吾言，殊不樂，其後竟不免于瑕玷。彼爲儒，而乃如彼；此爲吏，而能如此，可謂難也已。于是書吾言贈之，溥爲今之爲吏者勸，且以愧夫爲儒而不能如之者。

送邵天民赴瑞金教諭序

廬陵邵天民将赴瑞金儒學教諭，過予，予閲廬陵之士多矣，大抵卓犖秀偉則有餘，而謹重淳厚常不足。以予所聞，二百年來，惟丞相益國文忠公不爲土地風俗所移。今于廬陵士中，忽見如天民者，寧不爲之驚異乎？邵族之富，前時甲于一邑，勢燄赫赫不可近，獨天民之家，蕭然一寒士也。挾一藝以濟人利物，爲給其家之衣食。篤志教子爲儒，固已不類其族之人矣。子之學既成，温温然、恂恂然，同黨莫不嗤議其迂濶，則又不類其郡之人焉。而予獨見之驚異者，以其彷彿益國之流風也。夫教諭之職雖卑，然爲一邑士之模範儀刑，豈可以易視！天民庶幾不愧于其職也歟！予自幼拙樸，不能入時俊之群，而亦不能改易以求合。今老矣，天民乃與予之率慤同。烏乎！不喜之之深邪？若其異日之所到則有命，不可豫期之以爲謟也。

贈董起潛序

予雖不學醫，而好觀内經、難經、脈經等書，頗曉人身脈理大概。然自少而老，由南而北，欲訪求一明醫而不可得。其下品率是意病加藥，其高品亦不過對證用藥而已，孰能究脈之精微、察病之原本哉？

樂安雲蓋鄉之董，宦家名族，前代以儒科仕者不翅百數，文物之盛甲于一邑。逮宋亡科廢，舍儒而習醫。有董氏起潛焉，往年初見之，未深知也。近年從孫春抱奇疾，醫莫能療，而更生于起潛之手。因爲予診脉，聽其議論，通達陰陽造化，審別藏府經絡，井井不紊。予驚竦曰：「是間乃有此明醫乎？」慨相遇之晚，而未有病可以試其伎也。

至順元年冬，過予，謂予明年夏秋之交有重病，其時當來供藥。今年六月，病果作。其病日輕日劇，醫以爲瘧。起潛至，曰：「似瘧非瘧也，以瘧治之則誤矣。」診之，六脈浮緊，右寸口獨浮而短；外證有寒熱，胸膈氣滯，蓋由肺氣内傷。先以五膈寬中散暢導其氣，寒熱未除，脈尚浮緊，此爲客邪在表，用桂枝加附子湯温散表邪。表證既罷，獨兩尺脈弦遲，爲腎藏虚寒，用四柱散加薑桂以暖其下部。又獨脾脈微弦，用治中湯加附子以理中焦。繼用參香飲參苓，白术散相間飲之，以漸底于平復。自初服藥，每進藥一盂，則病退數分；再服一盂，則病又退數分。蓋病勢甚惡，而藥力亦峻。予生平服藥，未有若是其速效、速驗者也。

史遷倉公傳載淳于意自述其爲人治病名狀二十五條，纖悉該備，至今令人想見其醫術之神。起潛于予之病，凡四易藥，先後倫紀毫髪靡忒。今倣倉公傳所述，筆而爲序以貽之，非特表起潛之明于醫，亦以自許耄叟之明于知醫也。倘天下之醫，人人如起潛，天下之病，人人遇起潛，則可以保身、可以盡年，而舉世無枉夭之患。良醫之功，其博濟于民，視良相奚異？周官醫師之職，十全爲上，失一、失二、失三爲次，失四爲下。所謂十全者，十病之中可治則治之，不可治則不治。或治之而生，或不治而死，十病皆中，而不失一也。起潛能于未病而言方來之有病，于已病而言此去之無病。脈之可疵者病雖輕，必言其可憂；脈之無虧者病雖劇，必言其不害。有言輒中，斯其可爲十全之醫也夫！

贈柳士有序

三峰柳先生，以尚書義爲進士師，門弟子擢第、預貢、登上庠者百餘人。子士有世其業，以俊異稱。自進士科廢，家學無所乎用，遂易業習古篆，鋟姓氏名號，遍歷公卿大夫之門。余謂士有之業雖易，而不離文字間，是亦無忝于其先。然此事政未可以小伎目，視昔所業尤難焉。難有三：識字，一也；善書，二也；工于用刀，三也。刀之技既工矣，若識字，則前代許祭酒、近代鄭國史、戴通守之書，與夫徐騎省、李縣令之碑刻、石鍾鼎之款識，俱不可不詳究也。今之善書且識字者，在洪有熊天慵氏，有司馬九臯氏，試往問焉。

送章楫序

昔晉氏在江左，王、謝爲相門，一時風流文雅之懿，動蕩耳目。凡子弟出入前，不問可知其爲王、謝二家。蓋習氣不期然而然，自非他人所能及者。宋丞相杭山章公清謹自守，雖爲宰輔，猶如布衣時。季年屏居山中，樵牧争席，見者不知其爲宰輔也。其從孫楫一貧如此，凄然蕭然，學甚充，詩甚工，而淳如也，介如也，無分毫悲窮悼屈、恥惡衣惡食之意。非杭山公之習氣熏染而成歟？來游洪庠，歲晚言歸。予惜其去也，而贈之言。楫也，益充其學，益工其詩，将大底于成，而爲天下士。視昔王、謝風流文雅尚不足爲，其有光于先正，又豈但爲章氏佳子弟而已哉？

送法易子序

富州同造之孫，其習秀而文，其儒喜談葬術，凡地理家前所未有、世所見之書，往往于孫氏焉。子憲獨朴而野。近年有清江皮氏，好客務施，游客輻輳其門，而談葬術者尤見禮。然以其來者之衆也，各效其長，各逞其異。聞者熟，知者翫，能以術而獲用于彼，亦難已。季年營葬地，不它人之信，而一委之子憲，于是子憲之術浸以重。後數年，解后于富州。子憲曰：「吾術因族祖、外祖在西廣，得馬道人龍髓之文。又善咒符水，愈疾疫；變雨暘，致雷電。地理用天機卦，道法依參同契，用納甲卦。二術但用卦，故以『法易子』自名。」余曰：「若儒族之人、儒家之子，讀儒書，以儒而飾其術，豈俗師之所敢望哉？」方稱其用卦法易之奇，忽有詰余者曰：「子知水路火候之説乎？地仙云『不須卦坐』，天仙云『本無卦爻』，此又何也？」余于是口呿而不能答，徐應之曰：「待余就景純平叔問之。」

卷二十七　序

國學生李黼泗州省親序

穎州李黼之父，曩者仕于朝，鄆便養，出守泗州。黼偕其兄藻爲國學弟子員，留京師，違定省。越三載，泰定甲子冬，謁告往泗州寧其父母，且奉其祖父母封贈之命以歸，亦可以悦親榮親矣。僉謂黼研經鋭學不倦，其成科名、受官職也可日月幾，親之悦、親之榮，將有倍于今者焉，斯其爲孝也歟！噫！此世俗之孝也，若君子之孝則不止是。韓子曰：「事親先其質，後其文；盡其心，不夸于外。」質者，行也。韓子，文士爾，而其識能及此，况不以文士自足者乎？夫子論孝始事親，終立身。立身之要，慎其行也。可法可傳之謂立。行道于今，揚名于後，使世世贊嘆歆慕，稱爲某人之子，是顯其父母于無窮也，豈止一科名、一官職之榮而已哉？黼之往也，自監學之師以下俱有贈言，同舍二三子請予序其首。噫！黼誠才子也。其研于經也奚所志，其鋭于學也奚所事，予未悉知也。而吾之孫當劇言其頴出乎輩流，予其可不以遠者、大者期之夫？

送曾叔山序

曾仁叔山，将赴萬安教諭，過予，予尚憶壯年與叔山之父吉父君談今古，夜坐輒達旦，凡世間可喜、可愕、可笑、可悲、可怪、可疑之事，靡不遍及。吉父高文雄辯，介特自守，不偶于時，死且二十三年矣。叔山生十歲而孤，能受母訓，學至于有成，以選試授儒官，得禄以養。吉父可謂有子矣。叔山文辭足以動蕩今人之耳目，學識足以探索古人之藴奥，豈小成之器哉？今之仕，人爵之發端也。人爵，人也，而由乎天；天爵，天也，而由乎己。仕有暇時，學無止法。日進月升，躋于天爵之極品，予之所望于叔山，非但人爵之進升而已。萬安固多才，儻有有志之士，試以予言諗之。

送王元直序

樂安王氏之醫五世矣，一世、再世，予不及識，其三世迪功君端重如山，子爲國學進士；迪功之弟子巽甫和煦如春，未嘗見其戚愠之容，予異之。子誠翁造次必于儒雅，誠翁之子三人，長曰元直，往年遊京師，問藥者踵門，隨試輒效，太醫院官與之相厚善，諸公貴人咸禮敬焉。蓋他所謂醫，或非世業，或非儒流。非世業，則于術或有不習；非儒流，則于理或有不精。王氏，世醫也，儒醫也，習于術而精于理，其表然出乎俗醫之右也固宜。

予嘗謂醫之用藥不越二端：一則扶護真元，一則祛逐客邪而已。護元氣者如養民，逐邪氣者如禦寇。養民純以德，禦寇須以兵。然湯武之仁義，桓文之節制，屈之以不戰，遏之而使遁，豈必逞威猛、多殺伐哉？予觀王氏處方，大率和平調爕是務，至于猛烈攻擊之劑，不得已而用之，疾除即止，不過用也，不輕用也，是以邪氣去而元氣無所傷。彼求快一時之意，不顧異日之害者，惡足以語此哉！因是而推昔之善醫國者亦然。伊、傅、周、召遠矣，漢之蕭、曹，唐之房、杜，所以能相其君，培植三四百年之基業者，往往由此。商鞅、李斯强秦富秦，亦以蹙秦。醫國之良相有能如王氏之良醫乎？天下之福也。

送郭以是序

或曰爲文不可以不讀書，杜詩、韓文蓋無一字無所本；或曰聲之精爲言，言之精爲文，如噫氣之號，萬竅隨所觸而喁于有自然之籟，奚以古人已陳之糟魄爲？二説孰近？夫所貴乎讀書者，非必襲其語以爲吾文也。蜂之釀蜜，不採取于花，可乎？融液渾成而無滓，人見其爲蜜，而不見其爲花也。世有博記覽者，其發于聲，形于言，乃或窒塞而不通，固滯而不化，觀者厭之，則謂曾不若空疏者之諧協暢達也。噫！是豈書之能累夫文哉！

廬陵郭以是，古近體、五七言遠躋盛唐，長短句、駢儷語近軋後宋。漁獵之富，援据爲百世文章之宗，其後往往多能文章士。以是父其可與議韓、杜者夫！之審，空疏無本者頮首不敢仰視，而不窒塞、不固滯，竟日翫之而不厭。廬陵自歐陽公

送張相士序

有皎然乎其中、癯然乎其外者，爲誰？月梅相師也。其談論亹亹，如山林衆籟，翏翏而遠聞；其記誦琅琅，如江漢順流，衮衮而無盡。其禍福奇中，如燭鏡照鑑而龜卜，蓋師之閱人也多矣。刑也而王，奴也而侯，厮役也而將相，師一見能識之。亦有眇小謂宜餓死、夭賤謂宜隱浮屠，而其後乃大不然，皆師之所能辨也。雖然，人之身，天所生也，一受其成形而有定。孟子則曰：「居移氣，養移體。」氣也，體也，既因所居、所養而移，則夫孰不可移？彼肌膚綽約而若冰者，何人哉？骨肉融釋而隨風者，何人哉？若然者，形質銷鑠，人貌而天虚，非陰陽五行之所能拘，相之應别有法。邂逅其人，試以語我。師金谿張氏。

送虞叔常北上序

文者，士之一技耳，然其高下與世運相爲盛衰，其能之者，非天之所與不可得，其關係亦重矣哉！東漢至于中唐六百餘年，日以衰敝。韓、柳二氏者出，而文始革。季唐至于中宋二百餘年，又日以衰敝。歐陽、王、曾三氏者出，而文始復。噫！何其難也。同時眉山乃有三蘇氏者，萃于一家，噫！何其盛也！

三蘇氏以來且二百年矣，眉之別爲陵。陵之虞先世以文士立武功，致位宰相。數世之後，有孫子及寓江之南，其文清以醇。有子曰集、曰槃，一家能文者三，而二子表乎疇衆之上，幾若眉之有三蘇然。噫！又何其盛也！子及再爲大郡教官，倦遊而家居。伯子集，國子助教遷國子博士，久處京師，其文也人固見之，其名也人固聞之矣。叔子槃，由書院長赴吏部選，其文也或未之見，其名也或未之聞也。子由之文如子瞻，而名可與兄齊者也。昔二蘇之齊名也，歐陽公實獎拔之。今在朝豈無歐陽公其人與？槃此行也，必受知焉。兄既顯名于前，弟復顯名于今，虞之兄弟之有光于子及，猶蘇之兄弟之無忝于明允也。

盛時方行貢舉。貢舉者，所以興斯文也，而文之敝往往由之。何也？文也者，垂之千萬世，與天地日月同其久者也。貢舉之文則決得失于一夫之目，爲一時苟利禄之計而已，奚暇爲千萬世計哉？貢舉莫盛于宋。朱子雖少年登科，而心實陋之，嘗作學校貢舉私議，直以舉子所習之經、所業之文爲經之賊、文之妖。今將以尊經右文也，而適以賊之、妖之，可乎？斯敝也，惟得如歐陽公者知貢舉，庶其有瘳乎？閑之于未然，拯之于將然，俾不至于爲賊、爲妖，而爲朱子所陋，則善矣。儻有今之歐陽公，試問所以閑之、拯之之道。皇慶二年十月甲子。

王德臣求賻序

喪有賻尚矣。賻，禮也；求賻，非禮也。然則人有宦游數千里之外，親没，力不能以歸葬者，如之何？求之非禮，不求之非孝，二者之間，必有處焉。

河東王君爲縣令江南，迎母就養，其弟德臣亦棄其仕，奉母以行。兄弟朝夕致養唯謹，不幸夭故，棺斂如禮。家素貧，而令之守官也廉，載柩寄錢唐佛寺，謀歸其鄉。數千里舟車之費無所于辦，賻者未之有，爲子者亦弗之求也。哀之者哀籲于仁人義士，敘以述其事，詩以道其情，累累矣。

予謂世俗之夫不孝有三：仕而不將母，一不孝；不將母而仕，二不孝；親肉未寒，而畀彼炎火，三不孝。此蓋羽毛之族之所不忍爲，而人或爲之。噫！是誠何心哉？縣令之迎養、季氏之不仕，其母之喪也。或以家貧道遠勸之如浮屠氏教，兄弟堅拒其說。之三者，其不賢于世俗之人矣？夫貧而廉如是，賢于人又如是，雖慕義强仁者，孰不興哀？況仁人義士哉！雖然，予壹有怪。德臣之出也，猶未練。今祥且過矣，禫且及矣，當除喪而不得除。纍纍喪容，栖栖旅食，皇皇無所歸。敘之者有人，詩之者有人，而賻之者誰歟？豈今之世無一仁人義士哉？抑有之而不相值歟？所望者仁人義士，而仁者、義者不可見，大事其可不以終乎？于此必有道。語云：親喪固所自盡也。夫苟自盡，自爲謀可也。求夫仁者、義者而未之見，試求夫智者、知禮者而與之謀，其必有以當于人之心。不然，久淹留于此，奚益？皇慶元年四月二十五日，書于王氏别墅。

送翟生序

洛陽翟生嘗爲學官矣，滯留金陵，困于旅泊。不汲汲于名，不役役于利。其去也，懇懇惟予言是需。或謂生迂，生豈迂哉？或謂生奇，余之言與世之名若利均之爲土梗，而何奇之有？雖然，不敢不答生所需也。

世之人遑遑不安者，其祟有二：曰名、曰利而已。苟是之不務，則何往而不適？然富貴人所欲，生其果不欲人之所欲乎？抑時之未可，而姑爲是退縮乎？欲貴欲富之心生不能無，而亦不必無也。余不病生之欲貴欲富，而病生之所欲者小爾。人人有高爵崇秩、安宅腴田，即而取之，居而治之，是爲莫可加之貴，是爲莫與敵之富，而生欲之乎？如欲之，己自求而自得，不待資諸人也。如得之，視世間區區之名，瑣瑣之利，奚翅土梗之不若哉！生之不汲汲役役于彼，是也；而或瞢瞢悠悠于此，非也。生其因予之言而惕然以省，躍然以悟，則余爲不徒言。不然，雖有言，猶未言也。洛陽四方中正之地，古先聖賢所萃也。二百年前，有邵子、程子游處其間，其風猶有可聞者。生試玩繹其遺言，必不瞢瞢悠悠于此矣。余之言止是，生歸求之，有餘師。生名某，字良甫云。

贈陶人鄭氏序

古者四民各世其業，故工有世工，而子孫以之爲氏者。有虞氏尚陶，其後閼父爲周陶正，周賴其利器用，而閼父之子得封于陳。

今東昌鄭氏以善陶名數百里間，凡民之用器、官之禮器咸資焉，其功豈讓于閼父也？予獨因鄭氏之善陶而竊有嘆。夫工之爲工，知今而已；士之爲士，知今又知古者也。知今之工不失其業，而知古之士或失其禮，何與？夫古今異宜，用器可以宜于今，而禮器不可以不合于古。禮器而變古，非禮也。簠也，簋也，大尊也，陶器也，而易以金。不惟陶器然，而梓器亦然。山著犧象，壶之爲尊、爵、觚、觶、角，散之爲飲器、梓器也，而皆范金爲之，其原蓋兆于盛宋一二僻儒之口，而其流遂成于季宋亡國姦諛之手。陶梓悉變而爲金，豈非中國将爲金之讖乎？馴至于今垂二百年，而公廟私家之禮器一踵其繆，竟無一人知其非者。且不惟于古不合也，于今亦不宜。赤金之臭，而盛飯盛酒，宜乎？不宜乎？變古失禮而士不知，其有愧于工多矣。

鄭氏者誰？守忠其名，野堂其號云。

送方元質學正序

所貴乎學者，以其能變化氣質也。學而不足以變氣質，何以學爲哉？世固有率意而建功立業者矣，亦有肆情而敗國殄民者矣。彼其或剛或柔，或善或惡，任其氣質之何如，而無復矯揉克治以成人。學者則不如是。昏可變而明也，弱可變而强也，貪可變而廉也，忍可變而慈也。學之爲用大矣哉！凡氣質之不美，皆可變而美，况其生而美者乎？氣質之生而美者，甚不易得也。

予于交游中得清江方元質焉，初識之于京師，望其貌已知其爲美，聽其言而信觀其行，而尤信。又稽之于人，或久與之處，或一與之接，莫不嘖嘖稱嘆曰：「善士！善士！」其何以得此于人哉？非其美之弸中而彪外，其能然乎哉？以如是氣質，雖或未學，亦不害其建功立業，而不至于敗國殄民矣。而元質又勤勤勉於學，則其所就，詎可量也耶？今爲揚州路儒學正。夫揚州當南北之衝，四方學者所輻輳，人得熏其氣質之美而善良。元質又以其所學淑乎人，則氣質之從而變者亦衆矣。雖然，學之名一也，而其所以學者或不同。蓋亦有表表然號于人曰爲學，而逐逐于欲，役役于利，汩没于卑污，苟賤以終其身，與彼不學者曾不見其少異，是何也？所學非吾所謂學也。夫今之學者之學，不過二端，讀書與爲文而已矣。讀書所以求作聖人之路逕，而或徒以資口耳；爲文所以述垂世之訓辭，而或徒以眩華采。如是而學，欲以變其氣質，不亦難哉！宜其愈學而無益，雖皓首没世，猶夫人也。吾元質之學不然，而予亦不復有言也。

中山王京甫客寓揚州，沉浸于周、張、程、朱之書有年矣。年将五十，而不求聞達于時。元質往哉，試與之論學。延祐乙卯十有二月己亥序。

送何慶長序

予生也晚，不及覩前修盛德之事，每于末俗而重慨歎焉。宋之季年，士自成童以上，能爲進士程文，稍稍稱雄于時，輒輕揚偃蹇，謂莫己若者十而八九，蓋不待擢科入官而後驕也。偶爾貢于鄉，則其驕已進。偶爾舍于太學，則其驕愈進。夸言盛氣，足以撼動府縣、震耀鄉里。晨夕所思，始終所爲，無非己私人欲之發，豈有一毫救世濟物之意哉？于斯之時，而能超乎流俗者，昔在樂安見何君伯玉父其人也。何族之儒，盛于一邑，伯玉之文，高于輩儔，而退然不自以爲能。與貢處學，人所尊慕，而慊然不自以爲異。其心恬如、其行純如，直道而行，臧否不苟，不爲愿人之閒然以媚，而與物爲春。噫！君子人也。其後泯泯，此天道之不可知，善善者惻然爲之悲傷。噫！伯玉父不可見已。從子季新工于醫，從孫慶長世其學，皆以儒流業詞章而兼技藝。季新既以醫行于近，慶長又將以其醫行于遠，其必如伯玉父之立心制行，推之以救世濟物，其效當有過于儒流者，予安得不于其行而深有望于慶長也哉？

送龞溪書院山長王君北上序

才難之歎，從古以然。夫所謂才者，取喻于木也。可以成室屋，可以成械器，大小長短隨其所宜，各適于用者，木之才也。聖如周公，賢如孟子，其才不可得見已。生斯世，爲斯人，凡紛至沓來者日接乎前，莫非事也。不有其才，将何以應之哉？昔在聖門，季路之于兵，冉求之于財，公西之擯相，端木之應對，皆其才之所優。爲後之士，清談雅望，飲食安坐，而一事不理者有矣，識者惡得不興才難之歎哉！

予之所以有嘉于行友王君南叔也，君有學有文，典邑校至再至三，具有成績。長書院又三四年矣，廟宇之當修者無不修，課業之當辦者無不辦。上之臨之者雖欲伺察，而無疵之可指；下之觀之者雖欲誑惑，而無間之可乘。賓客交游之過從，待之無不得其當。不偷惰以廢事，不巧免以避事。或厭其煩勞瑣細，而君處之裕如也。其才之小試者如是，惜乎閒散卑微，而不得以擴其用也。陳獻侯之分肉，陶侃公之運甓，他日大用，蓋于小乎覘然？而用人者以歲月、以資品、以私意、以邪逕，用不必才、才不必用，則雖周公、孟子復出，且未知其何如，予亦曷能必王君之遇乎？夫宋、桷、櫨、楔之各施，札、砂、箭、芝之并蓄，惟匠氏、醫師之工且良而後能。王君之才之可用也，有抱宰相之方者，其必知予言之爲然。

送南城教諭黄世弼序

臨江黄良孫世弼爲建昌南城教官，将行，言于予，曰：「盱江之爲郡，有李泰伯、曾子固學行文章，百世師表。某将惟二子者是慕是效，以率其鄉人士，以庶幾于寡過。然疇昔嘗聞先生緒言，教者之所以教，當進于古之聖人，則似非可以如二子自畫。其詳可得而聞乎？」

余曰：「今之職教者，苟度歲月以俟敘遷。能思其職，慕效先賢，以圖寡過者蓋鮮，況又不肯安于小成，而欲進于古之聖人。子之志如是，可尚矣。抑古聖人之教人，初非過爲高遠，而以人所不可知、不可能者强夫人也，因其所固然，革其所不然而已矣。生而愛其親，長而敬其兄，出而行之于朋友，娶而行之于夫婦，仕而行之于君臣，此良知良能之得于天，而人人所同也。以其所稟之氣、所賦之質不能皆清且淳，故于倫理之間有厚者、有薄者，有全者、有偏者，有循者、有悖者，于是而有萬有不同者焉。聖人之教，使人順其倫理，克其氣質，因其同，革其異，所以同其同也。契之教也，順其倫理之同也；夔之教也，克其氣質之異也。世弼之處父子、兄弟、夫婦、朋友也，有可稱，無可議，而討論講貫、修省踐行，又有日長月益之功，所以順其同、克其異者固已。知所以用其力，精之熟之，持之勉之，以此治己，期於必成；以此率人，人其有不從者哉？」

贈一真道人序

予一見一真，即高其人。高之者何？高其所有也。所有者何？一真而已矣。重來谷中，出書一編，皆受言于師者。予不願觀，予不願聞。非不願觀，觀不以目；非不願聞，聞不以耳。言可廢，書可焚，無書無言，而此獨存。何物獨存？一真而已矣。噫！大宗豈于謳所可傳，玄珠豈喫詬所可得哉！是以道德之經五千文，不如末章之首二十四字。

送彭澤教諭劉芳遠序

予之齊年友劉君景，年二十入太學，二十有六成進士，授江陵户曹，未及禄而代改。有子五人，克世父業。其季組桂，字芳遠，年雖少，已能試藝，中學官，充彭澤教諭。彭澤移治江濵，非古彭澤也，然靖節徵士之流風猶存。予嘗過其地，徘徊旁皇而不忍去。往仕于彼者，寧不聞其風而興起乎？謹于守身，熟于應務；厚倫理之常，明古今之變；居之不失其正，行之不失其宜，此靖節之所以爲靖節也。其發于詩文也，人徒見其冲澹退遜，而絢麗雄健藏于中，後之辭人盡力學之而不能到。名明字亮，蓋自比于諸葛，真一代之人豪也。夫以士而希賢，儻得其一二焉，則其爲學官，必異于常人。他日官滿而遷，歸必有以告予，予亦有以觀子矣。

送陳洪範序

金溪陳洪範，家在石門，由其家而臨川，臨川而崇仁，崇仁而樂安之南走三百餘里，即予之所止而見焉。問所以來之意，則出一巨袠，有諸君子贈言。予觀之，嘆曰：「嗚呼！古人所務者内，所圖者實。今乃務外而圖虚，何也？子之年方壯，質甚美，宜及時而勉學，以成身，以悦親。苟如是，朋友親之、黨里敬之、長老喜之、子弟效之。推其餘，又可以如世俗之人之取爵禄。顧不此之爲，而爲今之行，子計左矣。且子之鄉，陸子之鄉也。陸子何如人哉？亦嘗頗聞其遺風乎？夫朱子之教人也，必先之讀書講學；陸子之教人也，必使之真知實踐。讀書講學者，固以爲真知實踐之地；真知實踐者，亦必自讀書講學而入。二師之爲教一也，而二家庸劣之門人，各立標榜，互相詆訾，至于今，學者猶惑。嗚呼！甚矣！道之無傳，而人之易惑難曉也！爲子之計，當以朱子所訓釋之四書，朝暮晝夜，不懈不輟，玩繹其文，探索其義。文義既通，反求諸我。書之所言，我之所固有，實用其力。明之于心，誠之于身，非但讀誦講説其文辭義理而已。此朱子之所以教，亦陸子之所以教也。然則其要安在？外貌必莊，中心必一。不如是，不可以讀書講學，又豈能真知實踐也哉？子亟歸而求之。舍是，予無以贈子矣。它日再來，予将觀子之進與否。」

贈許成可序

往年，吾邦部使者邀至新安程君達原來臨汝書院，爲諸生講説朱子之學。達原父之于人少所可。時余弱冠，數數及門，見其與許君端朝厚善，且稱其子也才。後廿年，其季成可與余相遇于臨汝，出兩世遺文及諸公往來手帖示余，其言多有補于教，可名世行後，所交盡一時賢士大夫。嗚呼！如斯人者，不可見已哉！成可不墜家聲，措意于詩文，又博覽群書，務究其歸趣。自是明善而誠乎身，夫孰能禦？十數年間，欲求友一人如成可者，而未之得。今得之，其能已于言乎！

贈無塵道者序

夫太虛中一塵耳，成象于其上者爲星，成形于其間者爲人，塵中之塵也。人所值有不同，塵中塵之塵也。今無塵，道家者流，以塵中之塵説塵中塵之塵，其神矣。夫知無塵之無塵，則知其神之所以神。未有人也，未有星也，未有天也，此無塵也，此其神也。

贈醫人陳良友序

臨川良醫陳良友，種德三世矣。醫不擇家之富貧，不計貲之有無。一旦，其里之惡少以重役斂之，與語未及酧，則推而内之溝，折兩股。雖斷續益損，竟不復常。至今杖而行，倚而立，不能坐。或謂：「爲善如此，而獲報如此，施者其怠乎？」良友不然，益自誓，以濟物爲己任，至感于神明，形于夢寐。日理丹鼎藥裹，孜孜若不及，慊慊若不足。吁！賢哉！于是肅政廉訪使程公作詩以美之，命其客吴某同作，而又爲之序。

直躬爲惠不爲貪，股折肱存幸未三。施報稍乖疑有怠，精堅自誓轉無慙。
人雖微疾肯坐視，藥試奇功在立談。丹候孰知消息事，相逢一笑問圖南。

送雷友諒序

劍江雷尚書之從弟友諒，今之巧人也，于藝無不能。見器物，輒肖而爲之。爲之無不成，成之無不精。充其伎，雖古之垂，古之般，何以尚哉！將遊匡廬，造武當，尋高僧、高道，問向上事。或謂：「之人巧如此，移其巧于外者專諸内，何事不可得？」余曰：「子姑舍其巧而趨拙，平日之巧俱忘，若無能者，必至大巧，蓋知不可以得珠也。」友諒聞之憮然。

送陳中吉序

廬陵陳植，延祐四年江西省所貢士也。試禮部罷歸，益厲其志，讀書爲文不休。或告之曰：「子之學，學于古者也。士貴通古而通今，盍亦學于今乎？」於是將遊四方，以歷覽山川，遍識人物。過予，道其行之意。予曰：「男子初生而蓬矢以射，固以四方爲分内事矣。人謂司馬子長之史、杜子美之詩，皆得之于遊，未必然也。然夫子，大聖人也，適周而問未問之禮，自衛而正未正之樂，徵夏、殷之文獻，而必之杞、之宋也，况下于聖人者乎？覽不厭其廣也，識不厭其博也，見聞不厭其多也。不廣、不博、不多，則不無孤陋之譏。予其敢禁子之遊乎？雖然，既廣矣，既博矣，既多矣，有反諸約之道焉。未廣、未博、未多而徑約，則不可也。子其行哉。俟他日之廣博而多，當爲子指其所謂約者。于斯時也，不出户而知天下，而何事乎遊！」

卷二十八　序

贈梁教諭序

南安梁君爲金谿教諭三年矣，延祐丁巳春，予過自金谿，徵予贈言。噫！予將何以贈子哉？夫今之仕者，由儒官而民官，由民官而清要，雖位極人臣可也。然居官之大要，不過曰廉、曰能而已。廉而不能，則失職；能而不廉，則失己。廉者，德也；能者，才也。有德有才，誰不稱其美？子之能，獲覩一二矣。他日爲民官，歷清要，即是充之，無難也。本之以廉，其不爲具美之人乎？當今貴儒而賤吏。貴儒者，非徒貴其能，蓋貴其廉也。賤吏者，豈謂其不能哉？惡其不廉耳。子方且治儒術，以應上之求。從上所好，違上所惡，人臣之義也。舍是，予何以贈子哉？

送李教諭赴石城任序

昔宜黄李君夔友，以太學名士釋褐爲贛州教，不及禄，而其子仲謀中教官選，再任得石城教。石城，贛州屬邑也。予少時客宜黄，親見贛州之所以教其子者，又見仲謀之所以學於家者，往往異於常人。蓋自宋末，舉世浸淫於利誘，士學大壞。童年至皓首，一惟罷軟爛熟之程文是誦是習，無復知爲學之當本於經，亦無復知爲士之當謹於行。贛州之教子則不然。

仲謀九歲以前，論語諸經皆能成誦。年雖幼，德器如老成人，不待父師繩束，循循於禮法之内，逮其父時已如此。父既没，而孝養其母，謹飭其身，益勵於學，以能有所立。今之往石城也，諗於予曰：「新制取士，以經明行修爲首，好尚近古，謂宜一變可以至道，而學校承襲舊弊，不知所以自新之方。」凛凛焉以經未明、行未修爲憂。嗚呼！今之任教事者，靡不哆然若有餘，而仲謀獨慊若不足，此其賢於人也遠矣哉。

予之少也，嘗有志於古人，而荒落久矣，何能有所裨益於今之時俊乎？雖然，不敢不誦所聞。古聖遺經，先儒俱有成説，立異不可，徇同亦不可。虛心以玩其辭，反身以驗其實，博覽而歸諸約，傍通而貫于一。一旦豁然有悟，則所得者非止古人之糟粕也。人之一身，内有父母、兄弟、夫婦，外有宗族、姻親、朋友。近而鄉黨、遠而四方，推吾愛親敬長之良知良能以達乎彼，何莫非吾之所當厚善者？寧厚毋薄，寧過毋不及。夫如是，經豈有不明？行豈有不修者哉？而非有甚高難行之事也，人病不爲耳。今之往石城也，試以斯言與一邑之士詳究而實踐之，殆必有契於疇昔家庭之所聞也，其母厭予言之卑。延祐丙辰九月之望。

送黄文中赴西澗書院山長序

昔夫子删詩、定書、敘禮、正樂、讃周易，五經備矣，猶曰「託之空言，不如載諸行事也」，於是乎作春秋。漢儒專門明經學者，往往引春秋斷國論，其最純者，江都董相也。

其言以爲，爲人君、爲人臣、爲人父、爲人子，皆不可以不知春秋。然則春秋之爲用，大矣哉！

友人黄孚文中，家世春秋學，而文中玩索遺經，貫穿三傳，二百四十二年之陳迹，歷歷如燭照數計，發言處事，每據經援傳以爲證，使漢世專門之士復出，未知其孰後孰先。又推類以讀通鑑綱目之書，一千三百餘年之得失治亂，縱横商略，有若身與其間，此讀經讀傳之餘效也。今長瑞州西澗書院，或謂西澗之難處，非他書院所可同，予謂不然。明春秋者，臨大事、決大議，破竹解牛，靡所凝滯，况於居小官、應細故，而有難者乎？爲是説者，蓋不知春秋之爲用者也，蓋不知文中之爲人者也。於其行也，酌之以酒，而書此爲贈。

贈袁州路府掾張復先序

淦張復先以儒生選，擇爲吏，將從事大府，因吾里李弘道蘄予一言之益。夫耕問奴、織問婢，宜也，借視聽於盲聾，則不可。爲吏者，自當就吏師而問，顧乃於迂儒而求益焉，不亦左乎？雖然，必有以也，而予何敢默。

古之庶人在官者曰府史，受禄與下士同，待之亦不輕矣。當時人人有士君子之行，其賢其能，固已推舉爲長民治民之官。至若府史之職，亦必鄉里推舉，其獨無士君子之行乎？自俗不古，吏習於貪，習於刻，爲人所畏，不爲人所愛，於是世始賤吏而不知責。今日以儒爲吏，上之人蓋欲革吏之心也。本之以慈，行之以公，不汩没於利。凡事之曲直，無高下其手，無變亂其黑白，文無害而人不冤，詎非古昔盛時之府史乎？苟其不然，雖滿其意於一時，殃於其身，以及其子孫，可指日而待也。吾弘道有才略，有氣義，與之契，則復先之爲人可知已，必不以吾言爲迂。

送傅民善赴衡州路儒學正序

學正，教授之貳，其職甚不輕也。傅民善妙年俊才，清文粹行，選在此職，豈竊禄尸位者所可擬倫也哉！夫天地之氣鍾聚而聳起者爲山，山之高大者，嶽也。衡嶽，南方之巨鎮，郡踞其趾。嶽之靈異，怪物奇寶不足以當，則生偉人。循嶽而南，春陵昔有周子，實紹聖道不傳之統；而文定胡先生，父子兄弟皆於衡而講道，二百年間流風未泯。今之衡，安知無有志之士卓然崛興，能躡胡而探周者乎？民善至衡，試求其人，而與之語。若衡之士不過應舉覔官以爲學，殆恐未足以盡嶽之秀也，民善其擇焉。延祐五年七月朔。

送唐古德立夫序

古之仕者將以行其志，後之仕者將以遂其欲。所志亦所欲也，而有公私、義利之不同。唐古德立夫，故御史中丞覃國公之子，今僉典瑞院事薛超吾昂夫之弟也。從事江西行省，志有所不樂而去。余觀昂夫，亦小試其才於此，去而爲達官於朝。立夫之才豈出兄下？接踵登朝，蓋可期也。志之得行，固有其時，而不在於汲汲。於其游杭也，贈之言，而勉之以居易俟命焉。若父急於遂其欲，則立夫不爲是也。

贈蘭谷曾聖弼序

臨川西鄉查林曾氏唯齋翁，專門治周官六典。寶祐乙卯，初與貢，咸淳庚午，再與貢。其再貢也，予忝同升。越五年甲戌，免舉試禮部，登進士科，授贛之瑞金尉。運代遷革，隱處不仕。二百里間，杳乎不相聞也。延祐庚申，上距甲戌四十七年矣，有榮祖其名、聖弼其字者來訪，問之，翁仲子也。善陳卦爻，察形色，推人生支干及七政躔離，決休咎禍福，小數曲藝，不一而足。巧發奇中，幾類東方生之覆射。莫不驚駭其若神，而罔或測識其所以然也。其伯兄、季弟亦皆出遊。兄以儒得仕，弟以陰陽家得仕，各能隨世擇術，以干名利，翁爲有子矣。聖弼將遊梁宋，省視其兄，予特敘其家系大概，俾人知其爲儒官之胄，而非止伎術之流也。平生所識名士大夫贈之以言者甚衆。聖弼自號蘭谷云。

送醫士蔡可名序

予家夫容山之東、南山之西，北爲樂安之境，蔡氏居焉。予之居與蔡之居雖有兩縣之分，而無二十里之遠，是以聲跡常相聞。蔡之先曰伯珍者，名醫也。傳其子光叔，光叔再傳其孫明德，明德又傳其子可名，至于今，五世矣。醫之陰德，其施在人，而受報於天，家日進於饒裕，而子孫多學儒。學儒者不復爲醫，守其世傳者，可名而已。蓋其心獨專，其業獨不易。以其術濟其鄉隣，修治丹丸，以救卒暴危急之證，尤爲有功於人。夫蔡氏前之所施既受報矣，今可名益厚其施，則天將益厚其報。蔡氏之昌，其可量也哉？

贈長沙王秀才序

長沙王秀才，世爲儒家，家有恒産。六七歲讀書，即能爲文，被慈母之教，九歲而母没。父有群妾，又有後母。年十五，棄家而出遊。年二十，歸娶妻，既娶而復出。詩文雄偉俊邁，震曜人耳目。挾其才氣，不屈下於人。人稍不相知，輒奮怒。遊之所得，隨得隨喪。弊衣破帽，走塵垢泥塗中。湖廣、江淮、兩浙無不歷，且將北行中州，抵京師。有奇之者焉、有怪之者焉，或謂毁節以快其欲耳，或謂將釣譽以躋其身也。而其中之然不然，皆未易測。

予獨慨長沙多才士，近年有才氣而遊者，予見其二，一顯一晦。然公不能以表於世，私不能以衛其生，可耻也，而不足算。屈大夫不得於君，雖遭放逐，猶依依懷戀而不忍離，甚至放淚哀吟而不能已。所以爲千古詞人之宗，豈徒文之奇哉！歷九州而何必懷此都？賈傳尚得爲知原者乎？臣之於君，子之於親，一也，而人子尤無遠去之理。古聖人之怨慕卓矣。後之王祥、薛包，概可師也。不順乎親，不可爲子。縱使文章蓋世，亦何足以取？人之重而有識者不爲也。

予每與來朋談孔孟之道，秀才頗若厭聞。徵予贈言，竊慮言之不相合，而慎於作。酒酣論詩，酷愛后山、簡齋。予躍然曰：「子於二陳，能喜其詩，必喜其人，二陳之爲人何如也？」秀才曰：「吾之遊，匪爲利、匪爲名也，覽天下山川，識天下人物，以恢廓吾之胸，即歸理畎畝，守墳墓，終身與父母、兄弟、妻子處，復何求？」予又矍然曰：「始予謂子有才氣而已，今有識如此，人固不能知子也。真奇士，真奇士！詎可以狂士而視子也哉？」

贈張希德序

樂安縣之南曰雲蓋鄉，昔有雲岫長者居其地，家富而心慈。其於人，不間戚疏、新故、良賤、賢否，待之一以慈爲主。慈於弱，或速强悍之侮，而亦不校不怒，終不改易其心之所安。其子希德之慈如其父，温温然、惴惴然，略不踰越規矩之外。重小兒醫，以其餘力學焉。苟有名術，必訪問師事；苟有奇方，必求索抄録。里中嬰孩之疾，輒饋善藥而愈。修治丸藥之號爲丹者，以防危急。慈矣哉，其用心也！扁鵲因秦人愛小兒，遂作小兒毉。彼蓋爲利爾，此則出於中心之慈，而非有爲也。慈者，仁之發，而慈之所施始於幼。周官養萬民之政有六，亦自慈幼始。堯之嘉孺子，文王之先幼孤，其心一也。且人之有疾，必以所疾告之醫。嬰孩不能自言，而聽醫者之以意揣摩。設有不審，危殆立至。故醫之於小兒，尤宜究心。能於此而動其惻怛，致其哀矜，于以見其慈也。雖然，慈之施始乎幼，而慈之推，則溥及乎衆者也。大學言使衆之道，不過推其幼幼之慈而已。凡民皆吾幼也，是以保民當如保赤子。竊怪夫字牧之官，往往視民之休戚漠然若無與於己者，獨何心哉？得召杜數千人爲慈父慈母，列布郡縣，民瘼庶其有瘳乎！予喜談希德用心之慈，亦將以爲世之字牧者勸也。希德姓張氏。

贈涂雲章序

豐城涂漢雲章，判官熊先生之高弟弟子，其才與進士周贊府尚之、翰林揭應奉傒斯伯仲間也。揭陞朝班，周亦成進士，而熊先生之門人人皆擢高科，獨雲章挾其藝試有司，再戰再北，於是不能不觖觖于懷，將繇江浙道揚、徐、中原，造京師，廣其見聞，以紓憤欝。將行，而與予遇。予釋之曰：「揆子之才，成就非在周、揭之下者。其遲其速，則有天焉，非人所能必也。子其居易以俟，不患無位，患所以立。經明矣，益明其所已明；行脩矣，益脩其所已脩。豈惟可見知於人，其不見知於天乎？見知於天，則子所宜有者如期而至，而天豈靳之哉！雲章聞予言，欣欣然耳受，陶陶然心醉，若不復知世間有富貴利達事。余熟視曰：「子真奇丈夫，余一言，子輙悟。子真奇丈夫！余未見如斯而久在人下者也。」

送河北孔君嘉父官滿序

今天下之俗，如黄河之水，潰決横流，渾渾而濁，莫能使之清者。風憲一官，號爲天下之所取正。非有歲寒松筠之操，亦不能保其不變移，而他復何責焉！風憲之家，至後嗣而墮其世美者有矣；風憲之身，至他官而改其初節者有矣。夫其若是者，何哉？無識、無耻、無守也。無識則不知廉介之可尚；無恥則不知貪黷之可羞；無守則爲子孫之計，爲妻妾之奉，爲飲食衣服之不若人而厭貧羨富，以至苟利忘義也。

於斯時也，有能蟬蜕於埃壒泥滓之中，而嚼然不緇其皓皓之白者，予於河北孔君嘉父見之。嘉父爲諸侯佐屬，位在僚底。剛而不可撓，明而不可欺，公而不容私，潔而不受污。民有是非曲直未分者，莫不顒顒於君焉注目。蓋當無所控告之時，苟有可以倚賴之人，則如乘亡待盡之病，恃之以爲命脉。甚哉，斯民之可哀也。君雖不激不衒以咈衆而取名，民之陰受其賜於不顯之地者，殆不知其幾。家素風憲，而世美不墮也；身嘗風憲，而初節不改也。非有識、有耻、有守，而能乎？官滿將代，士民咸惜其去。予謂君之所至，人必受惠。日月所照，皆天氓也，而亦何能獨專其惠於吾父母之邦哉？君之代，予不能偵其期；君之行，予不能餞於路，則不可不一言而別。此去官益崇，名益盛，操益堅，惠益廣，予之望也。因山長黄孟安來，書此以寄。

送姜曼卿赴泉州路録事序

泉，七閩之都會也，番貨遠物、異寶奇玩之所淵藪，殊方别域、富商巨賈之所窟宅，號爲天下最。其民往往機巧趨利，能喻於義者鮮矣。而近年爲尤甚，蓋非自初而然也。予嘗原其初矣，唐之時，閩地肥衍豐裕，民豢於其所安，溺於其所樂，莫或以仕宦遊觀上國爲意。常丞相來爲一道觀察使，勸其民以學。有能讀書作文者，隆禮接之，民因是知勸。歐陽詹遂舉進士，與韓文公齊名。詹，泉之人也。閩人之貴進士，自泉之人始。由是文物浸盛，波流及宋之季，閩之儒風甲於東南，其效顯於數百年之後，常丞相之教寔開其先也。民俗之美惡，亦何常之有哉？在乎治之教之者何如耳。

吾里姜曼卿，廉潔公介，爲漳、汀二路録事近十年，一切據理法以行事，而無所屈撓。雖屢挫，而持之益堅。今又徙治泉州路，予知其所守終始不渝者。録事之位雖卑，而父母一城之民，其任固不輕也。泉之人有土著，有僑寓，大概没溺於利，而罔或以義理淑其心。儻能以常丞相之化一道者化一郡之民，使之人人知學，雖未能離乎殖貨者，亦不知没溺之深。則非但民風丕變而易治，當今進士科取士不限以疆界，不拘以種類，皆可以得大用，將見泉之民以進士發身如歐陽詹者數十百，而羽儀乎天朝，其視終身没溺於貨利者，相去豈不萬萬哉！曼卿不能以專行，豈無賢太守如常丞相之弘度高識者？其以予説告之。

送李道士雲遊序

混成師以明眼之方遊東西南北，人曰：「天下之盲遇師而明者多矣，何其幸歟！」余曰：然。然人能知師治肉眼之盲而已，世有雙眸炯然，而觸處障礙者，其盲不在於肉眼也。南華仙云：盲者無以與於文章之觀，豈惟形骸？知亦有之。師嘗見方外至人，得聞至論。此去以此自度，又以度人，使人人具正法眼，放大光明，照破群妄，不昏不迷，則師之方何止去外障、内障於五輪人廓間哉！師其行乎，吾將索師於混成之鄉。

贈劉相師序

視其所以，觀其所由，察其所安，夫子相人法也。聽其言也，觀其眸子，與夫見面盎背，施於四體，孟子相人法也。若左氏者，其説愈詳。以執玉高卑、其容俯仰觀人之死生，以禮義動作、威儀之能否觀人之禍福，以至語而偷、舉趾而高、行而委蛇，其應也如響，而尤莫顯於叔服之相難穀。竊意後世如唐舉、許負之法，其術皆原於叔服，而聖賢之法罕究焉。蓋聖賢之詳觀於言行威儀之間，而後世之術法觀於容貌眉目之際。使徒觀於容貌眉目而足以盡得斯人之平生，則虎類孔，項類舜，吾何以觀之哉？劉相士善相，所相多奇中。予愛其盛年美才，出語楚楚，而慮或局於唐舉、許負之説之術也，故舉聖賢所以相人者先焉。

送方實翁序

鄱陽方實翁，儒家者流，孝於親而學醫，持脉定未來之災祥，投藥甦已往之沉涸。知來，知也；救往，仁也。推其知以醫國，其謀也必遠；推其仁以醫民，其效也必速。向年一走京師，得鄉郡教授而歸。今當路再薦舉以進，其必得美官，以試醫國、醫民之事。然嘗觀世之儒，平居論國體，談民病，非不亹亹可聽。一旦見於用，略不符其言。何哉？彼所言，虚言也；而翁所能，實也。噫！曾謂儒之虚不如醫之實乎？翁行矣，余期翁之遇急，觀翁之所爲，將表翁之實，以愧夫儒之虚。

送胡大中序

往年爲廬陵胡大中作字説，勉之以大中之道。或謂余説大高，而責人以所難。夫大中之道雖若甚難者，然人所同有也。苟人所同有，則人皆可得而至，不以此自勉，自棄也；不以此勉人，不忠也。大中將之東廣爲學官，「教然後知困」，其必日有進矣。欲究大中之道，莫如易。子之嚴君以易决科，易固子之家學也。雖然，易之爲易，豈止决科而已哉？邵子曰：「先天圖者，環中也。吾言終日不離乎是。」子試於乾之誠明、坤之敬義而實用其力，則於大中之道，其庶幾乎！

贈黄生序

富城黄志以前知禍福、談人命，玉霄滕君書「至誠」二字贈之。至誠之道可以前知，此上智通神之事，非常人所易能也。或謂滕善謔而輕，幾若侮聖言。噫！未必然也。夫至誠雖未易能，亦在夫人致之何如耳。至者，造其極之名；致者，求以造其極之方。至也者，天也；致之也者，人也。致斯至矣，故曰其次致曲，曲能有誠。今之談命者，往往如説士之揣摩捭合，以倖其一中。凡此皆不任真術，而妄語以欺人，不誠孰甚焉？黄生朴而厚，其語也不妄。語不妄，誠之始事也。致之致之又致之，誠其有不至者乎？豈特不揣摩捭合以欺人而已哉！

送孔能静序

人言盛德必百世祀，此概論也。若聖人之澤，何止百世而已哉？雖千萬世，猶一日也。吾夫子不得用於當時，而其澤之施於後，由漢至今而益隆。世世襲封爵、主墳廟，世世宰卿邑、司民社。猶未也，特設官教其子孫，而子孫或農或士，悉復其家。噫！可爲隆也已。其遷於江之南者有三衢派，有清江派，蒙恩與闕里等，今興文署丞亦以清江之派宦于朝。二子俱教授，而季又將爲奉常之屬。伯子能静當赴常德，余安得不深有感於聖澤之遠乎？

雖然，夫子爲萬世儒教之宗，而儒之所以爲儒，貴其能不畔夫子之教也。世所謂儒，或涉獵章句，或綴緝文辭，則已哆口而言，肆筆而書，以矜於時，以號於人，曰儒爾儒爾。夫子之教，固若是乎哉？能静往教，其必有以異於庶姓也。魯論具載夫子誨人之語，未易一二數。其至切近者，「入必孝，出必弟」、「言行必忠信篤敬」、「行己必有耻」、「見得必思義」、「所不欲，必勿施於人」、「毋色厲而内荏」、「毋群居不及義而好小惠」。能静律己範人，一出於是，有以丕變世儒學習之陋，人必曰：「是真孔氏子孫矣。」夫如是，不惟不忝於先聖，將見子之名英英而騰，子之仕烝烝而升。偏方初試，其何足以羈羈也夫！

送樂晟遠遊序

吾鄉侍郎樂公寰宇記一書行天下，然不深考，亦未有知其書之精者。侍郎生於唐之後，顯於宋之初，在撫州登科記中褎然爲首。諸子諸孫科名相繼，施及宋末，貢舉者猶不絶。一姓文儒之盛，其吾鄉之表表者與。

晟字幼誠，亦其苗裔也。好吟詠，多伎能。往年事今翰林學士程公於閩中，公甚器重之，將繇江東、淮東、山東、河北以遊于四方，男子之志也。經所歷山川風土，了了在目，前有以徵先世之書，真可無忝於其祖矣。匪特予嘉之也，出門同人嘉之嘉之又嘉之者，奚翅十百千萬其人哉！

送曾叔誠序

士之貴乎多見多聞也尚矣。經史傳記諸書靡所不讀，所以通古也。居則有過從，出則有交遊。於郡縣山川，靡不徧覽；於政教風俗，靡不周知，所以通今也。樂安曾叔誠，世爲儒家，不業他技。專以親炙名勝傳録文字爲務，奔走洪、瑞、臨、吉、撫、建數郡間。以東之所見所聞言之於西，以西之所見所聞言之於東，使人不出户而坐致千里之事，誠足爲見見聞聞之一助，故人皆望其至而喜焉。予於其行而贈以言，亦嘉之也。

贈謝有源序

崇仁三謝，其一曰野航先生，嘉定癸酉鄉貢，明年登第。内官歷監察御史、太常卿，外官歷江西提刑、福建轉運，操行清介。江西憲兼贛守任滿，人有詩云：「琴鶴亦無空載月，旌旗不動只疑香。」福建漕時，有故人爲屬縣令，知其不受饋遺。乃獻柏燭百炬。以其情舊物薄，不郤，亦不視。踰月，啓掩將取燭照夜，怪其燭之重，用力辨辨，燭心皆黄金。即以運司官印緘封元掩，命縣尉差弓兵送至彼縣，取具，交管元物。狀回，竟不顯其事。清介而弘厚如此。

其二曰萬安令君，嘉定壬午鄉貢，寶慶丁亥，以開禧丁卯初貢之名免舉登第，官至萬安宰。文雅醞藉，治邑多惠政。

其三曰徽州使君，嘉定丙子鄉貢，己卯再貢，明年登第，至徽州守。清介亦如伯兄。從子從一甫，晚號玉谿翁，工於詩。翁之子壽文，孫有原，挾藝游士大夫之門，所至俱禮貌。有源之於野航，從曾孫也。

卷二十九　序

送崔知州序

朝列大夫、知新淦事崔侯文質，予初見之於京師，一見雖未交談，已識其爲才吏。未幾，予移疾還家，而侯適治新淦。予所居視新淦爲鄰，聞侯之政如神明，人爲予言其令如疾風之偃草，其威如迅雷之破柱。差役均，而樂歲民得以安生；賑救廑，而歲亡民得以免死。既而官滿受代，淦之民士作詩以頌美之者成巨編。侯其何以得此於人哉？

吾門之徒夏志道與侯爲婚姻家，録士民頌美之辭，請予序其卷首。吁！才之難久矣！如侯之才，世不多得也。淦之著姓曰鄧、曰鄒，予之舊交，侯與之極厚。巨室之所慕，一國慕之，此孟子之所以爲政，而侯有焉。夫侯以才吏，而有志於儒術；予以腐儒，而亦有志於吏事。今侯屢底績，而予老不能有試。儻予生爲新淦之民，得如鄧、如鄒而與交際，以予迂闊之見，濟侯精敏之能，譬猶鹽海五味之和美，調適衆口，而嘗者靡不悦，而侯赫赫之譽必倍蓰於今日。惜哉！予之不與侯值也。雖然，憐才而樂道人善者，吾意也。以侯之才，以侯之政，而淦士民之頌美若是，安得不樂道之以嘉其既往，而又以勉其方來也哉？

侯名顯祖，齊人，其仕之所歷，在内服在外服俱有聲稱。若新淦之政，則予所親聞者也。

送四川行省譯史李巖夫序

予幼聞先達長者云：「仕宦之人，於交代官有子孫雲仍之好，於同僚官有兄弟手足之情。」蓋言其恩義之愈久愈深、至親至昵也。

隴西李仲淵，襟懷軒豁，意氣慷慨，是非可否，纖芥無閉藏。昨爲集賢直學士，予忝與之爲代；今爲翰林侍讀學士，予又與之爲僚。共處數月，其情好深厚，真有如先達長者之所云者。

令子師尹，承家訓，負時才，精於國語，習於國字，口宣耳受，指畫目別，如水之注下，如火之照近，沛然瞭然，略無停滯。雖處之陰山，天大漠之北，與其種人未易優劣也。嘗以其學教授于南甸路，復以其能譯史于雲南省。隨父客京，念母在蜀，曠晨昏之禮，思切切不置。公朝體人子之心，發充四川行省譯史，以便養母，而命其弟留京侍父。去住之間，兩得其宜矣。以予之於其父如兄弟也，告别而後行。予視之如子，然其可無一語以遺之哉？子之往也，恭順以奉慈親於内，忠謹以事官長於外，名聲將日起，禄位亦日進矣。予也老病，無所用於世，賴而父翼衛以苟容於斯。子年少才敏，力强志鋭，其以而父之奮發就事者自勉，而以吾儂之巽愞瘝官者自警可也。夫能爲人子，斯能爲人臣，達官非子其誰乎？師尹之字曰巖夫。

送申屠子迪序

昔御史申屠公清名峻節，偉然有聞於世。子迪，其第四子也。勤學謹行，以增崇其家聲。其未仕也，僑寓淮士，訓授生徒，蕭然如寒士，略無外慕意。其既仕也，從事於憲府，從事於省部，綽綽有美譽。進治簿書，退玩經史，雖公務糾紛，而吟詠不廢。其資、其識，兩皆不凡。亹亹議論，累累著述，往往可聽可觀。充其所到，應非小成而止。今往掾江西行省，而徵予贈言。

噫！予言，虚言也。己有實學、有實行，奚以人之虚言爲？雖然，予其可以遂默而無言哉？凡仕於下位者，其上有長焉。長之心，不能必其一一與屬同也，爲之屬者如之何？亦惟循理守法而已爾。理法，天下所同也，其孰可以立異者乎？如或未同，則積誠致敬以感悟之可也。感悟之機甚神，感之而應，悟之而通，殆如雲翼之翔順風，川鱗之永清波也。夫如是，豈惟兩道士民慶，江西一省之有賢屬而爲之長者，且將自慶其屬之得人矣。子迪行矣。

送何友道游萍鄉序

梅窻何先生，四子俱擢進士科。長宜章令，次永州教，次道州判官，次廣昌主簿。其季出爲萍鄉柳氏後，袁柳、撫何二族，各以儒官著，而其初實一姬姓。文之昭由魯之展而爲柳，武之穆由晉之韓而爲何，氏不同而姓同。宜章仕萍鄉時，冢嗣友道生，今爲宗子。友道不忘所自生，而爲是行也，棠陰猶存，有先世之遺愛焉，韡然耀於他土者，吾父之季也。禮，爲人後者不復顧私親，獨於宗子無絶道，何也？欲其宗也。本原一而支派分，卒然合并之際，孝悌之心有不油然動於中者乎？噫！典禮廢而俗之薄也久矣。本本原原，惟學士大夫能然。余將於是而觀其則。

贈李庭玉往岳州序

宋熙寧間，始以經義試進士。其初，體格有張庭堅書義，載在文鑑。逮宋之季，愈變愈新。浙東之温、江西之吉與撫，其書義號爲利。取選者，吉則安福，撫則樂安也。而樂安縣北李氏，又爲書義之大宗。李庭玉之曾大父以上，世以書義爲進士師，受業者彌數郡。爲己爲人，春科秋薦，指數未易悉也。國朝貢舉未行時，人競延致庭玉之父，以淑子弟。貢舉既復，撫之擢科者二人，并以書義中高甲。推其師友淵源所漸，咸曰自李氏。則樂安書義之取選，非但利於昔，亦且利於今矣。然宋人不龜手之藥，市方以去者獲封，而蓄方之家猶洴澼洸，蓋未嘗用之於水戰也。視故篋而方尚存，夫何患？儻用以戰，客烏得而專其功！庭玉勉之哉！

抑予聞之，取貴有術，守貴有道。庭玉將往岳州路湘陰州，見黄、張二貴官。養原、國賓之貴，俱得取之之術者，而予又欲其備守之之道焉。長守其貴，諸侯之孝也。是以因庭玉之行而寄予意。

送卞子玉如京師序

淮東卞子玉，家世仕宦，政事得於講聞者熟矣。才識明敏，器量深宏；貫通乎儒書，練習乎吏牘，可不謂之全能乎？其施於政事，固宜如峻坂之流丸，高屋之建瓴水，豈或有所滯礙者哉？而往年於獄訟之間，猶不能無失。蓋以長官之所鞫問，憲官之所審覆，然其已然而不復立異，卒乃不然，遂與鞫問、審覆之官同罹失之之罰，由寧州判官左遷崇仁征官。日辦官課之外，悉付同僚，一無所計較，惟與賢士友論學論文，而遇事益安詳、益慎密。人皆曰：「子玉素安詳慎密者也，今又愈加意焉。詎非所謂遭一蹶，得一便，經一事，長一知乎？」孟子嘗言，人之困心衡慮，在於有過而改之，後必以爲天將降大任於是人而然也。然則子玉之不宜有失，而偶失之者，其殆天欲長其知而玉成之也夫？處崇仁五年，人人愛之重之。既受代，將如京師謁選，莫不賦詩以寫依依不忍別之情，而予方期其此去之必爲良吏也，序以贈其行云。

子玉名瑄，父少中大夫、寶慶路總管，大父以上仕宋。

送傅民善赴桃源州教授序

吾里傅師孟民善，近年爲衡州路儒學正，攝治教事，承郡牧意，一新黌宫。考滿且代，士友惜其去。今受朝命，教授桃源州。其操履之潔、職業之修，在衡具有已試之驗。一州得賢師儒，可幸已。金陵王雲起霖仲，亦吾臨川人，荆國丞相之裔。昨任湖北澧州教廉，聲能名，洋溢四達。民善至桃源之後，澧州殆不得專美矣。

然予之知民善，不在其蒞官臨事之時，而知之於其平居之素。知其素者何？察其言行之實也。夫古之學者，概以謹言謹行爲。今人執筆粗能文辭，則謂儒不過如是，其平居之言行豈暇計哉！肆口所發，類多鄙倍之言；任己所爲，不免疵玷之行。既不自知其非，而人之所以游處者，亦恬不以爲怪。士之不以謹言謹行爲學，非一日也。

民善幼侍親側，已異常兒。及其長，而與予接，察其言行，幾於無可選擇。嘗客武昌，以詩贄鐵峯張氏，一見稱其清苦俊拔，甚加獎進。張於人最不輕許，而獨喜民善，何哉？蓋其詩非徒虛文浮辭之尚，謹言行之實有素，而形於文辭者，自有異於人也。仕途方此開端，積其平日所素謹之實，益加勉焉，用之於政事，將無施而不宜，何官不優爲也，豈特可爲賢師儒而已哉！

贈九山山人序

池之九華山，巉峻刻峭，𩌏𩌏如春笋之亂抽，嚴嚴如酋矛之列植；又如狂風逆吹幡旗之尾，繽繽然向乎天。予過其下，爲之怵心駭目，躊躇凝視而不能去。三百年前，有偏方僞臣專其山之名。其人也，工於奪人所有，移人之基業以爲己功，攘人之撰述以爲己能。猶未也，卒之并與其命而不之貸。險矣哉！其有甚於山之險，奚啻十百也！

今皇圖坦蕩，萬里如砥，而有中州庶士僑寓江之南，又專此山之名而有諸己。九華先生之迹已陳，而九山山人之號方新也。予益怪之。徐觀其人，肆口議人之命，往往期人以責富，不惟不阨人之命，且欲昌人之命；不惟不奪人所有，且舉天之所有輕以畀諸人，而無吝辭。此其心之平廣近厚，豈有毫髮如疇昔先生之險者哉？專山之名一也，而用心有不同。山若有靈，其不轉禍昔之先生者，而福今之山人也耶？

予合九華、九山二名而觀，始而疑，俄而釋，於是作九山山人序以贈。山人爲誰？陳其氏，良卿其字，汴人也。

贈陳立仁序

永豐陳氏，累世儒科發身，有建寧僉判，有建德察推。有爲信州司户、福州教授者，予及識之。教授之從孫立仁，察推之曾孫、僉判之玄孫也。克守世業，授徒以養親。方技術數多所諳習，以七政躔離推人休咎，甚驗。挾此以游，往往取重於人。予觀立仁之父，安分處約，不染時俗狡險之習。世德之積既厚，子孫衆多而能，其後也必隆。立仁惟當力善以竢命。一藝之長，聊寓意耳，寧以此爲事。子以星數推人之命，予以天理卜子之命，知窮之必通也。其毋以蹔焉之不振而怠於爲善哉！

贈西麓李雲祥序

前輩言陳所翁默坐潛思時，疑與神物冥會於混茫之間。或醉餘意到，忽然揮洒，雖在墻壁絹素之上，如是能飛躍，蓋得龍之真也。湖南李雲祥，居嶽之西麓，今爲吉之安福人。自少好畫龍，每得所翁之畫，凝視終日不瞬，以至忘食。一旦有悟，恍如親得其傳焉。前御史大夫徹里公，集賢大學士李叔固俱可其藝，而二人俱往矣。雲祥於是去京師而走四方，棲棲未有遇也。人謂福慧難雙全，豈其慧進而福減與？荆公嘗嘆二畫工未遇，其詩曰：「一時二子皆絶藝，裘馬穿羸久羈旅。華堂豈惜萬黄金？若道今人不如古。」予爲雲祥歌此詩而勸之行，安知無不惜萬黄金者哉？安知不有如前人之二貴人者哉？

送邵文度仕廣東憲府序

上饒邵憲祖文度，先世擢儒科者累累，文度以其家傳易學中延祐四年鄉貢，次年會試于京師，未能成進士，退歸。既而憲臺嘉其才，俾從事廣東憲府。人謂文度世科之盛、才名之美，屈之仕僻壤、踐卑位，若非其所宜處。而文度裕然無不懌之意，其殆有悟於易之變通，能隨所在而安之者。

古之君子之未遇也，或乘田、或委吏、或抱關擊柝、或仕於伶官，悉皆安之而不辭。憲屬，清流也，有權有勢，人多貴之榮之，非如乘田委吏之濁、抱關擊柝之賤、仕於伶官者之辱也，則隨其所在，而爲其所得爲，固儒者之安於命，安於義。

近年憲府之選其屬者，必不產於荆、揚者始與其選，蓋疑其荆、揚之人輕狡險黠，未易制御，故擯斥不用，而僅得以周旋於嶺海之間。夫人才苟可用，隨地皆可；苟其不可用，則無處而可。豈有不可用於彼，而猶可用於此者哉？三道之憲，獨非朝廷之憲乎？

二廣之民，獨非朝廷之民乎？而何其待之以輕重厚薄也？雖然，所重、所厚之處，其所選、所用果能盡得其人乎？不論其人之何如，而惟論其地之所産，何耶？噫！風憲之職不輕矣。下不能以其上之心爲心，屬不能以其長之心，其所以非諸人者往往不能無諸己。居其上、爲之長者不欲章其家之醜，則不得不護其子之短，如是，復何所忌憚哉？文度之往，其必穎然有以異於輩儔，使人知儒者之所爲果非常人所可及，亦使用人者知其不用之人未必皆劣於其所用者也。

贈劉泰觀序

廬陵山水奇秀，其生才也，往往俊邁絶群，地産然也。自昔山西多名將，而論者獨取蘇屬國、趙營平二人，何哉？以其不類山西人也。蓋良金美玉，天下所共寶者，不以所産之地論，而亦非地氣所能囿也。廬陵人物甲天下，二百年來名位之最隆、福禄之最厚，無如益國文忠公。公未達時，其心度、其行業何如耶？有此心度，有此行業，則有此名位，有此福禄，如形之有影，種之有穫也。

劉泰觀，廬陵俊邁士，才氣超然，而棲棲不遇。予固怜其才，而尤欲大其成也，故以益國之名位福禄期之。先民有言有爲者亦若是，其毋以今之不遇而自沮。

贈襄陽高凌霄鵬翼序

東漢以來，荆楚號多奇才。蓋其地便於用武，智計之士往往出焉。馳騖一世而立功名者，常有人也。斯其可謂人中之豪傑矣乎？曰未也。孟子所謂豪傑，以其雖無文王，猶興也。興也者，謂其能自感發，以求文王之道也。文王之道何在？近則在周公，遠則在孔子。周、孔遺文之傳于後，有易、有書、有詩、有禮以及春秋，與夫諸弟子之所記，子思、孟子之所述者，至今猶未泯也。能求諸此而得其道，是即師文王也。世無文王，而能師之於二千餘載之下，非豪傑之士而何？豈徒馳騖一世、以立功名而已哉！

襄陽高凌霄，荆楚才士，偕其友張師善跋涉數千里之遠而來學。予既啓之以爲學大概矣，今其歸也，又舉孟子之所謂豪傑者以勉。

贈南陽張師善序

南陽張師善爲學有志，通朱子詩傳，能應進士舉矣。不遠數千里，造吾門而學焉。善也，如欲應舉覓官乎？其爲儔類，人人皆可；其爲技藝，人人皆能，何待他適而遠求也？若其志有在，而非應舉覓官之謂，則予嘗聞古聖賢之所以爲學者矣。必明人倫，究物理；必去私欲，存本心，使一身有主，而處事曲當，如斯而已矣。師善居游數月，每日所聞不外是。今將還家省親而求言，予又撮其大略以告。善也，尚諦思而力勉之哉！

贈方無咎序

吾里有醫，日有狎習者，率故常視也。一旦遠方備厚禮邀迎，輿馬赫奕臨其門，見者驚駭。又有人抱疾劇甚，族醫縮手無計，病家嘆嘅某邑某醫挾異能，恨不克速致以救危急，聞者亦且悚慕。他日偶至其邑，詢其能，邑人掩口大笑。余嘗舉此二事與客共評，客曰：「人之情重所聞，忽所見，從古以然。懷才抱藝者，往往名於遠，不名於近。夫子之聖，猶或以東家見輕，而况其他乎？今夫香材之可寶可貴者，雜生嶺南山中，彼之人日樵斧以供薪爨，孰知爲遠地所寳所貴如此？諺云『離落之蘇不芳』，豈真不芳哉？以其近而易得也，是以翫視之耳。」

余謂客之言是也，而有未盡也。蓋聖門之論，曰聞曰達，各不同焉。聞者，虛名之外著；達者，實得之内充。外著者或聞於遠，而不信於近；内充者先信於近，而後達於遠。鄱陽方無咎，家世儒醫。年少而俊敏，名未遠著也。而同里芳谷徐君稱之，吃吃不容口，又筆之於書，其信於近有如此者。古之選舉也，先自五家之比推之，次而二十五家之廬推之，次而百家之族推之，又次而五百家之黨推之，以及於鄉，以達於國。實之孚於人，由近而遠豈若虛名之聞於遠而不信於近者比哉？余前所見所聞二人，名勝者也，古之所謂聞也。無咎，實勝者也，古之所謂達也。名勝實盈，而立涸之溝澮也；實勝名盈，而漸進之源泉也。吾未見信於近，而其終不聞於遠者。無咎之選舉，由鄉而達於國也有日矣。若夫遠方嘉羡尊敬而争相羅致，其餘事也，又豈有驚駭竊笑於其側者哉！

贈相士吴景行序

吏部吴公之裔孫景行，儒術、世務俱優，仕不得志，乃隱田里。嘗聞希夷風鑑之學於方外畸，談人壽夭福禍，期以歲月旬日，毫髮不爽，人畏其神驗，避之不敢即。昔莊子言鄭之季咸如是，世率謂莊寓言耳。今果有如季咸者焉？莊氏豈欺我哉！吏部公學通天人，名徹宸聰。有是聞孫，抑亦光于祖矣。然予欲戒之，勿易其言。夫居今之世，而有季咸，是可駭也。惜未有如壺邱子者，試使觀其何如。

贈袁用和赴彭澤求醻序

昔之人，善於其父者，必厚其子。夫爲人之子，豈固望報於其父之所善者哉？而人之情自有不能已也。主一袁君抱才不試，其爲人交也欵欵慈祥，其爲人謀也惻惻周悉。是以不問親疏遠邇，皆心悦之，雖久不渝。其子用和將赴彭澤教官，告違於父之執友而後往。凡與主一善者，於用和之行也，得無情乎？

贈醫士章伯明序

昔之神醫秦越人撰八十一難，後人分其八十一爲十三篇。予嘗慊其分篇之未當，釐而正之，其篇凡：六一至二十二論脉，二十三至二十九論經絡，三十至四十七論藏府，四十八至六十一論病，六十二至六十八論穴道，六十九至八十一論鍼法。夫秦氏之書與内經、素、靈相表裏，而論脉、論經絡居初，豈非醫之道所當先明此者歟？

予喜讀醫書，以其書之比他書最古也；喜接醫流，以其伎之比他伎最高也。年十五六時，始與人交際，逮今七十年，自神京輔畿、通都會府，以放乎天下所聞有名之醫，已往者不可見矣，所見可用之醫，於千百人中僅得二人焉，而皆在吾郡，一曰董某起潛，一曰章晉伯明。二人皆涉獵儒術，精究醫方。

去秋，予在家有疾，董治之；今冬，予在城有疾，章治之。試之而有實能，用之而有實效。明脉而明於經絡者，董也；明經絡而明於脉者，章也。初得一董，已喜；再得一章，益喜。老年遇二巧醫，異事異事。然董雖奇人，未深知之，知之深自予始。章雖奇人，亦未深知之，知之深亦自予始。董之伎方今盛行於豫章，章之伎此去盛行於遠邇可必也。

蓋伯明於近代中原諸名醫所著述博覽通貫，非特研習周、秦、漢、晉以前之醫經方論而已。予以耋耄中寒氣，累日不粒食，其所用藥三劑止八服，悉本仲景，如印券勘鑰，不差毫釐，其驗神速。儻病者人人得此醫，則世豈有難愈之疾哉！予之疾既瘳，將由城歸鄉，不能已於言，而書此以贈。

送曾德厚序

平山曾先生隱居金溪之陶原，詩文自娱，以終其身。子觀頤，亦安貧自守，講授鄉里，薰其德而善者，總總也。從子德厚，文學不忝其世，又多伎能。將游四方，以數談人福禍。噫！子之數也，所以濟其道之窮也。然爲人臣，言依於忠；爲人子，言依於孝。俾善者知所勸而成其吉，惡者知所懼以避其凶，則數亦道也。子行矣，必有爇薪煑魚與子飲而論易者。

贈用和謝教授序

文固士之末技也，亦有可得於後而不朽者，雖既歿，而其言立。立者何？謂其卓然樹立於天地之間而不仆也。閩之將樂，實爲程門高第弟子楊中立先生之鄉，南方講道之祖也。士生其處，漸被餘教，往往與他土異。

咸淳貢士謝景雲，精於舉業，由春秋義改治詩，兼治書，先輩稱其潛心理學，時造根極，箋、表、記、賦、詩、詞、雜著，靡不工緻。年三十二而卒，其學、其文不可得而見矣。其子中收拾文書於亂離之後，僅得經義論策二十三篇，讀之令人悦懌，一時儔侶蓋鮮能及。然此應試之文爾，其可傳遠則不在是。孝子於父之手澤，哀慕終身，如見其存，斯須不釋去。立身之孝，顯親之本也。子之立身，則父之名立，豈在乎文之傳不傳哉？中字用和，文學爲時所推，寡淺者莫敢仰視。其能有立於世也，景雲其有子矣夫！

送舒慶遠南歸序

往年，河間李岳及吾門，以治周易義應舉。吾觀其所爲文，曰：「可擢科矣。」遣之去，次年，果成進士。豫章舒慶遠，侍其親至京師，亦治周易義。予試之難題，剖析密微，敷暢明白，得經之旨，合得之格，其去而決科也，豈在岳之下哉？明年值可應舉之年，今侍其親南歸，予既以必能成進士期之，又語之曰：「儒之學不止能決科之文而已，爲利達而學者，滔滔皆是也。它日既遂時俗之所求，儻或過予，又當有以告。子姑去。」

贈墨工艾文煥序

世稱墨爲玄玉，玄居其色，玉喻其質也。蓋墨之堅青光黑者佳。黑青合謂之玄，而黑易青難。但黑不青，緇爾，非玄也。堅光備謂之玉，而堅易光難。但堅不光，石爾，非玉也。前代墨工未暇論，宋南渡後，盛行柯山之墨，在後乃有有吾郡之胡焉，七八十年競用湛然之墨。近年又有同邑之艾焉，如楚、吴特起，間齊、晉之霸，其取信於衆，見售於時也，豈偶然哉？不有其實，不能也。而艾工猶欲借重於人言，夫人言何足以爲重？苟無其實，雖百口交譽，虚而已矣。文煥之墨既信既售，不資予言也。予舊識之，故書此以贈。

贈朱順甫序

葬師之術，盛於南方，郭氏葬書者，其術之祖也。蓋必原其脉絡之所從來，審其形勢之所止聚，有水以界之，無風以散之，然後能乘地中之生氣，以養死者之留骨，俾常温煖而不逮朽腐。死者之體魄安，則子孫之受其氣以生者不致凋瘁，乃理之自然，而非有心於覬其效之必然也。若曰某地可公可侯，可相可將，則述者倡是説以愚世之人，而要重貺焉者也，其言豈足信哉！

北方之地平曠廣衍，原隰多而山林川澤遠，其葬又與南方之術異。惟通達者能推而用之，適彼此之宜而不執滯。近見北方士大夫仕南方，惑於南師之説，歸用其術以葬其親，往往可笑，曾不如其上世不通於術而用古禮以葬者之爲得也。

司馬公及程子之所謂葬師以方位時日論吉凶，則不過陰陽家剋擇之一伎，於其地理無與也。今朱順甫所傳肥城孫葬法，其果南方之術邪？抑亦北方之術乎？他日儻一會面，叩其底裏，則吾有以知之矣。

卷三十　序

送婁志淳太初赴石城縣主簿序

石城主簿婁志淳將赴官，予昔與簿之叔父道輿甫同年貢士，父契猶兄弟，視簿猶從子也。於其來别也，惡得無言哉？簿之大父艮堂翁，宋嘉熙庚子以詩經貢。越二十九年戊辰，特恩對策，授迪功郎，尉饒之德興。翁之伯子德剛甫，簿之父也。咸淳丁卯，以詩賦貢，次年登進士科，授迪功郎，尉袁之萬載。一家二尉，并轉從政郎，一授福州監鎮，一授吉州法曹。值革命，隱不復仕。既而翁暨伯先逝，簿之諸父唯仲、叔、季在，須眉皓白，儀觀甚偉，儼如商山老人畫像。正至朔望，深衣巍冠，領郡子弟序列家庭，接見賓友，一如司馬文正公家範。士大夫之家能存承平時禮法之餘風，婁氏稱鄉邦第一。

當路爲皇朝收拾遺逸，道輿甫充濂泉、石林兩書院長，志淳亦以湖北廉訪使程公薦，長南嶽書院，部注寧州教，再注南康路教，以至於今，遂分縣寄。夫石城，贛之鄙邑，地偏俗樸，近年隸寧都州，民苦於兩屬。儻親臨之官又不憫恤之，民無所倚矣。簿世儒世宦，恂恂慈祥，熏沐乎聖賢之書，講聞乎仁義之實，蓋非一日。潔身如秋霜之肅，愛人如春陽之煦，民其少瘳乎！予不以居小官爲簿之慊，而以遇好官爲民之幸。有胡廉者，石城士也，簿其詢焉。

送廬陵解辰翁謁吏部選序

廬陵之士，俊偉卓犖之類多，謹重信厚之類少。昔人論漢山西諸將，獨趙營平、蘇屬國似非山西人物。予亦嘗言益國周丞相雖家廬陵，而泯然俊偉卓犖之迹韜於謹重信厚之中，故其名位所到，事業所就，超出衆人之上。

撫州學正解應辰辰翁，廬陵善士也。棲遲郡邑學官十五六年，其文可稱，其政可稱，而不矜持、不淺露，恂恂乎國公氣象。年踰六十矣，方將謁吏部，入教授選，固不能有鄉袞之名位事業。然予觀其所存、所爲，謹而不肆也，重而不輕也，信而不妄也，厚而不薄也。則所勝所致壽考康寧之福，當必有以異於人，况其先世累累以儒策勛而未崇顯？其從子一貢再貢，騰騰青雲之步，予將坐見解氏一門之盛。辰翁，吾子之同僚，而意度與老拙合，臭味相得也。今於其去，不能不怏然，書此以別云。

贈番易柴希堯序

番陽柴獻肅公之諸孫得仁，以希堯爲字。能詩，有句輒動人。又喜讀論語，可謂克念厥紹者矣。往年遊諸公間，若程承旨鉅夫、鄧學士善之、石中丞仲璋、郭侍御幹卿，皆獎許之。駸駸二十載，栖栖無所成。朅來臨川，偶與老拙相邂逅。與之語，知其才，而知諸公之獎許之者非過。然猶不免戚戚於不遇，汲汲於速達，予於是忠告焉。

夫士孰不欲遇且達也？而其遇不遇、達不達，繫乎天，豈人所能爲哉？是以古之君子，不當富貴而富貴，則不處；不當貧賤而貧賤，則不去。素位而行，貧賤亦榮，不義而得富貴，祇辱爾。君子曷嘗惡富貴而不求？知其無可求之理也、既不可求，雖戚戚汲汲，其何益？聖人固云：「學也，禄在其中矣。」在其中者，不求而自至之辭。吾但修吾之所當修，命一旦而通，富貴之來也孰禦？正不在乎戚戚汲汲以求之也。子其執已讀之論語，復之究之，必將豁然有悟，而信老拙之言爲信。不然，伺候於公卿之門，奔走於形勢之途，僥倖於萬一，老死而後止者，此唐李愿之所恥也。愿且恥之，而况不爲愿者乎？故予不敢爲先正之後人願之也。

贈彭有實序

彭鼎有實，三世工小兒科，擅名里中。幼幼矣，而求老老焉，受用師所傳，鍛煉修製丸藥十數品，救急扶衰，已疾延年，服之能却老而還童。取信於近，將行於遠，以博其施。予嘉其伎之奇，心之溥也，遂言曰：籛鏗壽踰八百而未老，養生家祖之，謂之彭祖，子孫以彭爲氏。有實豈其苗裔耶？俾幼者長大，以至於成人；老者少壯，以復於嬰兒，厥功懋哉！由此醫方之丹進於仙方之丹人，得如彭祖之壽，則躋一世於壽域矣。可以上裨聖朝好生之仁，奚啻名里醫而已，雖名國醫可也。我亦有丹，君信否？用時還解壽斯民。伊川程子云然，聊舉此以爲行券。

贈碧眼相士序

昔聞有青白眼者，重其人則青眼視之，輕其人則白眼視之。善輕重人，莫相士若也。今彭相士以碧眼自號，夫碧者，青白之合；合者，混而一之也。然則人之可輕可重，將混同而不别異乎？相士曰：「青白相兼而爲碧，碧則有青有白。二眼俱有，人之輕重豈不瞭然在吾眼中也哉？」予曰：「善。然青者，木也；白者，金也。木必臣金，金必勝木。何是青之分數弱，白之分數强也。木弱金强，吾恐重人之眼常少，輕人之眼常多也。何知？」相士笑而不答。

贈紹興路和靖書院吴季淵序

今世之學官，大率借徑以階仕進，孰肯省識其職守之當何如哉？才之所堪、學之所至，皆所不問，唯計日書滿以待遷而已。新安吴希顔季淵，生朱子之鄉。往年受知憲使盧處道，勉之以進學。繼而及吾門，亦嘗告之朱子所以爲學之等級，欣欣然若領會於心也。今將長和静書院，而復請益於予。予豈可以今世之學官待之乎？

朱子之學祖於程，程子之學以敬爲本，而講究以明之，踐修以誠之。和靖尹先生，程門高第弟子也，其所傳於師，專以敬爲務，學之得其本者，未聞或之先也。書院以祠尹先生，則爲之長而闡教於其間者，其可不學尹先生之學，而懵懵悠悠虚度歲月也邪？欲學尹先生之敬者如之何？曰：朱子之箴盡之矣。季淵依朱子之箴而實用其力焉，予之望也。能若是，其於長書院之職守，餘事爾，而予又奚言？

送潘漢章序

浙東俊士潘漢章，違親而游江之東。家在千里之外，曠定省二年餘矣。一旦幡然思歸，朋友留之莫可，此良心之發見，不容遏者，人皆嘉其孝。誠能因是心而擴充焉，其孝可勝既耶？夫孝者，非止顧父母之養而已。至若擢儒科、登仕版以榮其親，亦世俗之所榮，君子不以爲榮也。然則孝當如之何？曰：生我者，父母也；所以生我者，天地也。天地，吾之大父母乎！吾所受於親以爲身者，全之而一無所傷，是之謂孝子；吾所受於天以爲心者，全之而一無虧，是之謂仁人。孝子者，仁人之基；仁人者，孝子之極。故孝子之事親也如事天，仁人之事天也如事親。斯言也，張子訂頑具言之，漢章蓋有所已學，亦有所未學，其尚以是自勉哉！

贈浮屠師了一片雲半間序

浮屠師了一，片雲字，而號半間。噫！老氏以無名、不可名爲道，蓋聞浮屠氏亦然。究意洞徹，閉塞滲漏，是名了一。此法無二，上復何加焉？名已贅矣，而加之字，以倅其名；字猶未也，而加之號，以侶其字，贅不亦甚乎？且夫空所有而不實所無者，其法也。綴以片雲，綴昏翳也；益以半間，益障礙也。妙明瑩浄，不留纖滓，而何有於雲？虛空浩蕩，孰爲宅舍，而何有於間？一也本無，有則非一。幻口幻語，誰實其無？若曰雲曰間，等是有相；正覺正知，盍空其有？爰有居士爲説偈言：「六塵總銷亡，四大俱變滅。無雲無片雲，無間無半間。珍重一上人，巍巍衆中尊。不減亦不增，了此不二法。」

送廖信中序

舟也不可以梯山，車也不可以航川，此器之各適一用者。人則不然，夫豈拘拘於一，而不能相通也哉？故仕不擇何官，官不擇何地，世謂之通儒。近年選部患儒選之壅，凡應得儒學教授者，許注各處巡檢，而其地皆嶺海之鄉、邊鄙之境。夫以章甫縫掖之皋緩，一旦使之驅馳弓馬，以戢姦捕盜爲事，疑若失所宜。然此例一啓，趨之者紛紛，曾不以爲怨苦，何也？夫既不甘於淹滯，而幸其變通，則又豈敢辭勞避遠哉！

臨江廖珙信中，年少才俊，在選十年不調，黽勉循例，受惠州屬縣巡檢而去。吾固知其才之所優爲也，然不無可閔者焉。士之干禄，將以悦親也。信中親在堂，違之就官，不可也；奉之而蹈危，不可也。其何以處之？東廣大帥府宣慰一道，近例取儒官爲從事。才名之士儻得與於其間，公可以服勤，私可以便養，臣道、子道兩得之矣。大帥多貴人鉅公，必有惻然憐才而羅致幕下者，子其往哉！

送周德衡赴新城教諭序

三代以後，設官立師以善天下，宜自一縣始。縣之有學，學之有師，蓋不輕也。宋之季，以五舉不第人尸之，乃上之人所謂不才無用，憐其老而恩之者，進士不居是官也，顯官不歷是途也。於是其官雖重，而望已輕矣。今世儒者入仕，格例無不階縣學官而升，苟得之，則顯官可以積漸致，故其職浸重，而求爲是者率多新進之俊流，昏耄不任時用者，自瑟縮而不敢進焉。然選者未必皆當其人也。

盱周君德衡，名父之子。壯年嗣其同宗兄掌學事于新城，其平居所得於家庭，固已高出於人人，而又不自是也，勤勤走四方，以增益其所見聞，則其居是官也誠無媿。而或者謂其人可也，其年未可也。余曰：不然。昔王通氏二十五而爲人師，唐初諸名臣，或以爲河汾之所培育，其功不亦大哉！周君之年於仲淹有加矣，新城雖下邑，何地不生才也？培育而成之，他日文學彬彬，爲國家用，可以稱明天子詔旨，推其功，必曰自周氏。君其行矣哉！

送黎希賢序

瀘溪蕭令君深可，詩人之子，文雅風流不墜其世。異時客其門，蕭之父子兄弟與宗族賓友舉酒論文，詩琴壺奕，日不下數十人。其爲樂也，雖卿相不與易也。後數年再至，則深可君出而仕矣。宰廣昌秩滿，再調瀘溪。瀘溪，小邑也，士民與蠻獠雜布，户才二千餘，廛居二十之一，而爲士者不一二焉。夫去其平日之樂，而就其所不堪處，人情所難也。能人不擇官，能官不擇地，尺土一名，皆足以行志。而有所擇，而有所不樂，深可君豈爲是哉！

一日以書歸，命其里中友黎希賢爲客。希賢甚少而甚度，學詩之志甚劬。以盛年有志而得此主也，以異鄉無友而得此客也，吾知其交相樂也。主有樂於心，而仕日以優；客有樂於心，而學日以進。風雷之爲益，水火之爲既濟，物有或同或異，而相發相成者如此，此吾之所以樂爲之道也。彼其客主之樂，無預吾事也。而吾亦樂焉者，此心同也。此心同，則此樂同，雖言其事於數月之前，想其人於千里之外，庸詎知其不相感而樂乎？吾亦令君客也，希賢至，其以吾言諗之，必爲之囅然一笑也。

贈數學胡一山序

數學至康節而極。觀物内篇六十二，演數學者五十篇。始於一，五乘而十二萬九千六百者，年數也。元、會、運、世三十有四，幹三圓，支一徑，其圜象天。始於四，三乘而一萬七千二十四者，物數也。聲音六吕十有六，幹四唱，支四和，其方法地。康節之數，此二例而已。前乎千歲之日至可致，後乎百世之事會可知，數云乎哉！康節之心如明鏡止水，不塵不波，凡物無以遯其形，所謂至誠如神者。此心不傳，而數固在。

近世術家以年、月、日、時、幹支起數，推人貧賤富貴、禍福壽夭。曰先天、曰後天、曰太極、曰皇極，其名至不一，而皆出乎二例之外。坐市肆，立標榜，以自衒鬻，必康節康節云。甚哉！醫之多盧、巫步之多禹也！獨範圍一家，不事假托，初蓋取諸圖，次蓋取諸玄。雖其用卦用爻未中理，然視諸家則遠矣。

吾里中胡君，手横布竪布，口横説竪説，言之中者十七八。數則同，而所以用其數者又各不同。是必有獨得於心，而吾不與知者。故樂爲之道，而願與世之學數者共屬心焉。

送李雁塔序

韓子稱李虚中以人始生年月所值日辰推人壽夭貴賤，利不利，百不失一二。昔聞其語，未見其人也。歲乙亥，今福建閩海道肅政廉訪使程公從其季父官于撫，與余日尚羊郡市間。公與余同歲生，書同歲者四人年、月、日、時就雁塔李君問，君立爲剖決無疑思。其一無成而夭，其一有成而虚，其一因人而成也速，其一自立而成也晚。於時君不省余二人爲何若人，余二人亦不以君言爲然也。後驗之，則所謂無成而夭者，不數歲竟死；所謂有成而虚者，時已繇太學成進士，授户曹以歸，未幾革命，不及仕；所謂因人而成速者，公也。是歲十二月，公之季父攝守盱，歸附，入覲，賞獻城功，公以從子得宣武將軍、管軍千户，既而入質，以文字被眷知，歷翰林、秘書、集賢，出爲行臺侍御史，由侍御史爲廉訪使。所謂自立而成晚者，余也。

自乙亥至今二十餘年，於三人皆驗，不驗者，余爾。雖韓子所稱李虚中之術，其能有以過是哉？或謂君之驗者，盡其術以窺天也；其不驗者，不盡其術以悦人也。夫盡其術以窺天，則泄天；不盡其術以悦人，則欺人。君之名日起，而術之行也日廣。欺人固不可，泄天亦不可。君其無易其言哉！

送黄通判游孔林序

余弱歲聞江西部使者薦人，以黄吾老豐城之政爲五十四縣第一，因是得君姓名，而未識也。後十七八年，始識君於盱，時君爲黄初幼安、永初元亳矣。又後八九年，再是君於洪，則君年益老、氣益壯、容甚澤，而言議亹亹不衰。方將東游魯，拜孔林闕里墳廟，或謂君將於是求夫子之道。君求之久也，孟子云：「見而知，聞而知。」知不知，不在乎其居也，亦不繫乎此行也。而君此行，豈他游比哉？余故取其意焉。君於昔爲才進士，歷官所至有能聲，人所想望，以爲可爲有爲於斯世者。今以紹定遺老、德祐朝士，年六十有七，猶能跋涉數十里，縱觀宋氏百五十餘年欲至而不得至之邦，其可喜也夫，亦可悲也夫！

贈星禽詹似之序

東七宿象龍，西七宿象虎，南七宿象鳥，北七宿象龜蛇，其來尚矣。其後以十二辰肖十二物，又因其類附益之，鼠、兔、馬、雞之屬各三，牛、虎、龍、蛇、羊、猴、犬、豕之屬各二，十二而又十六，總之爲二十八宿禽。蓋予有所未喻，而日者以之定吉凶，占者以之候晴雨，兵家以之一衆志、測敵情，其法尤神。以至術家用之以推人命，亦往往而驗。

雲舟詹似之，得其術於中州，比南方舊法差一宿。余嘗泛舉人生年、月、日、時以叩，隨聲應答而不竭。凡人之所稟定於有生之初，所值於有生之後，甚不一也。其氣質意態、禍福影響，言言切中其實，百不失一二，何其神哉！然其所論者，人之命也。人之命同乎物，而不皆同乎物也。以人下同於物，夫既知之矣；以人上同於天，猶有不知者。能不物於物者，其惟天人乎？

贈張嘉符序

聖人言天下國家之經，以重禄爲勸士之道。古之府史與下士同禄，薄者食五人，厚者至於食九人，禄足以代其耕。當是之時，人人有士君子之行，雖府史亦然，何也？惟其有養，是以能有守也。

國朝官吏之禄未嘗不厚，然自中統以來至於今，物價之相懸，奚啻數十倍！物日以重，幣〔二〕日以輕，而制禄如其舊，於是小官下吏或有不能自給者矣。彼不能自給，而欲其不疚於利，難矣哉！其間卓然自守不移者，非其資識之明、漸習之美，不能也。大名張嘉符，以世宦之子試吏。方其從事列郡時，已表表獨異於人。及以廉幹擢爲憲府掾，歷江東、江西二道，八九年如一日，始終無毫髮之玷，人莫不難之。夫其所養之禄與衆人同，而其所守之行與衆人異，則古之所謂重禄而后勸者，亦常流爾。若夫不以常流自居，詎肯以禄之輕重變易其所守哉？嘉符家有嚴君，清謹自持，典司風裁，儼然爲憲府之望。平日家庭漸習，耳聞目見，固已一出於正，而又日讀四書以充其資識，宜其非常流之所可企及也。吏秩滿，且入官矣。以其所守移於官，所至必有廉循之政事，予安得不嘉其已然，而期其未然者哉？嘉符諸子亦務學，左右〔三〕圖書，手不釋卷，與今之士同其趨。世世子孫清白著名，其在張氏一門乎？

〔二〕幣，原作「弊」，當刊刻之誤，逕改。
〔三〕「左右」，四庫本作「右古」，據成化本改。

贈成用大序

成用大於時流靡不交，於時務靡不達，蓋亦有用之士。延祐六年春，自和州來，與予遇于金陵，欲學易。予告之曰：易在我，不在書也。堅子之志，充子之才，斂藏其精神，專一其智慮，先之以小學之明倫敬身，繼之以大學之窮理慎獨。夫如是，可以爲士矣。由是而希賢焉、希聖焉，所謂進德修業，所謂直内方外，勉勉循循而不已，易之道有不具備於我者乎？蓋得之心、踐之於身者，上也；索之辭、驗之於事者，次也；聒聒於口耳，而姑以爲名焉者。下而已。古之學，正其義，不謀其利；明其道，不計其功。苟道義藴積於中，豈有無功不利之道義哉？舜、跖之分，毫釐之間耳。繫辭傳三陳九卦曰履也，謙也，復也，恒也。子欲學易，於此深思之。

贈洪德聲序

人皇命蒼頡制字，開萬世人文之先。至周太史籀一變，秦丞相斯再變，而其事形、聲、意之妙無變也。隸行篆廢，人文幾泯矣，况又姿媚而楷、簡略而草乎？繇漢以來千年間，篆法靡聞。唐李縣令陽冰，宋徐騎省鉉二人僅僅名世，嗣徐之後，夫豈無人？而超絶者鮮，則古學之不傳，豈不重可嘆哉！金溪洪震德聲有志於此，余喜古學之不墜，而又察其筆法之可進進於古也，故書此以勸焉。

贈周尊師序

今上之初元，法師周鶴心從天師至京國。其明年夏，歸故山，朝之文人各贈言以華其歸。有序焉，有詩焉；或美其進見受恩之榮，或蘄其退修成道之高。夫中朝，人物之淵海、詞章之叢藪也，而其所美、所蘄於師者不出乎二端，若師之意，則或不然。師之意若曰：「上恩雖厚，身外物耳，吾不自知其崇也；仙道雖神，分内事爾，吾不自知其高也。」夫以衆多文人之爲説，舉未足以得師之意，則師之遐情遠趨，茫茫未易涯涘也，詎可以淺窺而臆度乎？而予復何説哉？蓋聞古之至人有冲而無盈也，有隨而無迎也；似敝而常新，似詘而常伸。師其歸矣，晨鍾暮燈。

贈郭榮壽序

或問：「相地、相人，一術乎？」曰：「一術也。」吾何以知之？從藝文志。有宫宅地形書二十卷，相人書二十四卷，并屬形法家。其敘略曰「大舉九州之勢以立城郭室舍」，又曰「形人骨法之度數，以求其聲氣貴賤吉凶」。然則二術實同出一原也，後之人不能兼該，遂各專其一，而析爲二術爾。

廬陵郭榮壽，善風鑒，又喜談地理，庶乎二術而一之者。夫二術俱謂之形法，何哉？蓋地有形，人亦有形，是於各於其形而觀其法焉。雖然，有形之形，有不形之形，地與人皆然也。形之形，可以目察；不形之形，非目所能察矣。余聞諸異人云。

贈建昌醫學吴學録序

宜黄之宗人有諱霆發者，宋咸淳庚午與予同充鄉貢士。後五十七年，而其孫一鳳爲建昌路醫學録。或譏儒學子而易業於醫，予謂醫、儒一道也，儒以仁濟天下之民，醫之伎獨非濟人之仁乎？彼以稱號曰儒，而瘠人以肥己、害人以利己者，不仁甚矣，惡得謂之儒？蓋儒之爲儒，非取其有日誦萬言之博也，非取其文成七步之敏也，以其孝悌於家、敦睦於族、忠信於鄉，所厚者人倫、所行者天理爾。今雖以醫進，而能修孝悌、敦睦、忠信之行，是乃醫其名、儒其實也，而又何譏焉？予於貢士君猶兄弟，視一鳳猶孫也，故贈之以言。

贈曹南壽序

夫成形之至大者，地也；有形而最靈者，人也。地之形，工於目者能相之；人之形，工於手者能像之。曹南壽一身而工二藝，可謂難矣。予謂相地、像人雖以形而取，果但索之於形而已乎？古之相地者曰察理，曰觀法，今之像人者曰傳神，曰寫真。理也，法也，固不離乎形，而非形之所可盡；神也，真也，亦不外乎形，而豈形之所能囿哉？曹之二藝各有師授，二師俱劉氏。其像人也，人人曰似，則形中之神，形中之真，余知其得吾里劉師之妙矣；其相地也，予未之見，而形中之理，形中之法，其術无秘，尚當會雩都之劉師，細叩其何如。

送李仲謀北上序

宜黄之士李敬心，有學有文，太學釋褐進士、贛州教授迪功君之子也。生質粹美，方齠年，已儼然如老成人，咸羡李氏之有子。摭曹孟德嘉歎孫氏之子之語，而字之曰仲謀。後以字行，更字敬心。其學足以浸灌，其文足以藻飭，而其才又足以荷大任、勤小勤。邑校燬，職之者不職其職而去，衆士友推舉典興造事。省勞者費，朞年落成，壯麗十倍于昔。既而主教石城、臨川二邑，修補廢缺，振拯頹敝，俱煒煒可稱。遷教建昌州，值連年荒旱，學計悉空，人所不能爲，而猶能爲之。於表章前修、啓迪後進，靡須臾怠也。

秩滿，剡名而上，謂予曰：「某將如京師，欲遍事諸達人鉅公。事之當何如？」予曰：「豈有他道哉！言必信、行必敬而已矣。」坐間有客詰予曰：「君子之贈人以言也，或因其所劣而裨之，或因其所短而規之。無一毫虚僞之謂信，無一毫慢忽之謂敬。竊觀敬心之言行素謹，言無虚僞，行無慢忽，蓋其所優所長者也。而復援此以告，無乃陳腐庸常，而非所以益也乎？」予曰：「告人者，推己之所能而語之也。予之所能僅止此，若厭其塵腐庸常，別爲新奇之説語人，而不由其衷，是誣也，予何敢？夫子答子張之問行，不過此二者；其答干禄之問亦然。雖敬心之所素能，愈加勉焉可也。舍此，予無以爲贈。」敬心瞿然起立，曰：「先生之訓是也。某雖不能如子張之書紳，謹拳拳服膺而弗敢墜。」

卷三十一　序

贈李溉之序

濟南李溉之，以卓犖之才鬖鬖嚮大用，一旦辭官而去，將求深山密林以處，泯泯與世不相聞，而韜其聲光，此豈人之情也哉？

或曰：「君子之仕也，以行其志也。不于其志之行，而惟禄之苟，君子耻之。溉之之去，蓋亦若是。」或曰：「溉之，儒者也。儒者游乎方之内。有游乎方之外者與之言，始悟人之有生爲甚重。世儒役於物以疲敝其身而不自知，殆不免乎以珠彈雀之蔽。觀彼之所以自爲，不離一身之内，而身之外纖芥不以動于中，恍然如夢之得覺、醉之得醒。而今而後，而知四十四年之非也，是以然爾。」之二説者，其果足以得溉之之心乎？

余嘗聞諸先哲人之所行，朋友皆可效忠，益惟出處聽其自决，非他人所當與。然則溉之之出處，余不復問已。而或者以爲方外人之重其身，吾儒有不能及，則未敢以爲然。夫儒者之學，何莫非反求諸身？其所以存主，而全天之所畀付，蓋有甚於彼也。彼所存主，乃吾之所常存。主者，彼所保愛，亦吾之所常保愛者也。由吾之道，則公且廣，能與天地同體用；由彼之伎，則私且狹，漶漶然獨善一身而已。蓋此足以該彼，彼不能以知此也。惟夫末流之儒，逐外徇名，而喪所本；榮華於表，柴柵於裏，彼視吾之出其下，故得易而轔轢之，使吾聞彼之言而驚異焉。

余竊意溉之之必不爲彼所惑，而何羡於彼哉？昔人語邵子以物理、義理、性命之學，斯人之品，不在邵子上也，而邵子後來之所造詣實權輿乎此。以溉之之資器，而與斯人者解后，其不爲駕風鞭霆、蓋世之人豪也與？余既疵或人之説，因誦之，以爲吾溉之贈。

送南安路總管趙侯序

自秦罷侯置守，郡守之職視古諸侯爲尤重，何也？諸侯之國，大者不過地方百里；秦之一郡，方百里不知其幾也。漢之郡小於秦，唐之郡小於漢。及至宋以後之郡，又小於唐，然亦大於古者方百里之國。守一郡者，其不猶古者牧伯之任歟？吾故曰：視古諸侯爲尤重也。兩漢郡守若龔、若黄、若召、若杜，彬彬光耀于史册。由漢以來，循良之政，代不乏人。當時之視郡守甚重，而不易其選也。

國朝之選居此職者有四：武職以軍功選；文吏以年勞選；侍御僕從之使令、煇胞翟閽之供給以恩寵選；其間亦有公卿貴冑、聞望儒臣在選中，則若欒陽趙侯伯昂父其人也。侯世家也，好尚奇，記覽博，才思清，識趣卓，治郡屢矣。近年吾臨川郡士民喜得賢守。未幾，四民之外有以晻曖之事撓之於其上。在上無張忠定、包孝肅之明決，早爲辨正；侯喑啞以待，三年而去，曾未略展其所施，士民惜之。今自臨川遷南安。南安，西江之上游，控東廣往來之衝。地雖僻，無異於中州也。侯其可以伸其志矣乎？昔眉山蘇文忠公辭章妙一世，初仕鳳翔，受陳公弼挫抑，蓋不許之以吏事也。其後蘇公守密、守徐、守杭、守潁，皆有遺愛。則夫父母斯民之寄，豈刀筆俗吏、庸瑣凡儔之所能爲哉？蘇公之文雅風流，吾伯昂已窺其髣髴。南安多蘇公遺迹，試往訪求，而省想其標致，必有悠然契於心者焉。吾將以密、杭、徐、潁之政望於侯也。

送廉訪司經歷莫侯序

職風憲之職，而貽風憲之羞者有二：穢污而不持己，罷輭而不勝任也。幸而無二病，或苛細而不知大體，或嚴刻而不近人情，其失蓋均矣。莫侯京父，皎然冰雪之潔，確然鐵石之堅，是其素行也。今擢海北海南道憲屬之首，將行，而余贈之以言。何言乎？不患其不及，而患其過爾。夫俗之波流，非一日之積，未易障而回也。臨吾之上者有長，并吾之列者有僚，處吾之下者有府史，豈能必人人之與我同哉？獨清於衆濁之中，孤雄於群雌之表，固人之所忌也。吾之自重吾身而已，彼之自賤其身，可閔而不可嫉也。其毋以我之所能而愧人，其毋以彼之所不能而薄人也哉！矜而不争，群而不黨，此大中至正之道，可以終身由之而無弊。老子之書云：「廉而不劌，方而不割，直而不肆，光而不耀。」斯言也，君子亦有取焉。

送左縣尹序

宋初，割撫州之南城縣，置建昌。近郭多石山，巖險粗礪，故其民俗剛毅。士生其間，其行往往峭峻介特，蓋其形勢然也。南城之東南鄙與閩接壤，析爲新城縣，其山獨奇秀明麗，而民俗士習亦肖之。宋三百年，儒科相尚。撫之縣五，建昌之縣四。九縣之中，其八縣之登進士科者豈無長才異能，而僅占第二人以下，惟新城縣有進士第一人。謂人物之無關於山川形勢，不可也。

宋亡，儒科廢，後四十年始復，而士以善書服勤於翰林、國史院者，歷月九十則出仕，與進士之高等同，恩數渥矣。然南士之得與斯選者，厥惟艱哉！貢舉初行時，予於校文得一士，曰饒抃，新城人，文工行淳，良士也。其明年，試禮部，報罷，以特恩厠儒學教授選中，予薦之於集賢，充國子助教，而未用也。今承乏詞館。又於史屬得一士，曰左祥，亦新城人，才優守固，良吏也。新受承直郎、廣州路香山縣尹而去，予於是益信新城之山川多産英彦也。夫其才之優也，必能有裨益於民；其守之固也，必能無玷缺於身。祥也往哉！聞東廣之郡縣有以良吏稱者，必子也夫！

贈楊謹初序

丁亥之秋，余自燕還至金陵，始識蜀楊君求仁翁。翁之孫謹初，與余之子文同年生，生十有三年矣，清楊娟娟可念。夫教子嬰孩，謹其初也。十數年前，凡大夫士庶人之子能言有識之初，導以趨利干禄之術，是自其初壞之，無怪夫人才大靡，以至於淪亡。絶利一源，不在今日乎？

謹初來前，吾告汝。謹初之目順而親恭，而長降心以從勝己之友，毋狠毋傲；色必愉以莊，言必婉以正。事事究其理，而身力踐焉。聖門曾子之學不過如是，吾一以是教吾子。今爲汝告，謹初，汝其識哉！求仁翁負文武材，數奇不偶，其後也必大。謹初，汝其勉哉！

送黄文中遊京師序

士之生斯世也，其必有以用於世也。用也者，其肖於器耶？雖然，是有三：上焉者不器，用可也，不用亦可也；次焉者器也，用則可，不用則廢；下焉者器之未成，未成而用，而用適其事者鮮矣。然則士非用之難，而器之成者難也。夫器豈一而取之，取其適於用而已。舟車之可以利天下也，帆、檣、柁、楫、輪、轄、軫、蓋，其器也；室屋之可以蔽風雨也，棟、梁、楹、榱、宋、桷、節、棁，其器也。矛、盾、弓、劍之爲兵者也，鍾、鼓、笙、磬之爲樂也，敦、牟、卮、匜之以食以飲也，皆器也。是數者，體不相同也，用不相通也，其適於用一也。

士之成器類乎是。黄孚文中嘗學於予，予知其爲有用器也。不遠數千里游京師，將見見聞聞以益其器。方今聖君賢相在上，其用人也如工師聚衆材，長短大小各有施也。得如子者數百，參錯中外，無一職一守不得其人，不亦斯世之幸歟！余有望矣。夫有用者之得以展其用，而無用者之得以安其不用，吾有望矣！

易曰「出而有獲」，成器而動者也。其器也成，其動者時，其出有不獲者哉？子其行乎！

贈邵志可序

五藏六府之經，分布手與足，凡十二脉，魚際下寸内九分、尺内七〔一〕分者，手太陰脉經之一脉也。醫者於左右寸關尺，輒名之曰此心脉、此脾脉、此肝脉、此腎脉，非也。手

〔一〕「七」，四庫本作「内」，據成化本改。

三部皆肺藏脉，而分其部位以候他藏之氣焉耳。其説見於素問、脉要精微論，而其所以然之故，則秦越人八十一難之首章發明至矣。是何也？

脉者，血之流派，氣使然也。脉居五藏之上，氣所出入之門户也。脉行始肺終肝，而復會於肺，故其經穴名曰氣口，而爲脉之大會，一身之氣必於是占焉。人受天地之氣以生，智愚、賢否、貴賤、貧富、壽夭，其係乎所受，其清濁、輕重、緩急、大小、長短悉於脉乎見，是與相形推命之法同，而知之者鮮。

上饒邵君志可得其術於舅家，前知休咎窮達，人咸以爲神，予訊之信。蓋亦於肺之一脉而并候心、脾、肝、腎之氣，分屬五行而配先天卦數、後天卦位，其術有理哉。然先天易自君家堯夫而大明，其觀物也以聲、色、氣、味。夫古昔神醫之望、聖醫之聞、工醫之問，未嘗以色、以聲、以味也。今神、聖、工三法不存，獨巧醫切脉候氣一法行於世，而堯夫觀物以色、氣、味者，其學亦無傳，惟聲音之數具載皇極經世書，而所以觀之之法莫可知也。或布筭以起卦，末矣。堯夫之學固若是其陋乎？爲堯夫之學者曰：「色有一萬七千二十四，人之目不能盡其覩也；氣有一萬七千二十四，人之鼻不能盡其嗅也；味有一萬七千二四，人之口不能盡其嘗也。唯一萬七千二十四聲可以字別，故舉聲之一例，而色、氣、味可類推。」予嘗學之，而未及竟。志可能因巧醫切脉候氣之法究其一，而以類例通其三，則君家觀物之學有傳矣，神、聖、工、巧云乎哉！

送番陽陳仲江序

番陽陳仲江，質美而學劬，行完而文懿，執事爲翰林、國史之屬有年矣。予在國子監時，數數同遊處。予既南還，踰年而仲江亦去其職。

延佑二年冬，顧予於山中，論學者累日，且易其名曰浣。其意若曰：物之至潔者，水也；水之至大者，江也。凡有垢，必潔之以水，浣之於江，則潔之尤潔者也。髮曰沐，面曰頮，齒曰漱，手曰盥，身曰浴，足曰洗，器曰滌，衣曰浣，皆以潔其垢也。人之不能爲賢爲聖者，垢留於心也。吾將如浣衣之垢以浣心之垢，庶其可以自新乎？

予察其意，而嘉歎焉。乃言曰：江漢以濯，皜皜乎不可尚。曾子有得於夫子之道者如此，故其傳大學也，述湯盤之銘以喻自新之功。苟志於夫子之道，其不由於自新之學乎？濯去舊見，知之新也；滌除舊習，行之新也。知日以新，行日以新，愈新愈潔，垢盡而誠存。始也有事乎浣，終也無事乎浣，而今之仲江，非昔之仲江也。浣之哉！浣之哉！

送袁用和赴彭澤教諭詩序

劉祖桂芳遠、袁梅瑞用和，皆吾故人子也，相繼爲彭澤教諭。昔芳遠之行也，予既贈之以言；今用和又行，而里中諸友咸爲賦詩，予於是序其端曰：桂之芳也以秋華，梅之和也以夏實。士之重於世，惟其華與實而已矣。彭澤，淵明仕國也。往仕于彼者，其亦想淵明之遺風乎？淵明，千載士也，有華焉，有實焉。其實也，事業不及試；其華也，文章猶有傳。玩其華，可與王風、楚騷相上下；究其實，當與子房、孔明相後先。然其爲詩也冲澹，華而不衒，如絅裏之錦，讀者莫知其藏絢麗之美也；其爲人也隱退，實而不沽，如匣中之劍，論者莫知其負經濟之略也。然則淵明之華、之實，知之者鮮矣。「彭澤當此時，沈冥一世豪。空餘詩話工，落筆九天上。」知淵明之實、之華，莫豫章黄太史若也。予今之爲用和言者，猶言之爲芳遠言者也，亦惟曰師淵明而已。華其華，實其實，立名立功，光國使時，其不以此與？若曰「靖節徵士，高人也，何敢企而望」，則非所以尊己也。尚無然哉！尚無然哉！

送林雁山序

孟子將遠行，人餽之則受，曰行必以賮也。獨恠公西使齊之役，非遠行乎？冉子嘗爲有請矣，然請粟而與釜，請益而與庾。與者若有所靳，何也？以子華肥馬輕裘之富，不必資於人也。士君子辭受取予何常？夫固各有當爾。當時魯、鄒、齊、宋間，其行遠不過千里。

今教授雁山林君謁選如京師，歷揚、徐、青、兖而巢（冀），涉湖、江、淮、濟而河，非止十里之遠也。家徒四壁，囊無一錢，非有肥馬輕裘之富也。舟車之費、煬舍之給何所從出哉？青谿陳君爲之請於人，持是以往，必有與粟五秉，而餽金七十鎰者，君其受之勿辭。

送李庭秀序

湖北廉訪使程公，論詩論文，法度甚嚴，於人無所不容，而慎許可。大德六年秋，余過武昌，訪士於公。公曰：居於斯者某，游於斯者有番昜李英庭秀。一日解后與語，異之。問其鄉里，曰番昜，固疑其爲李君也。審其姓名，果然。翌日造其所寓，語移時，益知君之爲可愛可敬也。

君任武昌學正，會朝廷遣官定西廣選，選爲韶州教。今之教官，凡學正及書院長滿三年，自可執左券，取非其才、非其望者十七八。嶺南僻遠，得如斯人掌教事，不當爲君賀、爲韶之士賀？余行卒卒，不獲罄君之底裏，而私喜程公之知人。公喜教官之得人，又喜韶之士有所宗也，是以不能已於言。

贈相士葉秋月序

余不善相人，而善相相人者。秋月葉道人相人多矣，余相相人者亦多矣，每見相人者，以人形貌如是如是，則云是可貴，是可富，是可福且壽，其不中是則反是，驗或十一二，而不悉驗。竊意古之善相人者不然，今道人之相人也亦不然。余如是知道人有道眼，非肉眼也。其號於人曰秋月也宜哉！

送李文鄉序

古之仕者三，後世行可之仕幾於無，而際可之仕亦或鮮矣，大率皆公養之仕也。夫既曰公養，則有親者，凡以爲其親而已。於養不便，不仕可也。蓋人之大倫五，父子其首也。孝於父，斯可移於君。自非貴戚大臣，身繫社稷安危，膺託孤寄命之重，不得不以公義奪私情。苟守一官一職，去就繇己，而諉曰委身爲國，不顧其私，雖曰不貪榮，吾不信也。

余猶記數十年前仕而少虧於子道，清議不容，不以人類比數，坐是終身淪廢者有焉，而竊恠海宇混同以來，東西南北之相去，地理遼絶，有違其鄉而仕遠方者，於其親也，或五六年、或七八年、或十餘年而不一省，不惟安否之問、甘旨之供闕，至有畜妻抱子、新美田宅於它所，而其親自營衣食、自給繇役於家，窘窮勞苦而莫之卹，老矣而無歡。或不幸永訣而不相聞，甚者聞而不奔，又甚者匿而不發，飲食、衣服、言語、政事揚揚如平時。噫！是豈獨無人心哉！其淪染陷溺之深而然與？其未嘗講聞禮經之訓而然歟？可哀也已。邇來國典許人子以終養終喪，此孝治天下之第一事也。頹風流俗之中，能自拔者誰乎？

饒陽李文卿，温温有君子之德。其家七世不分異，其太母逮見玄孫，年九十九而終。其父年踰八十。文卿佐漣、海兩州戎幕，力請解官歸養，期年而後，遂買舟北渡。於是兩州人士及見者、聞者莫不爲詩文以褒美之。夫文卿是舉，人子之所當然。然行之於人所鮮行之時，亦其天資之粹，卓然有以自拔於世也。歸侍其親，諸弟、諸子、諸孫林林乎其前，一家自爲師友，即論語、孟子、周公所制之禮、戴氏所輯之記、漢魏唐宋諸儒之注疏論説，杜氏通典、司馬氏書儀及刑統等書參稽熟究，見古聖先王禮律所載所議，其與今日國典異世而同符，緣是悉人子事親之道，則立身揚名，將俾天下後世聞風而想慕，不但二三子區區之褒美云爾。

贈王士温序

古者公卿大夫之子，凡未仕必學。學以明義理，仕以行政事。所明者本，所行者用也。本之所培者深，則用之所達者優。予處國子監時，今平章政事王公伯弘之子思恭爲國子學生。予去官七年，道過金陵，而思恭爲行御史臺掾。學于國學者，學義理也；仕於憲臺者，學政事也。朝廷大臣苟欲官其子，即日可躋崇顯，不待議而陞也。平章公固抑其子，俾就勞職，躬細務，此其遠識，豈常流所能及哉！思恭質粹美行醇謹，無貴游驕惰之態，學之所造、仕之所到，未可量也。然古人十五入大學，四十始仕，所以培其本者久。今人學之日速，則學必數倍其功，數倍其功，雖仕，亦不可以廢學也。

予在京見平章公，在此見中丞趙公，位既穹，年既耆，而且孳孳焉好學不倦，况子年猶少也，位猶下也，其力於學當何如也？義理非可以淺窺，政事非可以易視，詎可以粗有所知、粗有所能而自足乎？子之在家也，日侍平章公；今之在官也，日親中丞公，宜必有所視効而興起矣。平章爲國之良臣，思恭爲家令子，人之所屬望也。其將何以塞斯人之望哉？復有請於予焉，予不可以無言也。

贈鄭子才序

古之治經者先小學，唐昌黎韓子亦言爲文宜略識字。蓋不通字義，則訓詁失真，用字失當，此治經爲文者之所以尚字學也。自隸書盛行，筆史惟簡便是務，類知有今，無復知有古矣。刀筆工爲人刻姓名印章，獨不可廢倉頡、籀、斯三體之文，然亦依隨舊刻，往往襲舛踵訛，孰能正之哉！

建康鄭子才，業此技三世矣。士大夫多與之交，非徒取其刀刻之精也。所作之字，分合向背，擺布得宜；上下偏傍，審究無誤。於用力也，見其藝之工焉；於用筆也，見其識之通焉。藝工而識通，求之治經爲文之儒，或未至此。予之進之，豈敢直以工師視之而已哉！

贈周文暐序

大德庚子，朝廷用薦者言，授某應奉翰林文字。命既下，明年春，郡太守、學官將勑命詣門畀付，與俱來者，周文暐也。泰定丙寅，予以翰林學士告老家居，文暐再過予，相别二十有六年矣。前之郡太守、學官，各已物故，獨予及文暐無恙。文暐昔年未三十，今踰五十矣，困瘁不得志。其少也，嘗從技藝人赴闕，多傳奇方秘術。後試吏，不樂；爲醫官，又不樂。而受道所一職，非其意也。蓋頗知畏法安分，不汲汲於嗜進貪利。值命奇蹇，是以成之艱。予無勢權貨財足以振之裕之，閔其未通，惟永嘆而已。其去也，書此與之别。

贈羅以芳序

新建教諭袁梅瑞用和，亹亹言羅烈以芳之學之行，訓導于縣學三年，而歸養其親。退然自守，充然自得，無一豪外慕意。諸贈言者亦稱其爲人，而惜其未有以進身。予謂其學、其行如今所聞，蓋不待卜筮，而知其必遇、必達也，豈以無由進身爲患哉？惟以芳益勵其學行，韞玉而待賈，藏器而待時。未有玉美而不沽、器成而不獲者也。

送王東野序

吉永新王氏世執醫伎，而東野始以發身，提領官醫。自州而路，比至京師，因貴近上其名，遂得給事聖宮，洊膺寵錫。徽政院請立廣惠局，以濟民病，實自東野倡其議。被恩命，受同提舉官，又陞提舉官，一時榮遇有如此者。其後局廢，東野不復仕。年六十三，將其帑歸故鄉。

予觀嗜進之人，舍舊者必圖新，出此者必入彼。有所未饜，則顧而之它，奔走伺候，無休息時。鑽刺罅縫，營求百端，以僥倖於萬一，孰肯輕去名利都府而退就田里也哉？今東野未耄老，而知止足之分，迴車復路，以修其初服，脱然無所係戀，超超乎有高尚肥遯之風，其賢於人遠矣。東野所受賜賚不貲，悉以買田贍其鄉之醫學。家藏集驗方，鋟木以傳。夫財者，人之所秘而皆不私諸己，其用心之廣爲何如？儒流或未之能，而醫流能之，予所以再三嘉歎，而於其歸也，書以爲贈。

送樂順序

宜黄樂順、譚蒙，俊士也，及門請學，而曰欲學易。夫易，昔夫子所以教門弟子，無非日用常行之事，使之謹勑於辭色容貌之間，敦篤於孝弟忠信之行。其於書、於詩、於禮蓋常言之，而言及易者鮮。「假我數年，卒以學易」，夫子自道也，是時夫子年幾七十矣。夫以生知之大聖，猶必年幾七十而後學易，則知易之不易學也。

子貢之在聖門，聰明穎悟下顔子一等，而超乎七十子之上，凡夫子言所未言，往往能以意測之，而得其旨，然且歎「夫子之言性與天道，不可得而聞也」。今也年甫逾於弱冠，而學夫子年幾七十而後學之經；資雖或可以語上，而遽欲聞子貢之所不得聞，何哉？

大概古之學者切己而務實，非以罔世而取名也。姑欲爲其所難，以稱號於人，不幾於僞乎？夫誠而學，學而不得者有矣，未有學之以僞而可得者也。果誠有志於學歟則有其道：循序漸進，毋躐等，毋陵節，行遠自邇，升高自卑，及其深造而自得，則視世俗之圖小成、徼近利者，相去萬萬矣。雖然，易豈終不可學哉！易之爲易，具於心，備於身，反而求之，在我不在書。邵子於羲卦之畫，極乎大道之微；程子於周經之辭，該乎人事之顯。啓蒙明邵之已明，本義啓程之未啓，占法粗見於春秋内外傳，象例略露於唐李氏所集虞翻等說。若夫窮神知化之奥，夫子發之，朱子釋之，亦既粗且詳焉。

總是數家，信其是，訂其非，融會貫通，殊萬同一，本之於身心，證之於天地，非學入聖域、與造化同流者，未易至此。嗚呼！此豈可以僞爲也哉？二生欲學之乎？學之必以其道。順之歸，其以予言告蒙也。

卷三十二　序

清江皮氏世譜序

長沙醴陵之皮，分而爲新淦安國之皮，再分而爲清江崇學之皮。有商焉，有農焉，有士焉；有預貢者，有擢科者；以至於有百里之宰，有千里之侯，其於醴陵參政公之宗，亦可謂無忝矣。雖然，范宣子言其虞、夏以來保姓受氏之遠，而叔孫穆叔以立德、立功、立言告。夫德之立、功之立、言之立，三者有其一，則光其祖、顯其族莫大乎是，而非徒世官之謂。

南雄總管之子潛示予世譜，故以穆叔之告范氏者告皮氏，皮氏勉諸。

井岡陳氏族譜序

有起自犁鋤之公相，有降在皂隸之世家，從古以然。爲人子孫者，思自立而已矣，族姓之或微或着何算焉？能自立歟，雖微而浸著；不能自立歟，雖著而浸微。盛衰興替，亦何常之有，惟自立之爲貴。

豐城井岡陳思式，譜其族自殿中丞始，而中丞於晉公爲伯兄，其族可謂著矣，余欲其知所警、知所勉也，而爲題其端。苟有省於是，則亢身亢宗，其庶幾乎！

廬陵王氏世譜序

自宗子法廢，而族無統。唐人重氏族，故譜諜家有，唐以後不能然。苟非世貴富、多文儒，族之派系，往往湮淪而莫考。

廬陵王氏自河東遷江南，至今廿有餘世，名隸選舉者衆矣。中行述世譜以傳，庶幾不忘本者。王氏子孫繼此能自修以振於時，則此譜之傳，將愈久而愈光。

詹氏族譜序

樂安多詹姓，而崇仁簿一族文物尤盛，詹族多文儒，而貢士叔厚君學行尤卓。何也？其學同乎理，其行殊乎俗也。嘗倣歐陽氏世譜譜其族，所以孝夫本原、仁夫支派者，用意甚厚，斯亦足以見其學行之一端，至於家庭父子之告語，俾敦天秩、隆學殖，貧賤者明義，富貴者好禮，則其言可爲天下後世之丕訓，非但可施之一族而已。噫！叔厚君不可復得。

子世忠以所修族譜示予，予閲視竟，於是爲識其右，方而重有慨焉。

豐城縣孫氏世譜序

同造里之孫，豐城鉅族也。沂唐沿宋五六百年，子孫蕃衍綿延以至於今。代有科名，而官不甚貴；家有恒産，而貲不甚富。人人被服儒術，其間通經通史、工文工詩之人卓爾不群，求之它姓，鮮或可儷。雖遭歷運遷革之餘，一族聚處，彬彬文物，視昔無衰殺也。其里距吾崇仁之境僅隔一嶺，風聲氣習大略相似，而予嘗與其族之耆俊遊，故知之爲悉。

泰定元年秋，予在京閲其世譜，第一譜吴興以後曠数百年失其系，第二譜五世以後亦闕一二世，莫詳所自，姑置勿論。斷自第三譜，南唐倉監行琰爲初祖以來凡十六世，其六世，宋元祐戊辰進士、永豐知縣發，號曰敷山；其七世，紹興乙卯進士、江州司理褒，號曰楚山；其八世，廸功郎奇，號曰玉隱。皆以能詩聞，亦有雜著，當時稱爲「三孫」。其九世，淳熙甲辰特奏名監潭州南嶽廟約之，於乾道癸巳，始倣歐陽譜譜其族；其十一世，紹熙癸丑進士、臨湘知縣伯温，於慶元己未輯事跡以附其譜之左方。前之譜未及載，後之事跡未及録者，咸淳乙丑，其十二世沅廣之；大元至治辛酉，其十四世隱求又廣之，譜之重修已再而三，事跡之續編亦再而三矣。考據之審、纂述之勤，豈一耳目之力哉！於此不惟見孫族才人之盛，而舊家文獻之足徵，其可無夫子之宋、之杞之歎也與！示予譜者，沅之族孫、隱求之族兄用拙也。

鄧氏族譜後序

金谿多著姓，爲撫州五邑之甲，鄧其一也。鄧自初祖至三四世，派别爲六，第六派尤盛。鄉部所貢士、太學弟子、貢進士科及第出身者不一，仕于邑、仕于郡、爲部使、爲朝官俱有之。

宋懲唐末藩鎮之弊，兵、農判爲二，農不知兵，而募無籍之人爲兵，國勢之弱由此。靖康之變，金谿鄧氏與傅氏起民兵翼衛有功，終宋之世不廢，民皆習戰，猶有周、唐之遺風。二百年間，鄰寇無敢犯邑，以鄧、傅民兵故也。宋亡矣，而鄧之子孫猶有貴富者，豈特與國咸休而已哉！

今通山縣主簿希顔，在宋時咸淳癸酉秋貢以詩賦選中第一名，與予素厚善，因觀其族譜，爲志其末云。

羅山曾氏族譜序

鄫之去邑而氏曾，猶邾之去邑而氏朱也。曾以國滅改氏，未及百年，而武城子輿父子以學顯于魯。歷秦、漢、晉、隋、唐又千有餘年，而南豐子固兄弟以文顯于宋。子輿師孔而友顔氏，子固祖韓而禰歐陽，其聲實殆將與天地日月相終始。曾氏之有此，它族之所無也。

予於曾氏之傳系，嘗獲觀南豐、松江二族所敘記，而知武城之後在漢爲都鄉侯，都鄉之後王莽時避地豫章。豫章境内南城之甘山有曾，崇仁之鹹溪亦有曾，蓋皆都鄉苗裔也。

甘山之族，一留居水口，一徙居藤山，一徙居南豐者於子固爲四世祖，計其伯仲季之離居，當在唐末、五代間。而鹹溪之族有遷于吉之松江者，卒葬金龜，惟其葬之地楊曾所卜，則其自鹹溪而遷松江者，亦在唐末、五代間。松江之六世有居羅山者，其八世有居流坑者。予家距鹹溪十里，知之爲詳。

其族雖不大熾盛，然比它族人丁最蕃衍，年代最久遠，自盛唐時已然。松江之有鹹溪而分，藤山、南豐之自甘山而分，先後蓋同其時。甘山、鹹溪爲二宗原，藤山、松江乃其支派。而或疑鹹溪之曾出自藤山者，無乃考之未詳歟？夫藤山分自甘山之時，鹹溪已有分適松江者矣，焉有數百年前之宗原反出於數百年後之支派也哉？大凡族系，惟據譜諜，信以傳信，疑以傳疑。苟以意料而臆説，則必至抵牾。曾，聖賢之後也。羅山之派派自松江，而居近鹹溪，至于今尚存，詩書禮義之風將有復興之漸。

予觀其族譜，識而歸諸曾氏。

盧陵婁氏家譜序

婁姓之顯，在漢莫顯於建信侯，在唐莫顯於譙郡公。宋之季，四明之婁亦有一二著名者。今盧陵歸仙之譜本譙郡第七子之系，在宋擢科者幾十，與貢者幾三十，然未有卓然名世者也。婁天章以其父止善所脩家譜徵序語。予謂族之顯晦不專繫乎富貴貧賤也，苟位極乎公卿，財雄乎鄉里，一時固號顯族矣。數代之後而消歇，則昔之赫赫以顯者，能保其不昧昧以晦耶？然則何以使之常顯而不晦？曰：魯叔孫穆子所云是已，在乎德立、功立、言立也。夫立也者，表表在天地間，久而不儨不躓也。世之譜其族者不知其幾，至今人稱歐譜、蘇譜者，何與？以永叔、明允之言立故也。是豈以富貴而顯哉？功之立，則漢建信、唐譙郡其人也。繼今婁氏之子孫能如先世之立功，斯亦漢、唐之婁也。况或能立德，則又有過於二人者乎！婁氏子孫勉之，它人之序奚足恃！所以久存其譜者，蓋不在是也。

睢陽王氏家譜引

王氏最蕃衍於天下，考之姓氏書，其所自出不一，大率皆古王者後。典午南遷爲江左右族，系亦有二：曰臨沂之王，曰太原之王。今睢陽之王，不知出自何系。杭州推官家譜曾大父、大父無名諱，而墓爲河流所齧，其譜當以諱用，娶時氏、韋氏，葬忠義村鳳凰岡者爲第一世。用生珪、生瓚、生昕，爲第二世。昕初從事浙東宣慰司，授將仕佐郎，主丹徒縣簿，擢充江浙省掾，調省檢校，轉承事郎、晉陵縣尹，又轉承務郎、杭州推官。推官能吏治，有聲績，宜足以昌其子孫。夫它族之譜蓋以存既往，譜之者何？恐久而失次，不可稽故。而睢陽之譜，蓋以俟方來，譜之者何？俾三世至于百世，續續而書也。漢于公高其門，曰：「吾爲吏多陰德，子孫必興。」王氏之有譜，意亦若此與？永嘉林君記之，而予復有言，是爲睢陽王氏家譜引。

青雲吴氏族譜序

初，建昌之吴主崇仁簿，壻于青雲鄉之張，而家焉。其地曰蕭家巷，後改稱石橋，浸以蕃衍。宋淳熙丁酉、庚子、癸卯，如山、如陵、禮翼相繼與鄉貢。嘉熙戊戌，方叔入太學；淳祐乙巳，遂爲釋褐進士，族之文聲大振。邑南之滄原、臨川之彭澤，皆其分派也，亦可謂盛矣。時運既更，凡舊族鮮不陵替，獨此族之人治儒業，有恒産，視昔未替，非其先世之所積者厚、所遺者遠而然歟？以視予者，其十九世孫任，字景尹，故爲識其端云。

横岡熊氏族譜後序

族可不譜乎？上無以志本原之所自，中無以志枝條之所分，下無以志流派之所繫，不譜不可也。熊氏，鉅族也，在上古則三皇之最盛，在中古則五伯之最强，所從來遠矣。天下諸郡之熊未論，姑以豫章一郡之熊言之。其族之别，奚翅數十族，而昭穆莫相通也。何也？同姓而不同譜，無可考也。苟親族之譜不傳，則數世之後，其枝條流派亦將如旁族之不可考，此熊氏原翁所以汲汲於譜横江之族與？自敘其譜幾千言，文辭博贍，如廣藪深澤，群奇衆怪，層見疊出。觀其文之浩瀚滂沛，不可覊束，因以占其族之蕃衍昌大，未可涯涘云。

豐城徐氏族譜序

豐城富城鄉之徐，自宋末資政公以宿學碩望在朝，鄉里遂稱爲名族。公既殁，而宋祚終。今雖時異事殊，然族之人猶有好習儒、恥作非者，其可期於復盛也與！資政族曾孫宗禮之子本以其族譜示予，爲識其左而還之。

珠溪余氏族譜序

華蓋山之東麓有脩谷曰珠溪，余氏一族居之，靡它姓間雜，且三百年矣。其初一人之身，蕃衍至二三百户、六七百口。雖無甚富之家，亦無甚貧之人，皆有土田，或自食其力，以給父母妻子之養。尚質實，不尚浮虚，所謂「山深民俗淳，縣遠官事少」者。逮予之外舅玉甫始爲儒，應宋末進士舉。玉甫之族孫璲嗣爲儒，應今日進士舉。璲慎行循理，庶幾乎學有根柢。譜其族自祖傳，四世五世二幹分五支，十世而五支之分凡三十有一，亦族之盛大永久者哉！或有去故里居于它所，尋究裒集，紀録罔遺，惇本厚倫之道也，予是以嘉之而序焉。

東川陳氏族譜序

家之有隆有替，猶國也。天朝得南土以來，微賤崛起，赫赫稱雄者比肩接踵，舊家之能如昔者固間有之，而亦寡矣。樂安東川之陳，自宋代號爲著姓，既富且文。入國朝五十年，而族之隆視昔未替，它族鮮或能及也，非其先世之所積者厚、所遺者遠而然與？庭芝，敦謹士，多子多孫，而皆肯學。萃族中之不隊其世者重修族譜，以示後人，所期一族之子子孫孫，殆未易涯涘也。庭芝名文秀云。

桐木韓氏族譜序

宋東都百六十餘年間，氏族之大，莫盛於韓、吕二家；而韓氏二族，尤莫盛於桐木韓家。桐韓繇參政忠憲公億始盛，其盛也，非但名位功業而已，皆知以禮義學問爲事。少師維兄弟常親二程，南渡後，丞相絳五世孫元吉最厚朱、吕。其寓洪者，予識國材梓，炌、炣，其二子也，是爲忠獻第四子職方繹之後；國芳桂之子炳正，是爲忠獻第六子丞相績之後；曰垚、曰珪，則忠獻第二子、舍人綜之後，於梓爲諸孫行。春秋之晉，大國也。國猶競，而世家貴族已或降在皂隸。自金人取中原，皇元一四海，更二大變，而韓氏至于今有子孫。宋之祚已終，韓之澤未泯。炳正以其族譜示予，卷首南澗公一序，足徵之文獻也，因有感於家國隆替興亡之故，而志其左，以寄悲慨云。

宜黄譚氏族譜序

宜黄譚氏之族，宋末號爲盛大，家富而有貴焉。其在國朝，受朝命亦五六。然盛大者一二支而已，衰微者固多也，甚則絶。族有舊譜，而不該遍。今之新譜，上所逮知者，推爲第一世之祖；下所逮見者，載至十五世之孫，廪廪然懼久而失其緒、紊其次也。其心蓋厚，其慮蓋遠矣哉！修譜者誰？十世孫觀也。

竇氏世譜序

燕山竇諫議一椿五桂，自宋興之初逮宋亡之後，傳至于今餘三百年，乃有住世間而出世間者，尚友箕子、管幼安於千載之上，是豈但與它族之賢子孫相等倫而已哉！斯人爲誰？諫議公之十三世孫，名神清，字神清者也。

龔氏族譜序

樂安諸鄉之族，其久且蕃者，龔坊之龔其一也，蓋出宋初，至於今十六傳。中更寇禍，室廬燬而譜牒逸。一德字汝明者始追修之，克昌字士龍者又補完之，任字希尹者及士龍俱敘其端，唯恐前之遠而迷其原、後之多而紊其派也，立心厚矣。在先雖未有甚貴甚富之家，而亦鮮有不才不肖之人。敦尚詩書，持循禮法，各務本實，以殖其生，依稀淳古之風焉。張子曰：「子孫賢，族將大。」然則龔族之渟涵而未大發洩也，其將有俟。張子之言豈誣也哉！

宜黄吴氏族譜序

吴爲宜黄崇仁大姓也舊矣，而宜黄之吴自朝散大夫公以五舉特奏名佐邑，奉直大夫公以一舉正奏名參制置司議，遂以貴顯，又其一初也。奉直之子有世禄而官至儒林者，有世禄而官至通直者，有鄉貢而恩科如其祖者。其孫一與貢，一登科，而其曾孫一，又有以武爵仕者，其玄孫一人貢於宋，一人仕於國初，爲永春主簿。

予與主簿君交遊如親兄弟，惜其不得年以卒。卒之二十四年，其從子京玉以其伯父所修族譜示予，覽之慨然。噫！吴自朝散以來，至於今殆將十世，而六世之間正科者二，特科者二，貢者凡五，仕者凡七，富而賢者，振振如，也其族可謂盛也已。覘國之興者，以其人才之衆；驗家之興者，以其子孫之賢。吴氏之興，其未替也夫。予悲主簿君之不可復見，故爲書此而還其譜，且以傒於其族之子孫云。

龍雲李氏族譜序

嬴秦以前，國國有本系；李唐以前，家家有譜牒，宋以後微矣。賢士大夫往往自譜其族，如歐陽氏、如老蘇氏，其章章可稱者也。予所見諸族之譜不一，或志在追遠，或志在合異，不免涉於傳疑。

今觀永豐龍雲李氏之譜，譜其所可知而已。遠不必追也，異不必合也，確乎其爲傳信之書，可以爲脩家譜者之法矣。譜自諱德昌、字天德者始。譜之者，其八世孫慧孫，字景能；以示余者，其九世孫濟老，字濟可。嘉其譜之善而識其端者，臨川吴澄也。

宜黄曹氏族譜序

凡世之望族，莫不以仕宦科名而顯。宜黄未置縣以前，有曹姓膺郡檄監黄田鎮。鎮既陞縣，留而不去，家于縣西之十五里，今其地名曹坊。監鎮爲曹初祖，其三世當宋熙寧間以特恩官太常奉禮郎者，其五世有以邊賞由承節郎遷保議郎者，又有一家父子三人俱以捍寇功補承節郎者。至六世，靖康丙午鄉貢、終攸縣丞者，奉禮之曾孫將也。至七世，崇寧乙酉鄉貢、次年丙戌登科者，保義之孫時脩。第八世嘉定丙子鄉貢者，保義之曾孫萬也。逮九世尤盛，開禧丁卯鄉貢、嘉定戊辰登科者，工部員外郎錫也。繼此鄉貢者，次貢庚午，金旁罣也；次舉癸酉，其弟鎰也；又次舉丙子，而金旁罣與其從弟鑑、族父萬聯貢焉。嘉熈戊戌入學者，鐙也；金旁罣再鄉貢，嘉定癸未又入學。十世而其子衍端平甲午鄉貢、嘉禧乙未登科，仕至衡陽縣令；應升亦與族父鐙同年入學，應旂以寶祐戊午轉運司貢；名金同是年鄉貢，林咸淳癸酉鄉貢，而宋之儒科止矣。

曹族登科者三，入學者三，貢于鄉、貢于運司、貢于國學者十三四，特科而官、蔭授而官、子貴而官者累累有在，宋季所以號宦族，儒族而望於其邑者也。宋祚已訖，其子孫能保守家產、傳習儒業者猶有人。其十一世直翁，名金之子也。嘗因其族譜類韓一世至十世之年壽卒葬及仕不仕，頗周悉。其十三世，理衍之曾孫也，又以其舊譜求予序。予嘉其克世先世之美，將期後世之昌也，不自隕隊，可稱曹氏之賢子孫，乃爲序其譜云。

巴塘黄氏族譜序

樂安一縣四鄉之富家大姓非一。予幼年稔聞衆口夸談宗支之蕃衍、文物之光華、聲譽之烜赫者，巴塘之黄爲盛。相去雖不甚遠，而足迹未嘗一造。閒在它處邂逅其族之士流不滿十數，老年便道經由，行人指示諸黄興隆之地，徒有蒿萊瓦礫，闃寂慘愴，爲之傷心。然不獨諸黄之居爲然也，及今乃見其族譜，頗究黄族舊日聲譽之所以然。它族有唐、五代以來五六百年之家，或三四百年之家，而黄於宋祥符七年甲寅始自華容僑寓于此，蓋止父子兩人。第二代葬其第一代考妣之二喪于巴塘，第三代兄弟凡四，其仲生康定庚辰，距來時二十七年矣。兄弟悉巴塘所生也。

其初力穡務本，一再傳後，家産漸饒。叔氏無曾玄，惟伯、仲、季胤冑衆多，仲爲最，伯次之，季微不及。逮宋既南渡，浸浸雄大，子孫日趨於文。祥符甲寅越百九十一年爲嘉泰甲子，肇端預鄉貢，寶慶乙酉至咸淳甲戌五十年間，而貢于鄉郡者九，貢于漕司者二，升于太學者亦二，正科仕爲縣宰官、承議者一，特科仕爲縣倅、官從事者一，太學舍選庭對、仕于京國、官修職者亦一。此黄族極盛之時也。

今稍衰替，而猶有人不隊世資、不廢儒業。淳熙末，名箹者譜其族系。紹定庚寅，冠燬譜亡。寶祐中，名栝者重修，名崇實者將鋟木，不果。景定中，名楷者因栝所脩而增續之，名三傑者作序。皇元至大戊申，名紹復者潤色舊譜，鋟之以傳，并刻初三代所葬地圖。

名栝之孫復亨又備其所未備，請予序之。予觀黄族之盛雖不如昔，而其苗裔汲汲欲傳其譜於遠久，黄氏其將復振乎？昔之作序者字用之，老儒飽學，予七十年前所識。今之請序者字見可，俊秀能文，近年數數過從焉。

吕城劉氏族譜序

樂安忠義鄉吕城之劉，雲蓋鄉雙龍之分派也。族人雖不甚蕃衍，而吾所及見，心術皆良善，倫紀皆篤厚，習尚皆文雅，無它族輕浮澆薄、詭譎粗鄙之俗。昔有東甫娶吾祖姑，季平、季德，祖姑之二子也。季説與予同歲生，老而愈欵密。其餘之尊卑長幼亦多舊識。祐甫治進士尚書義馳聲，子季行儒業行俱修，不忝其先。拳拳用意於族譜之一事，既成，有檄檄其族，有序序其譜。韓子云：「仁義之人，其言藹如也。」讀其檄與序，信矣夫！而予所以嘉其族之良善、篤厚、文雅者，豈溢美哉！

季仁之子祖衡，季説之子潤之持季行所述示予，故爲識其卷端，而歸諸劉氏。

金谿吴氏族譜序

嘗見番易吴氏世譜，推而上之，以達于番君；又推而上之，以達于延陵季子。續續相承，罔有間斷。蓋悉心勤意，參合諸郡諸族之譜而成。自喜其備，予獨疑焉。

夫吴以國氏，儻非其後以改姓、以冒姓、以異姓爲後亂其族，則天下之吴無一不出於泰伯、仲雍，不待世系可考而始可信也。司馬氏作史記時，諸國譜諜具存，然燕世家召公九世至惠侯已缺其傳次名謚。彼有國之君也，漢初去古未遠，尚有不可考者，况國滅宗散、子孫降爲士庶人，而由周至今寥寥將二千載，果何所稽憑、何所証驗，而一一皆欲譜其世、得其名哉？昔南豐曾氏自敘遡漢都卿侯，上接子輿、子皙，歐陽公不以爲是，豈非欲其傳信也乎？

今觀金谿譜，以宋初諱詞者爲初祖，傳至于今十有四代。如荆國王丞相世家，譜所不載族分派而失其次者，不追補而强合。譜其所可知，不譜其所不可知，最爲得其實。其族貲産盛、文儒盛，宋之季以科名顯者相踵，而宋亡矣，詩書禮義之習逮今猶前日，其盛未替也。予嘉其譜之善，故識其端，以爲駕虚翼僞、自欺自誣者之戒云。

雲蓋鄉董氏族譜序

唐改臨川郡爲撫州，疆域之廣亞於洪、吉、贛，而文物聲明甲於大江以南之西。宋三百年間，一家一族儒宦之盛，樂、曾、王、蔡、晏五姓爲首稱。爵位之崇，王、曾、晏最，樂、蔡次之；科名之稠，曾、蔡、晏最，王、樂次之。樂安雲蓋鄉之董，計其科名，多於曾、蔡與晏；校其爵位，亦在樂、蔡之上，而論者不以擬于撫之五姓，何也？蓋宋南渡以前，董極盛之時，猶隸于吉。紹興中年，撫增置樂安一縣，始割吉之雲蓋鄉隸撫，由是董氏乃爲撫之屬民。今董之隸撫也久矣，則尚論撫之世族，其可遺董氏乎？

董之裔有慶重修族譜甚悉，其弟天泰持以示予，予于是而益詳董氏之盛。

每貢舉之年，預薦名或七或六，或五或四，自祥符八年乙卯至咸淳七年辛未，擢進士科近三十人。武舉、特奏、世賞、異路而仕者不與。通撫之六族，而論仕宦之衆，莫之與倫，至于今從事辭章者不匱。雖然，昔晉范匄具陳其家族，歷千數百年之久，而魯叔孫豹以爲保姓受氏，世祀之不絶，不若立德、立功、立言之不朽。六族之儒科仕宦則均，而惟南豐曾氏、荆國王氏可以當言之立。繼此董氏之子孫儻能立功、立德，則其不朽之實，將與孔門之顔閔、周室之太召、有商之伊傅、唐虞之皋契并。其德立，其功立，下視曾、王二氏之言立且不足貴，而超越五族，蓋有在科名爵位之外者。董氏之子孫其懋哉！

中山趙氏家譜序

人之爲人也，有大經焉，有大本焉。其當然者與生俱生，其固然者不與死俱亡也。而能不虧天地之畀付者，幾何人哉？

中山趙德齊，自敘家譜，以述祖四言詩及思親五言詩，聯係于後。哀死事生，篤近追遠，藹然良知良能之發見；惻愴懇至，字字由衷，與身不行其事而口姑爲是辭者迥絶不侔也。嗚呼！德齊於倫紀之大經若是，真篤行君子哉！雖然，二五之運參差雜糅，氣質所賦不一概也。肫肫切寔者，或不能不晻曖乎其大；廓廓高明者，或不能不忽易乎其小。自聖人以下，鮮有不偏。

予始遇德齊，敬其端愨而已。浸浸親密，而與之語，乃知其洞徹大本，如披雲霧而覩日月也。蓋涉歷二氏，約而歸之吾聖人，既升切實之堂，又入高明之室。斯世也而有斯人也，即纍然山澤之癯，被褐懷玉，世莫之知，抑亦以知我者希爲貴歟？昔臧武仲言：「有明德而不當世，其後必有達者。」弗父何宜有宋而不有，故其後有正考父之賢、孔尼父之聖也。夫以神明之胄，於今爲庶而希賢希聖猶有其人，則所謂明德不當世，而其後有達者，詎不信矣乎？德齊名由齊，秦康惠王之苗裔云。

卷三十三　序

送彦文贊府序

彦文之先，西北人也。往年父倅臨川郡，而彦文生。比長，能屬文。皇朝貢舉取士，以其藝試于有司。至治癸亥與貢，泰定甲子賜進士出身，授華亭縣丞。將赴官，蘄言於予。

彦文少年擢儒科，移其才施於政，必穎然異乎衆。顧予耋耄昏瞶，雖有言，亦何能有所裨益哉？竊觀吏選入仕之人，循資格，歷歲月，戛戛乎其難；而儒科之變化甚速，人所歆羡，以爲榮。我仁宗皇帝之貴儒抑吏也，蓋以吏多貪殘，而儒流知有仁義故也。仁者之臨民，惻然有慈愛之心；義者之律己，凛然有高潔之行。或不能然，如當道之豺狼，傷人害物以自肥，而無盈饜；如倚門之妖冶，目挑心招以求利，而無媿耻。夫如是，則饞獸爾，賤娼爾。吏之稍自重者猶有所不爲，而儒流乃爲之，寧不爲彼所笑？而亦何以報答明時崇隆優獎之意乎？夫人其面而獸其心，官其身而倡其行，不惟君子所不齒，抑亦衆人所同惡也。彦文知仁知義之儒，斷斷不爲是。有不能如彦文者，儻以吾言曉之，庶其疾之有瘳乎！

送趙宜中序

汴人趙宜中，先世任征商之職，而家于歙。其父學易，爲通儒，仕不擇官，官不擇地。序庠之清淡、州縣之塵勞，靡不涉歷，處之裕如，有不怨遺逸、不閔阨窮之量。宜中受教家庭，以易義試進士科，泰定甲子春賜出身，丞廣陵郡之如皋。辰旅人，夕品官，變化甚速，非若其父之備嘗艱勤矣，蓋易之功也。雖然，易非梯利禄之具也。令幸以易而獲仕，凡律身、凡字民，一一於易之道無違焉，其殆庶幾乎！豫之時孰不迷溺於豫，獨六二以中正自守，而上下之交無諂瀆，此持身之得其道者也。在上而能益下謂之益，上九以剛居上，不能益其下，故民莫之與，而傷之者至，此臨民之失其道者也。易之道不可勝窮也，姑舉其二以爲之兆。

子之仕，宜必有以異於人。使人人皆曰仕果不可以不知學，學果不可以不知易，如是而後可。不然，豈特招儒科之尤，抑亦詒家學之羞。宜中字心道云。

送葛州判南歸序

豫章葛君貴純甫，潤玉其名。其爲人也潤如玉，其爲文也潤如玉，可謂實稱其名者矣。授教臨川郡六年，終始如一日。學校之政，一皆公心直道；粟布之出納，毫髮不以自污。詞章囿韓、歐法度中，非率意肆筆而書之紙者。官滿造吏部，授南豐州判官。

予時在詞館，心欲得如是之人，而時之所尚不論實能，必也工鑽刺、善伺候，而後可僥倖於萬一，以遂所求，而君豈肯爲是哉？不惟足不一躡權勢之門，雖如予之最相知，僅僅一再見。見則談問學、談古今，一語不及利達。部注甫定，則翩翩南還。噫！如斯人者，吾見亦鮮矣。

君之家世以儒顯，其大父貢于鄉者再，其伯父貢于鄉者三，其父繇再貢登進士科，官承直郎、兩浙運管，其父翁王水監亦名宦。其淵源漸漬，所以陶其德器、暢其辭枝者，固與白屋新進之士逈不相侔。然昔吾夫子已起鮀朝之嘆，而况今乎！君亹亹清言，而恂恂不爲佞；短小不踰中人，又不能以軀幹雄偉駭衆視。苟取人以言貌，何從而遽知君也耶？予嚮之居鄉也，以鄉之得此師儒爲幸；今之居官也，以官之不得此僚佐爲愧。故於君之去也，不能無介然于懷焉。

送曾巽初序

世家胄子仕于朝，博記覽，尤諳於典故，能文章，尤工於制誥者，吾於今見翰林侍講學士袁伯長、應奉翰林文字曾巽初二人焉。

巽初，前代監察御史、追封武城伯之季子，近時翰林直學士益初之介弟也。處翰苑垂十年，方將循序而升，一旦浩然有歸志。余以老病，竊爲慙，聞巽初之歸，欣然願與之偕。巽初儒中之傑，而樂與方外高人遊，終夜静坐，世慮澹然，碌碌嗜進、戀戀人爵者，庸詎測其高情遠志爲何如哉！昔錢澹成學士未達時，陳希夷嘉其有神仙之風骨，麻衣道人以爲急流勇退人也。其後，澹成繇翰林學士、知制誥躋政，序盛年解機政，果如麻衣所云。然則急流勇退者雖未至於神仙，其亦神仙之流亞歟？巽初歸矣，其俟我於武城之塾。

送畢宗遠序

昔漢之取士，每以先聖之術、當世之務并言，蓋不通世務者不能以有所爲，不明聖術者不能以有所守。二者有一之不具，不可也，故必兼能而後謂之有爲、有守之士。今之用人，於儒學、吏事不偏廢，亦以是歟？

汴梁畢光祖僑寓溢江，其父出仕，命之居守于家，秩秩然無不理也，截截然無不齊也，一一順承其父之志而無違。德化縣學素無廩給，禮殿將圮，官職往往以不可支吾而去。郡縣推擇其才，俾攝學事。曾幾何時，能勸率鄉之士類一新孔廟，宏壯鉅麗，爲諸學甲。甓甃巧鏝，廟貌器物纖悉完整，若不勞力然。以其治於家者覘其他日之移於官，以其試於小者覘其他日之於大，於是而信之其才之能有爲矣。剛直而不苟徇，寡特而不妄交；日問學於予，與之言聖賢之道，悠然有會，欣然有得，而非耳聽面從者所可倫，於是又信其志之能有守也。憲府辟爲屬吏，可謂用之適其宜矣乎。

雖然，吾猶有虞於子。才之優，而優者不可恃也；志之介，而介者不可滿也。恃則常哆然若有餘，滿則常慊然若不足；哆然則所爲有時而大過，不慊然則所守有時而不及。彼未知學者，未可與議。此子既知學矣，而知之非艱也，其尚惕然思所以自警自勵哉！

贈清江晏然序

吾座主清江黎先生之孫婿，氏晏名然，所同字也。任播州儒學正滿，如京師謁選，過予而行。然之婦翁與吾子年相若，然與吾孫年相若，予視之猶孫也。於其行，既無財以贐之，可無言以贈之乎？

然之才藝自足爲今世用，前應奉翰林文字范惇德機所授之徒，故翰林學士元明善復初所造之士也。德機清苦自持，家徒四壁，其淑人也甚不苟；復初英邁自恃，眼空四海，其進人也甚不易。而然之學也，得不苟於教者爲之師；然之仕也，得不易於合者爲之主，是豈可與常流例視哉！今然之行也，將求人之所貴而已。夫人之所貴，在國有定法，在身有定分，無巧智術可以助然之求，無奇計謀可以速然之得。予雖贈言，何能分豪有益於然哉？而不能已於言者，以寓吾之情焉爾。

抑予之所聞貴有二：有人之所貴，有天之良貴。求之有道、得之有命者，此人之所貴也；求之在我、得之可必者，此天之良貴也。然也既得人之所貴，而以長者遇予，予當以天之良貴告。斯貴也，然固有之。然之然，聖人亦然。故曰：先得我心之所同者，斯貴也。不考格於吏部，不受恩於宰相，自初品至極品，皆可自致，而不資藉於人。然今其往哉，斯事姑竢他日。

送李晉仲序

金陵李桓晉仲爲上饒縣教諭，至治癸亥與進士貢。泰定甲子春，試禮部小郤。聖恩隆厚，以龍飛初榜特加優異，受餘干州教授去。

晉仲，金陵著姓也，其遠祖襄國公慶歷六年登科，其大父通直君淳祐十年登科。晉仲狷介之行、精深之文，人謂掇世科如拾地芥，易易爾。今雖未成進士，然亦解褐衣、服命服矣。知之者猶以爲屈，而晉仲凝然不以動於中。彼得志則驕倨盈溢，旁若無人；不得志則隕穫沮喪，幾欲無生，真所謂斗筲已夫。蓋士之所尚者器識，予以器識觀人，而知晉仲之可大受也，喜之之至，是以不能已於言。

送李見翁巡檢序 并詩

往年儒學官之至吏部者貟多缺少，當路通其變，凡應注教授之人，俾借注警邏之職。吾鄉李見翁以將家子讀儒家書，而又工象胥譯鞮之學。會公朝差官定兩廣選，由象州蒙古字學正授柳州柳城東泉鎮巡檢，將赴官，詣余別。

竊惟文武之伎能、番漢之語音、軍民之政事，見翁靡不諳練，予復何説？獨惟儒生習氣素慕柳柳州之文，每誦羅池碑，意柳子猶生也。儻有公事上府，其往訊前刺史之靈。昔之春猿秋鶴精爽，今何如也？它日官滿來歸，尚以告我。詩曰：

武事家聲久，文儒國語精。初官嚴警邏，美譽聽訇訇。

南海鯨蜺静，東泉牛犢耕。儻因公事出，一酹柳先生。

李季度詩序

李季度，吾之異姓兄。博覽强記，真豪氣。數奇不偶，家貧身賤，發於聲音，往往泄不平之鳴。才贍思敏，所作詩甚富，存者無幾。孫宏祖嘗持月航舊藁至，予序其卷端，令歸收拾墜遺。今再示一衺曰近藁，殊未能得數十之一也。不幸沉泯其人，又并沉泯其言乎？

惜哉！季度儒流，傍及方伎，涉獵長生之説，精專救死之術。予昔養親，每借助焉。予親既逝後，三年而季度亦歿，大德庚子也。噫！三十年矣。見其詩，惡乎不思其人？

送臨汝書院山長黄孟安序

臨川郡城西南門之外有臨汝書院，規制崇敞。宋淳祐間，常平茶塩使者所建也。予昔遊處其中，有宿儒揭領於上，有時彦曳裾于下，肩相摩，踵相接，而談道義、論文章者彬彬也。晝之來集者如市，夜之留止者如家。

皇治聿新，黌舍仍舊，予于城府之跡浸浸踈矣。臨汝爲弱年遊處之地，便道經行，間嘗一至，則霤外之蓬藋如翳，楹内之塵坌如積，不聞人聲，簷雀之啾啾；不見人影，而見穴鼠之纍纍。其墻壁室屋東傾西頽，上漏下濕，爲之悒然憮然而已。又其後也，舊存之樓閣踰六十年，而一夕燬於火；新竪之棟宇費萬餘株，而一旦摧於風，不特人禍，亦若有天罰焉。無他，長之非其人也。敝極必復，蓋理勢之循環。

數年以來，聞見頓異。廪有餘粟矣，帑有餘幣矣，齋廬有弦誦之人矣。傾頽漏濕者修且完，火燬風摧者亦復翬然跂翼翬飛矣。何以前如彼而今如此也？得人焉爾。人爲誰？山長廬陵黄鎮孟安也。一書院之弛張隆替關係其人，信乎用世之不可以無人也。孟安，部郎官之曾孫。部以儒科儀範鄉里，至今人誦其遺文。孟安不墜其家學，不泯其家聲，畀以黨庠遂序之事，恢恢乎辦之有餘，而未足以展其才也。至治二年冬，考滿受代，將謁吏部選，有數千里之役。予無財以贐，其可無言以贈乎？孟安氣貌温然粹然，館閣器也。家學誠善矣，益思所以懋其學；家聲誠美矣，益思所以宏其聲。未有學優而仕左、聲大而響微者。他時館閣之望，固亦今時庠序之餘也。官怠於宦成，尚其毋怠於官成之後哉！

送江州路景星書院山長吕以能序

士大夫以家事視官事，則何事不可爲？然自人心不古，苟非利於其身、私於其子孫者，往往不肯爲，肯爲之者亦不敢爲。其不肯者，志之偷也；其不敢者，氣之餒也。於是乎習以成風，凡莅官之處視猶傳舍，俟滿而代，則脱屣而去，誰復以家事視之，而爲永遠計哉？

脩水吕以能，名家也。累任學官，所在以才能顯。生徒之養靡不周也，黌舍之修靡不完也，一切當爲之事靡不舉也。前之教南康縣學也，有稻田一區約數石畝，爲豪家所有者八十餘年，以白于上司，而復其土。後之長景星書院也，有魚湖八所，通數百頃，爲豪家所有者四十餘年，又以白于上司，而復其土。夫贍學之産，諸人毋得争占，綸音昭昭，布在天下，疇敢不欽，閣而不行，罪莫大焉。學官豈不知之？一發其事，則公府有對辯之勞，私家有仇敵之怨，是以畏憚退避而不肯爲，且不敢爲爾。非以利於其身，非以私於其子孫，而曠日持久，悉心殫慮，不憚其勞，不避其怨，卒使强者、狡者力無所措、謀無所施，辭窮理屈而服，學院養士之産得還其舊，非視官事如家事，其孰能然？以能篤意文學，尤工古詩。事上接下，各得其懽。

任盱江學録時，甚爲寓公程承旨所禮，每推許其文墨議論，可謂才士也已。長景星，將受代，諸儒有詩章美其政。予適留盆浦，獨摽前後二事以序于卷端，以爲世之居官辦事者勸。嗚呼！移是心以辦他事，於事何所不濟！推是事以居他官，於官何所不宜！吕爲許國、中國之後。自北而南，綿綿延延，以至于今，遺澤不泯，聞人不匱，以能猶未然也。海也，月也，果且有消長盈虧乎哉？蘇子不云：「子亦知夫水與月乎？」知海之無消長、月之無盈虧，則人命未嘗有榮悴休咎也，斯不惑矣，而世蓋未有能知之者也。

贈王相士序

中州王生，年少而多能，既能醫，又能相。寓荆門之當陽，謂京師衆大之區，人物之淵藪，於是挾二技而來遊，將博其所施，廣其所覽也。夫二技者，能其一已難，而兼其二尤難。竊嘗聞古之神醫，望人顔色以見其病，不待問證切脉而後知，斯殆與相人同一法。扁鵲得長桑君之傳，洞見人之肺肝，則不但能察外色之顯，并與内藏之隱而一目瞭然矣，其目亦神矣哉！

以此目而相人，雖咸負又何加焉？然則醫與相二術，固可通爲一也。又嘗聞相人之術，相形不如論心，形顯而易見，心隱而難知故也。生於所相之人，每言某賢某否，某正某邪，是隱而難見之心且能燭之，則夫顯而易見之形，其孰爲貴、孰爲富，又何難辨之有？故予喜生之能相心，愈於世之徒能相形者也。然生之至此也，熏炙名利之都府，所相皆達人顯官，其貴其富各已前定，予不復問。他日寬閑之野、寂寞之濵，有耕釣之夫，果爲賢、果爲正，而可伊可吕者，儻識其人，予之所願聞也。生以德元名，朝佐其字。

贈篆刻謝仁父序

古之天下書同文，書之用大矣。而右武者云「書止記姓名」，不其小歟？然自篆廢隸興，晉、唐以來楷書相尚，而古書法泯如也。近代圖書之表識、竿牘之緘題，古書法乃猶以記姓名而存一二。

謝復陽仁父，儒家子，工篆刻。予每視其纍纍之章而喜，豈真爲其筆法、刀法之工哉？蓋庶幾其存古，而將與好古考文之君子徵焉。

贈竹隱醫士序

昔扁鵲秦越人得長桑君之術，以醫行天下，遍歷諸國，往往各隨國俗所尚變易其名，以售其術。或爲帶下醫，或爲小兒醫。吁！秦氏誠多能，然巧於售其術也亦甚哉！故一望桓侯而識其有疾，可謂見病於未然者矣。桓侯之不信也，反疑其好利，而以不病者爲病，竟至於死。夫孰不以桓侯爲愚？噫！豈惟桓侯哉！世之安其危、利其菑，護疾而忌醫者，總總而是也。醫能治之而弗使，此洛陽年少之所爲痛哭流涕也，豈獨桓侯於扁鵲爲然哉！然則爲越人計者宜何如？曰：「深藏而不市，必俟夫人之求，不得已而後應。自貴自重於己，庶乎其見信見用於人也。」或曰：「子爲醫者計則可，獨不爲病者計乎？且無乃楊氏爲我之學，而非仁人扶危救急之心乎？」

曰：「然。」救急扶危，仁人有是心也。危且急者不我信、不我用也，則奈之何哉？必夫人之見信見用也，而後救急扶危之心得以遂。善售其術者無他，亦唯自貴自重而已矣。吾是以於竹隱醫士之行，懇懇爲是言也。

竹隱，隱於醫者也。一旦群然以詩從臾之行四方，是欲顯其術也。吾之意唯恐其術之不隱，愈隱則愈貴，愈貴則愈重，愈重則愈信，愈信則愈用，愈用則雖以隱自名，而其名豈終於隱哉！歸覲蕭令君，試以吾之言問焉。

送謝見山序

人有一憤激感發而前後若二人者，故曰士別三日，當刮目相待。謝峴見山以地理術遊臨川、清江諸郡，所至避席，樂安夏氏尤尊信之。既而夏從他師，窺破秘妙，禮謝頗不如昔，謝慊然自愧，竟去。未幾再來，則其術頓進，較夏所得靡毫髮殊，而又加密焉。夏乃大敬服，其師亦大敬服，唶唶語余，余初未遽信，驗之果然，於是益大敬服。

夫江西之有是術也，蓋自唐末通禁，有秘文者避亂而南，授之贛人，流布浸廣。然其術往往秘而不傳，傳者非其真也。剽其似，冒其號，叩人門户而自售者，奚啻百千萬人。見山之術已盛行於時，能不自足，深入雩都，禮碩師而師焉，遂得其真，一蹴而可接楊、曾二氏之傳。

吁！異哉！余觀今世所謂儒，能舍己從人而至其所未至者寡矣。儒家不能，而術家能之，可不謂百千萬人中不一有者乎？雖然，余竊有慮。己之能不多有，人之知者亦不多有，百千萬人而不一知也。今而再過昔所經從之家，彼視其外猶昔也，孰知其中乃大不然，而其目非復昔時之目哉？

屠龍技成，而無所用其巧，古所嘆也。雖然，世無智人福人則已，有則必識必遇。見山其行，將有竦然驚駭，以爲天仙降于人間。之人也，聰明絶人者也，天將昌其家者也。

贈鄧自然序 并詩

天地間六氣，少陰君火之暄和不爲病，陽明燥金之清肅雖能爲病，而其病亦微，非如厥陰木之風、太陽水之寒、太陰土之濕、少陽相火之暑中人傷人之甚也。然寒、暑、濕之中傷也，或專一氣，或合他氣，其名證亦不繁雜，故治寒、治濕、治暑者曰寒、曰濕、曰暑而已，獨風之一病不止曰風，而曰諸風。蓋風善遍善散，不一名，不一證，必曰諸而後足以該之，寒、濕、暑之病則不曰諸也。

今世醫流，大率治四氣中傷寒爲先務，若風之多名多證，或不能一一遍治也。於是風有專科焉，有秘傳焉，論者遂視風疾與勞、氣、腫三疾同，謂非專科秘傳之醫不可也。嘗見病風者，醫不能治，又不遇專科秘傳之人，或久而不痊，或危而不救。悲夫！青雲鄉祈真觀道士鄧自然，專科醫風。其秘傳有自，能愈數十年不愈之疾，吾覩聞其神驗數四矣。有此奇術，而知之者猶鮮，自然亦珍重而不衒鬻。因嘆古之爲國，每患無賢；及至有賢，不知不用，何以異於此哉！醫能治病而不使，賈太傅之所以痛恨也與？乃作詩贈自然。曰：

治風遍了諸風狀，論病推爲百病先。林下散人它想淡，橐中秘訣此科專。

屠龍不費家金學，扁鵲親逢禁藥傳。多少世間醫國手，實高名晦亦堪憐。

送陳景和序

人而無恒，不可以作巫醫。里中陳景和，自祖父以來有恒産，值數多奇，喪其土田。雖無恒産，而有恒心自若也。以其力從事於醫，資質敦厚端謹，與人言惟恐傷其意，所行惟恐有愧於天，恂恂善士也。如是而爲醫，庶乎其有恒者矣。夫醫者，伎也，而景和有士行。躬士之行，執醫之伎，是豈專方伎家所可等倫哉？余聞醫者必有陰德，況有恒之醫乎？有陰德者之受報於天也，如種之必有獲，然則景和豈終困哉！

卷三十四 序

送何太虚北游序

士可以游乎？不出户而知天下，何以游爲哉？士可以不游乎？男子生而射六矢，示有志乎上下四方也，而何可以不游也？夫子上智也，適周而問禮，在齊而聞韶，自衛復歸於魯，而後雅頌各得其所也。夫子而不周、不齊、不衛也，則猶有未問之禮、未聞之韶、未得所之雅頌也。上智且然，而况其下者乎？士何可以不游也？然則彼謂不出户而能知者，非歟？曰：「彼老氏意也。」老氏之學，治身心而外天下國家者也。人之一身一心，天地萬物或備。彼謂吾求之一身一心有餘也，而無事乎他求也，是固老氏之學也，而吾聖人之學不如是。聖人生而知也，然其所知者，降衷秉彝之善而已。若夫山川風土、民情世故、名物度數、前言往行，非博其聞見於外，雖上智，亦何能悉知也？故寡聞寡見，不免孤陋之譏。

取友者一鄉未足，而之一國；一國未足，而之天下；尤以天下爲未足，而尚友古之人焉。陶淵明所以欲尋聖賢遺跡於中都也，然則士何可以不游也？而後之游者或異乎是。方其出而游於上國也，奔趨乎爵禄之府，伺候乎權勢之門，摇尾而乞憐，脅肩而取媚，以僥倖於寸進。及其既得之而游於四方也，豈有意於行吾志哉？豈有意於稱吾職哉？苟可以寇攘其人、盈厭吾欲，囊橐既充，則揚揚而去爾。是故昔之游者爲道，後之游者爲利。游則同，而所以游者不同。

余於何弟太虚之游，惡得無言乎哉？太虚以穎敏之資、刻苦之學，善書工詩，綴文研經，修於己，不求知於人，三十餘年矣。口未嘗談爵禄，目未嘗覩權勢。一旦而忽有萬里之遊，此人之所怪，而余知其心也。

士之能操筆，僅記姓名，則曰吾能書；屬辭稍協聲韻，則曰吾能詩；言語布置粗如往時所謂舉子業，則曰吾能文；闔門稱雄，矜己自大，醯甕之雞，坎井之蛙，蓋不知甕外之天、井外之海爲何如。挾其所以能，自謂足以終吾身、没吾世而無憾。夫如是，又焉用游？太虚肯如是哉？

書必鍾、王，詩必韋、陶，文不韓、柳、班、馬不止也。且方窺闖聖人之經，如天如海而莫可涯，詎敢以平日所見所聞自多乎？此太虚今日之所以游也。是行也，交從日以廣，歷涉日以明，識日長而志日超，跡聖人之跡，而心其心，必知士之爲士，殆不止於研經綴文、工詩善書也。聞見將愈多而愈寡，愈有餘而愈不足，則天地萬物之皆備於我者，真可以不出户而知。是知也，非老氏之知也，如是而游，光前絶後之游矣，余將於是乎觀。

澄所逮事之祖母，太虚之從祖姑也。故謂余兄，余謂之爲弟云。

送廉充赴浙西照磨序

皇慶元年春正月，國子司業吴澄以疾去官，就醫於江南。三月，勅國子學生廉充授江南浙西道肅政廉訪司照磨，兼承發架閣。命下，給驛騎趣就道。夏四月，充至江南，過家省親。余留金陵，適相值，喜充之學而仕也。

充表願中昭，躭書如理絲射侯，必循縷尋緒，端括審的。試之事，雖勞僕不辭，使之言，善達彼此情。未嘗不底於成，未嘗不稱人意。號才辯者俱讓其能，未之或先也。余已是知充之有用，仕其可。充，勛閥家也。不以勛閥進，而以學業選，異哉！憲官之屬，此其底，職優事簡莫是官若，培德植藝莫是官若。學矣而仕，仕矣而學，烝烝日罔已，他日勝巨任，實由此基之。將光於前勛，俾廉氏休聞逾大逾遠，其不在充乎？不然，非余之所幾於充也。

送趙仲然赴循州長樂縣主簿序

新安趙仲然生朱子之鄉，讀朱子之書，而尤專意於易。夫易未易明也，皇羲始畫一奇二耦，二而八，八而八八。其圖大不盈尺，而天地萬物悉具其中，學不至知天者未之或知。以之而筮，則其用之一端也。文王、周公本諸其畫，繫之以辭，雖爲占筮設，事則民用，言則聖藴，是以如天如海，莫可窺測。夫子十翼以來，明之者幾何人哉？漢、魏至唐，注釋非一。李鼎祚集三十餘家，其大概可覩已。宋代諸儒，漢、唐所未有。皇羲之畫，邵子明之矣。文王、周公之易，則亦各明其所明。明理至程子而極，明占自朱子而始。項氏平甫宗程而明辭，蓋得其六七。朱子發祖虞而明象，十僅得其一二也。朱子非不知象之當明，本義惟大壯説象，他卦則否，豈非以其不易言而不言歟？蔡，翼朱者也；徐，翼蔡者也，師之所闕，亦復闕之。

近年談象者紛紛，愈博愈詳，而終不免於疵也。然則易豈易明哉？予之愚陋，有志於斯者數十餘年，然默識而不敢一出口。蓋在我則未易言，於人則未易與言也。若仲然者，庶幾可與言易矣。去年初，識於金陵，以有行役而不暇於言。今年再遇於金陵，又有行役而不暇於言，不知何時可以竟其言乎？仲然昔爲師儒，今趨惡地爲小官，或疑其下喬而入幽，予謂不然。易之書言若卑淺，而實至高至深；易之道雖曰高深，而不離乎日用常行之間。地無美惡，官無大小，道固無乎不在。至官之日，時其飲食，適其寢處，使邪氣不能滲。勿以荒遠而鄙夷其民，撫之如赤子，治之一如中州内郡，心無愧於天地，事可質於鬼神，易之道蓋如是。

憲使鄭公非它吏比，視其所行，必有得焉。異日北歸過予，予先觀所以能合乎易之道者，然後相與共論易之書。

送陸教授序

自漢以來，郡有文學，而以教授名官，自近代始。蓋授可能也，教不易能也。呻其佔畢，習其句讀，授而已，教不與焉。夫教也者，此行而彼效之之謂也。虞廷五品之教曰六德六行，孔門之四教曰文、行、忠、信。文者，豈佔畢句讀之謂？我國朝設官，循唐、宋之舊，路、府、州俱有教授。余至中朝，觀彼所謂教授者，聚生徒數十人，日從事於佔畢句讀，雖未能知其教何如，而授之職則不曠矣。江以南或不能然，凡授之事，往往於教授之下别立一職以掌。授且如此，教其可知也。問教授所職何事，則曰：「吾有政。」問其政安在，則曰：「稽錢穀也，繕治黌舍也。」夫是二者，貨殖家一奴、營造家一胥所可辨也，而教授之職固若是乎？噫！總總而是也，可嘆已！

浙西陸君經爲教授，孰朴詳謹。其始至也，士之譁者或侮或慢、或笑或嘲，而君弗與較。越一年，翕然定；越三年，靡然化。深者革心，淺者革面，似若不令而從、不言而信，非能以身教者歟？若是而教，其可也。彼授者，其末爾。陸君於財計一毫不私，而人服其廉；於房舍一日必葺，而人服其才。兹其所以不令而從、不言而信也。越六年，代者至，人士愛之敬之如父兄，而惜其去，華其贈送之言，盛其祖餞之禮。而君之所以得此於人也，夫豈偶然之故！近年繇教授而司民社者率以貪敗，以庸不任事棄。君不但善教也，而又有政，屢攝州事，沈審簡重，吏不敢易視。充其廉，充其才，使之從政也，何有教授云乎哉？

送皮昭德序

聖門之可使從政者，賜之達、求之藝、由之果也。清江皮溍昭德，承父澤出仕，例當赴省部給使，以試其能其行也。西江數郡之士相率爲詩文以贈之，而請益於予。予謂三子之達、之藝、之果雖未易能，而子於國典俱諳曉，亦云達也已；於世務俱練歷，亦云藝也已；於談鋒事機俱敏决，亦云果也已。概以異代取人之志，如所謂言辭之辯正，如所謂楷法之遒美，如所謂文理之優長，靡不綽綽有餘。以子之能試於今，宜無施而不可。余既嘉子之才，又嘗進子於聖門學者之列。達而守之若愚，藝而處之若無，果而發之以徐，夫如是，不矜己以急人之知，而人自知己，必曰是真可使從政者也，而子之登膴仕者有日矣。

送程鼎實序

凡冬大雪，來歲必大熟。松脂入地久而爲伏苓、爲虎魄，是何物也？陽氣閉藏而不發泄，則地力厚而生物也。茂木之滋液於葉者未易遂，則灌注本根凝爲靈藥異草，理固宜也。世之賢人君子可以大用，而不獲盡其有餘，不竭之澤流衍於後，往往如此。月岩先生程公，明戴氏禮，貢于鄉，選於上庠，褎然爲多士先。志行清峻嚴恪，不苟合，不輕進，而温然四海爲春之意，行乎萬仞磔卓之間。嗚呼！使公而展所藴，名公卿也，而被其澤者幾千萬人。然而嶔崎歷落，年餘五十，乃擢乙科，官至經府元僚而止，歷數肇始，以康寧壽考終。烏乎！乾坤龍戰之會鮮或不傷，三百年雨露膏潤之物蔚然春榮，一旦槁然秋後之園林，蓋天運然，而柳子所謂咸宜、韓子所譏薄功而厚賞，豈其非耶？公歸田山中，而家日以肥，子孫蕃碩而且賢，公歿之後，悉爲當路所禮，起家以仕，此非公之所留者乎？予，公之門人也，識公二子矣。世孫鼎實教授海陵官滿，而人士稱頌之不渝，不墜其家學，不忝其世德，此非公之所留者乎？嗚呼！天之生賢人君子也，以爲民也。公抱賢人君子之器，百不及試一二。今二子、諸孫俱有位，方日進而日升，一命以上可賜於民，小大多寡分數不同耳。公不獲大用於昔者，子若孫以之試於今焉，此賢人君子之胄所以繼先志，而天所以生賢人君子之心也。其毋曰位不足以行，其毋曰時不可以行。夫今昔殊時，而今之民猶昔之民也，夫豈遂忘之哉？斯言也，昔嘗聞於公，而非迂也。鼎實歸，尚以斯言諗於父兄。

贈番陽吴岫雲序

自隸興於秦，而篆廢於漢，其初不過圖簡便以適己而已。漢隸之流爲晉隸，則又專務姿媚以悦人，妍巧千狀，見者無不愛。學者竭其精力以模擬之，而患不似也。

夫字者，所以傳經載道、述史記事，治百官、察萬民，貫通三才，其爲用大矣。縮之以簡便，華之以姿媚，偏旁點畫浸浸失真，弗省弗顧，惟以悦目爲姝，何其小用之哉？

漢、晉而後，若唐若宋，聲明文物之盛各三百年，頗有肯尋斯、籀之緒，上追科斗鳥跡之遺者。視漢、晉爲優，然亦間見爾，不易得也。就二代而論，唐之能者超於宋，宋之能者多於唐，餘風猶未泯。

番陽吴正道，承家世文獻，工篆書。不惟筆法之工，并究字體之原，以所訂偏旁一帙示予。予每慨古藝之不絕如綫，而忽值斯人焉，如之何而不喜之之深耶！

送羅養正北游序

廬陵印岡之羅，自澗谷翁以有學有文有聲於時，其族詵詵多聞人。往年於金陵識恭有甫，得其雜著數十條，言當世事一一精實可采，時與侍御史程公共觀而稱嘆。然而竟韜晦不用，以至於今。養正能學其家學，出爲伯父後。其貌若甚愿，其言若甚訒。退然山澤之癯，而孰察其衷？謹審縝栗，毅於進爲，殊不類迂疏之儒，蓋羅氏之才子。將游京師。與文署丞孔君，其姻戚也。昔韓子送董邵南游河北，以謂子之不遇，雖慕義强仁者以愛惜焉。今養正之未遇，與邵南惡有異也？京師豪俊之林，豈無惻然而仁、挺然而義、卒然邂逅而相歡如故者乎？矧又姻戚牽聯援引於其側哉？養正之行也，余知其必有合矣。

贈尹國壽序

秦丞相斯燔滅聖經，負罪萬世，而能損益倉、史二家文字爲篆書，至今與日月相昺煥，是固不可以罪掩其功也。斯誅之後，工其書以名世者誰歟？七八百年，廑見唐李陽冰；又二百年，僅見宋初徐鉉而已。宋人能者多於唐，而表表者不一二。噫！何其孤也哉！蓋亦有其故矣。秦人苟簡煩碎，峻迫以爲治，壹惟刀筆吏是任，至以衡石程其書，厭篆書繁難，省徑爲隸，以便官府。人惟便之趨，則孰問背時所向，而甘心繁難者哉？篆學之孤，殆其勢之所必至。噫！篆之興繇於秦，而篆之廢實亦繇於秦。推所從來，任吏之過也。

上饒愚溪尹國壽，儒宦名家。值世代遷革，世官不可復敘，圖試吏以庇其身，然屢試而屢格。既不獲所圖，遂專意篆學。游士大夫之門，得其片文隻字者如寶。儻使試吏，日勞形於案牘，隨群隨隊，役役焉習奴隸書之不暇，雖欲研精心畫，尚友古人於千載之上，其可得乎？然則國壽之不用於時，未爲不幸也。夫篆書之派，自秦任吏始；而國壽篆學之工，乃以其不爲吏之故，二者之互消長如此夫！是學也，久則神，神則天。如其未也，亦將齊名於冰、鉉，而所以光其先世，人不潰其家聲者與爲刀筆吏於一時，其得喪榮辱，豈不相去萬萬哉！

贈之金陵序

金陵，東南之都會，而秦之前，靡聞龍盤虎踞之奇，漢末忠武侯實顯其秘。時英雄各營窟穴，是蓋悠然有觸於心。孫氏以來，遂成僞覇之居。中州衣冠道盡，司馬氏揭區區文物，寄之一隅。自是聲名與中州等，故士之游其地者往往徘徊踟躕，顧瞻欷歔而不能已，其所由來非一日也。今四海一家，金陵僻在江之濆，豪華之迹息，狡黠之念絕，而詩人墨客之悲慨填寫亦且竭矣。地以時而輕重，今金陵豈昔金陵比哉？而何汲汲爲斯游也？問之，曰：「士有志天下，不有得於昔，必有得於今。夫昔人興廢之由，誠無預吾事；若今人休戚之故，獨非吾所當動心者乎？當今置中書省分治江之南凡三，又設御史府於金陵以糾之。東南百萬生靈之休戚不係於斯乎？吾將往觀焉。」予應曰：「然子之志如是，行可矣。余數游金陵，中州大夫官於彼、家於彼者類多才且異。子往而觀其人，察其行事，稽其用心，歸以語余，其必有以起予也。子之志如是，行可矣。」

送鄧性可序

男有分，女有歸，不必爲己，此大道爲公之世也。噫！不可復見已。男女得以及時，詩人美之，蓋被二南之化而然。大道既隱，二南之化豈常然哉？自士無恒產，雖事育或有所不贍，而况於嫁娶乎？世有睦婣任恤、仁於其類者，往往稱爲卓異之行。嫁者與錢五十緡，娶者與錢三十緡，范文正公睦其宗族者如此。有能推公此意，婣於姻親、任於朋友、恤於鄉里，一如其睦於宗族者焉，則及時之幸，是亦二南之時也，詩人之美奚得以專於昔？

鄧性可家徒四壁，二女皆已笄而字，昏期邇只。問其所以將者，闕如也。其宗族果有文正其人乎？無也？姻親、朋友、鄉里之間則未必無矣。余亦忝朋友之一，贈之以財，力不足，而與之者薄，於是乎又益之以言。

爲趙法曹求賻序

楊林趙法曹，蕭然一貧，女喪未葬，余方爲之哀籲於仁人，而又倏有妻喪，何其厄哉？噫！古傳記所載賙人死喪事非一，不復遍舉。余游北方，見有喪者，一家號慟，百務俱廢。爨不舉火，隣里爲粥爲飯以飲食喪家之人，并及遠地來弔之客。初死，各將衣衾來襚，遂歛。既歛，各持錢財來賻，遂葬。故雖甚貧之家遭死喪之禍，無營辦應接之窘，無倥偬缺乏之虞。死者易得以全其禮，生者亦得以專其哀。此中州之微俗也。當今風化自北而南，法曹其告親戚之舊比閭族黨間，將見人人動心垂情，如文正、忠宣父子，而異鄉之俗即中州之美。於畢二喪也，何難之有？

贈一飛相士序 有詩

予少有狂疾，志欲學飛。凡可以飛之術，每究心焉。或諗予曰：「兩間能飛之物唯羽族，飛之最高而奈久者，莫鷹隼鴻雁若也。然鷹隼貪食肉，鴻雁貪食粟。苟所貪之食不飽，則其飛之力不能以不倦。人之飛異於是。人孰無骨肉血髓，孰不資外物以養？能不人於人，而與雲霞風飈齊飛，必其專乎內、遺乎外；所資以益吾之身者，悉不以溷吾之口、滓吾之腹，俾吾之骨肉血髓銷鑠變化。始如未生之嬰兒，終如太虛之無有，而後倏忽往來，飛行於上下四方而無留礙。」予信其説之然，而不能然者，不能離吾父子兄弟、徒友朋侶也，是以舍其説而守吾之故吾。

噫！其老矣，無復有是志矣。而夜寐猶或夢飛，則少年之宿染舊習，其根刊除未盡也。今年七十有六，適在京師，有自號一飛之人，相解后，不覺欣欣然悦之，因自笑曰：「吾之病根豈但於夢境而有未刊除者哉？」其人善談所識窮達與其未來休咎，如燭照鏡鑑，乃爲之喟然嘆曰：「飛者善目。子以能飛而善相乎？騷客有言：『黄鵠一舉兮，見山川之紆曲；再舉兮，覩天地之員方。』謂其飛愈高而目之視愈遠也。大鵬逍遥九萬里之上，下視人寰，不啻甕盎之間百千蚊蚋，須臾起滅，其區區之窮達休咎又奚足云！昔聞華山隱者、麻衣道者之流，翩翩飛游乎世外，雖不相人，而超然神智，靡不先知也。若猶與世内食粟食肉輩混處塵埃中，則如紛紛之蜂蝶、欻欻之蜻蜓，雖飛也，而相去地行之物不能以寸，詎能納八表於一瞬也邪？子之飛也如之何？」相者對曰：「人寓形於走類。我，人類也，走於地而已。常人之走，或終歲不出門户，或終世不入城府，而我於燕、楚、齊、秦走千萬里如咫尺。以走之百當飛之一，亦走類中之飛者爾。而必取飛之飛爲喻，公言得無過與？」予謝曰：「予怵於子之名。子今自吐情實，予言誠過，聊贈詩一章，以釋前之過言。」云：

自言逐目走，漫訝刺天飛。無處不留跡，有塵常滿衣。

空中懸五眼，方外破三機。識遍六六善，相人誰敢非？

送程平父序

上饒月岩程公，往年官吾郡，諸生中特異目予。今湖北憲使，郢人，公同宗也，時亦游吾郡，與予相友善。未幾，時革而身遁，無從問公安否何如，獨憲使出爲時用。既久，廼聞公以壽考終，而子若孫能自樹立以昌其家。於是而信盛德之有後。越數年，會公之子於廣陵學舍；又十餘年，於廣陵見公之族孫衡。英爽而粹温，學古近詩，五七言如雄風舞雪，令人卓□[一]不給，亦異哉！程之族，祇於廣陵，禎於新安，而條於江南江北，自六朝以來稱著氏，其爲才子也固宜。

衡方爲當路所愛，試學官，浸浸向用，日長而人不知，再以家世名世可也，詩一伎爾。予視月岩公猶師。公不可見已，得見其族之有人，惡乎而不喜？惡乎而能已於言哉？

[一] 原文闕。

贈鬻書人楊良甫序

古之書在方册，其編衺繁且重，不能人人有也。京師率口傳，而學者以耳受，有終身止通一經者焉。噫！可謂難也已。然其得之也，艱故其學之也精，往往能以所學名其家。歷代方册以來，得書非如古之難，而亦不無傳録之勤也。鋟板肇於五季，筆功簡省，而又免於字畫之訛，不謂之有功於書者乎？宋三百年間，鋟板成市，板本布滿乎天下，而中秘所儲莫不家藏而人有。不惟是也，凡世所未嘗有與所不必有，亦且日新月光。書彌多而彌易，學者生於今之時，何其幸也？無漢以前耳受之艱，無唐以前手抄之勤，讀書者事半而功倍宜矣。而或不然，何哉？挾其可以檢尋考証之且易，遂簡於耽玩思繹之實，未必非書之多而易得者誤之。噫！是豈鋟者之罪哉？讀者之過也。

汴人氏楊字良甫，業鋟賢聖之書，市遍致其所無，以資學者。余嘉其功，而慮讀者之或因是而不自勉也。蓋欲人人善讀書而得於心，則楊氏之功爲不虛。

送葉鈞仲游孔林序

盱江陳子實以書抵予曰：「廣信葉鈞仲，湖海士，静德祝君之鄉人，而所加禮者。將有曲阜之役，願有以張之。」噫！予忝與祝君爲代，未及期而君疾不起。夫交代之好猶兄弟也，生不及識，死不及哭，悲如之何！簡書促赴官急，予悲未忘，而未忍行也。祝君不可復識矣，得識君之所愛敬者，其敢不用情乎哉？

鈞仲工詩而多藝，能挾此以遊，誰不愛且敬？抑曲阜聖師之林廟，雖逢盛代褒崇，而不免於寂寞荒落也？升於其堂，豈復得聞金石絲竹之音？觀於其鄉，豈復得見浴沂風雩之樂？孔氏子孫大率類農夫野人，有所謂儒，見聞染習亦不過南北陋儒俗謬之學。問其先世所以得爲萬世之師之由，茫然不省其故。子之至彼也，能無悵然望缺、弛然興盡，甲陬而歸乎？子如欲觀聖人，則宗廟之美、百官之富，蓋具在方寸之内，一俯仰間可遊也，又焉用遠適爲？雖然，遊之必以其道。去揚地之輕揚，就魯人之質魯，此出門第一程也。

吾語子遊也，他日再瞻眉睫，瞿然起而賀曰：「幸哉！我子已得遊聖人之門。」

送范文孺痔醫序并詩

痔之爲疾最下，而痔之爲醫最上。何也？其方秘、其術奇，而能者鮮也。豫章范文孺之於醫，外父家之業也七世。其父壻其門，傳其業。古人稱三世之醫，今文孺自外氏傳其父，父又傳之子，凡九世矣。父子爲人已疾，奚啻數百人！去年療吾友，其疾甚，三月愈；今年療吾兒，其疾輕，一月愈。皆先攻之以毒藥，去惡肉，然後養之以善藥，長新肉。如士之治己，去其惡疾，而養其良心；如農夫之治田，去其惡草，而長其良苗；如吏之治國，去其惡類，而養其良民。其事殊，其理一也。凡有血氣之屬，疾雖小，不可有於身，况痔之久爲漏，漏不已則殺人。工於已此疾者，得不爲上醫也哉？余愛之重之，言之不足，而詠之以歌。其辭曰：

蒙莊超世外，有患不到身。寓言貶秦醫，託以譏時人。

遑知血肉軀，微苦尤嚬呻。安得希文者，普救疾疢民。

卷三十五　記

瑞鶴記

神皇聖帝之於天也，合一而無間。後乎天而我不違天，先乎天而天不違我。凡智足以知天、仁足以事天者，其出入往來，其游行宴息，未嘗不與天俱也。見其日監之在兹，豈徒曰高高在上而已哉！古聖人以其知天之智、事天之仁寓之於祀禮，升中於名山，饗帝於吉土，其道深遠矣。是以甘露降，醴泉出，朱草生，四靈假，諸瑞畢應，非偶然而然也。誠之感也如是，故謂之體信以達順。自祀禮不如古，而人主敬天之誠無所寓，則專意於禱祠之官焉。祠之儀文各殊，而敬天之誠一也。

今皇帝元年之春，左丞相傳旨，命玄教大宗師吴全節於崇真萬壽宫如其教以蕆事而虔告於天，有報也，有祈也。告天之辭，上自署名，省臺近待之臣，肅恭就列，罔敢懈怠。宗師静虚凝神，對越無二。朔南玄教之士服其服、職其職，供給於齋宫者千人。步趨進退，璆鏘以鳴；讚詠倡嘆，疏緩以節。穆穆以愉夫上皇者，靡所不用其極。將事之時，有鶴自東南而來者三，俯臨祠壇，飛繞久之，乃翱翔而去。成事之旦，有鶴自青冥而下者二，復臨祠壇，飛鳴久之，乃騫翥而上。預祠之臣目覩心異，僉欲刻文以彰瑞應。既而其事上聞，有旨命詞臣撰録。

欽惟天子之尊，膺天眷，踐天位，心與天通。若稽諸古，一變之樂能致羽物，九成之韶能來儀鳳，况吾聖天子敬天之誠乎？誠心之感，何所不至？鶴者，羽物之族，儀鳳之倫，其致其來，固其宜爾。且聞先朝祠事，亦嘗臻此誠感誠應。今昔同符，宗師嚴持教法，群工恪奉上意，有以協一人之誠、召靈物之瑞，其美不可以不書。庸敢誦言聖天子敬天之心，推原古聖人知天事天之道，而爲之記。有見於是、有得於斯道者鏡之哉！泰定甲子歲季夏之月望日記。

都運尚書高昌侯祠堂記

侯之有祠，何也？從民欲也。侯高昌人，合剌普華其號也。至元間，受廣東都轉運鹽使，兼領諸蕃市舶。時盜賊蠭午，鹽法梗滯。侯初共招討使荅失蠻捕戮，再同都元帥課兒伯海牙扞搤，遂殄二寇。未幾，命將出師取海島小夷，以侯有智有勇，屬護餉道。侯至東莞、博羅二界中，值劇賊横截石彎。侯語其下曰：「軍餉重事，畏難退避，是不忠也。」身先士卒，且戰且行。矢竭馬傷，徒步格鬭，踣數十人。衆寡不敵，爲賊所執。賊欲生之，侯罵曰：「吾方岳重臣，豈從汝蠻賊！」遂遇害。至元甲申二月十九日也，年三十有九。後三十五年，公朝念侯忠節，追贈通議大夫、户部尚書、上輕車都尉、高昌郡侯。

侯之子二，長偰文質，嘗以江西行省斷事官監臨抽分舶貨至廣，今以通議大夫同知廣西兩江道宣慰使司副都元帥。侯之孫六，延祐乙卯、戊午，至治辛酉，泰定甲子、丁卯，至順庚午六科，六孫相繼擢進士。其第三孫偰哲篤最先登科，歷陝西、江南二行臺監察御史，今以中順大夫僉海北廣東道肅政廉訪司事。廉明寬慈，是非有公論；循良知勸，姦惡斂迹。

廣之人士咸謂僉憲祖至孫三世惠於南海，前時有功德者皆有祠是邦，矧都運其節表表，可無專祠？相率告諸當道，而請於僉憲。僉憲以爲「吾祖死兹土，諸孫幸獲從故老咨詢，敢以祠事煩邦人邪？」衆請不已，乃捐己俸，市材木瓦甓，僦濂泉學宫隙地一區，其廣六尋有四尺，其袤七常八尺而嬴，自創祠堂三間於周元公祠之右。翼之以兩廡，面之以三門，又竪衡門于外。癸酉立春日始構，踰月告成。買田若干畝，供春秋時祭。契券出納，俾之濂泉學司憲掾。前鄉貢進士易景昇述邦人士之意，求文以記。

予竊聞禮書云：聖王之制祭祀，以死勤事則祀之。侯之捐軀徇國，非以死勤事者歟？其得祀宜也。而祀典出於聖王之制，則貴乎有上之命，非下之人私自爲之者也。蓋禮樂征伐當自天子出，祀死節之臣，大禮也，不自天子出，可乎？後世固有民爲官立祠者，以其惠澤在民，没而民不忍忘也。此禮律之所無有，上之人聊徇其情，而不禁遏之爾。爲人子孫之孝其親，自有常祀於家，豈必别立非常之祀於官而後爲孝哉？

夫祀之非常者，可舉亦可廢也。可舉亦可廢，則非祀典之正。典者，常也。祀典，祀之有常者也。狄梁公，名臣也，刺魏州，而民立祠祀之。既而其子貪虐，民毁其祠。夫其初之立祀也，未足增梁公之重；而其後之毁之也，爲梁公之辱莫甚焉。然則孰若其初無祀之爲愈哉？大抵群庶之情，惟權勢是趨。當其有權勢也，諂之媚之，何所不至！一旦無權勢，則不然矣。古之君子之圖事也，不苟徇於目前，而遠慮於永久。僉憲辭邦人士之請，是也。辭之不可，而從民所欲。然一爲之自己，而一毫不勞費於民。其殆庶幾乎兩得其當，而予之所期於僉憲者不止是。

欽惟仁宗皇帝視儒爲寶，特開貢舉之途，網羅天下英俊。自設科以來，逮至順初元，凡六試士，而僉憲一門兄弟每科中選，未嘗間歇。科名之盛，天下無與比。雖唐、宋極文之際，世儒世科之美及此者亦希。冥福之報忠臣也厚矣，殊渥之萃一家也榮矣。將何以當天貺而答國恩哉？况進士所業，在論語、大學、中庸、孟子，是皆往聖先賢傳道之書。書之奥旨，豈徒擢高科、取美仕而已，蓋欲其義理明於心，德行修於身，政事治於官，功業昭於時，無少瑕疵，有大成立，卓卓焉天下第一流，使其名聲洋溢乎四海，稱譽焜燿乎百代。於今於後，人人歆羡頌説高昌偰忠節之家知有此孫，則所以光於其祖者，惡計祠之有無也？若夫庸庸碌碌，無以踰於中人；甚或貽咲貽譏於有識而不知愧，近年之以儒科在仕路者，大率然也。僉憲之家世如此，人品如此，予固望其偉然異於衆，詎肯如是夫？

江西廉訪司經歷司廳壁記

風憲之官，關係人心世道不小也。國朝設官之初，各道有提刑按察司，後乃更名爲肅政廉訪，其意若曰爲治一於刑，待天下亦薄矣，是以不曰刑，而曰政。政者，正人之不正也。政以道之於其先，導之而不從，則刑以齊之於其後，而豈專尚夫刑也哉？濟寧田君瓚，爲肅政廉訪司屬官之長，參貳得清江范君椁，志合德同，皆能以苦淡自持，清白自勵。於時憲官凜凜有風裁，而其屬又如此，於是江西之憲職大振。予在山中，久聞其風。至治三年春，被召過洪，以所見徵所聞，猶信。田君涖政之署書「正己」二字爲扁，予見之，益加嘆焉。夫肅政者，固以正夫人也。

正人之具，有法有制，有禁有令。能執政者，其察或至於見淵魚，其刻或至於窮穴鼠。發擿以爲神，彈擊以爲威，非不甚可畏也。然止姦而姦不止，戢貪而貪不戢，將欲正人，而人愈不可正，何也？欲正人，而不知正人知有其本也。正人之本安在？正己是已。先哲嘗言正己以格物爲御史之方。格云者，爲之楷式也。己爲楷式，以正夫人，孰敢有不正者乎？近而正一司所總之府史，遠而正一道所部之郡縣，一皆本諸己也。表直則影直，源清則流清，其效蓋不期然而然。彼無諸己，而欲以求諸人，有諸己，而欲以非諸人者，曾何足以語此哉！

若田君，可謂知政之本矣。予故爲志其壁，以諗夫繼今之居是官者焉。

寧都州判官彭從仕平寇記

縣有尉，職捕盜，舊矣。州之判官職如尉，國朝制也。

延祐二年六月，贛寧都州寇作，判官彭君以運糧留總管府，同知州事趙某攝其職，從州長出禦寇。七月惟己酉朏，越五日癸丑，趙與寇遇，死焉。州無鎮守軍，官設捕盜之卒不滿百。時平粦安，武備無一有。聞警，亟白之府，出私錢市弓箭，疾馳而還，繕修壁壘。越四日丙辰，寇逼城下，關外民居悉燬。君晝計謀，懸賞彀弓機砲，躬事矢石，率民兵出城與之角，殺寇五六十，收衆而入。會總管府長官至，萬户府官亦領軍至，決寇圍入州城，慰安人心。州之長貳與君及大家分城四面而守。厥七日壬戌，寇退。越七日戊辰，官軍與寇戰於延福里，君率先衝陣，發六矢，俱殪，獲馬二匹。寇設伏，官軍失利而潰，寇復進圍城。君竭力守禦，寢食爲廢。遍告危急於上司，糾集兩鄉民兵七千人。八月戊寅旁死魄，暨巡檢官率民兵屯州城七里外。越翼日己卯，寇萬餘人自城下來戰，君不避鋒鋭而前，群衆齊力薄寇，殺死甚衆。令卒登高麾旗，招城中之兵出，内外夾攻，寇不能支，奔散渡溪，水漲不可渡，溺死過半，寇大衂遁去。州城再受圍，凡十有二日乃解。

越四日壬午，行省平章政事李公出董師，臺憲官咸集，有指揮使，有副元帥，有江浙省平章，皆受朝命來督視。贛州路長官及萬户六人總六郡兵擣寇巢穴，君爲鄉導，首攻拔一砦。官軍繼進大蹂，殲其醜類無遺育，渠魁就擒，始班師，州人以寧。

於是州之士民相率造彭君之庭，勞且賀曰：「君侯勞矣哉！寇之圍城經再，初守城經七日，君侯之功一；再守城經十有二日，君侯之功二；寇之交鋒者三，出城殺寇小勝，君侯之功三；射寇獲馬小勝，君侯之功四；大戰大勝，遂解城圍，君侯之功五；引軍深入，遂浄寇塵，君侯之功六。保一城之民得免爲魚肉，君侯之德也；救諸鄉之人不化爲鬼物，君侯之德也。敢賀！矧君侯駐兵之地曰仙亭背，俗傳昔有飛仙爲此而昇舉，蓋吉地也。戰之日，寇既死於兵，又死於水，若有冥助然。士民願勒石其處，以紀君侯之功，以無忘君侯之德。」君蹙然曰：「噫！僕佐州無狀，牧馭乖方，弗能先事弭變。爲民父母，而使赤子弄兵，延及於良民，遭殺戮、遭俘虜、遭脅從者不知其幾，以至攻犯州城，震撼隣境，徹聞天京，中外文武重臣下臨遐陬，動數路之兵，然後蕩除。居者疲於供億，征者斃於鋒鏑。寇之所汚、軍之所歷，罥罣躪藉，而不得以天年終者，往往無辜之人也。思之痛心，言之哽咽，可弔也，而何賀焉？其敢自以爲功乎？」士民曰：「君侯有功而不居，謙矣。抑此寇一日未殄，則州人受一日之禍，死生所繫，而非小小利害也。君侯之德，其敢忘乎哉？」

於是余之友，前敘浦縣尹蕭君士資具書述士民之意，來徵余文。余謂彭君之不居功也，其言仁；士民之不忘德也，其言義。上皆能仁，則何至於致寇？下皆知義，則何至於爲寇？繼自今，官吏士民人人爲仁義之人，則寧都爲善地、爲樂土矣，余亦樂書其美以勸。彭君名淑，字仲儀，濟南歷城人。年少而識高，慈敏而廉平，爲州人所稱云。

廉吏前金谿縣尹李侯生祠記

予閑居，思天下之治法，以爲禹、稷、伊尹之志，苟得一縣，亦可小試。何也？縣之於民最近，令之福惠所及最速，莫是官若也。而舉世瞀瞀，孰知其任之爲不輕，專務己肥，遑恤民瘠，壅閼吾君之德，使不得下達，愁怨之氣瀰漫兩間，以至上干陰陽之和者，十而八九也。聚群羊而牧之以一狼，恣其啖食，何辜斯民，而至斯極？

於斯之時，倏有人焉，慰愜其蘇息之望，則民之愛之也，烏得不如子之愛其父母哉？若金谿縣尹李侯是已。

尚論邑政之最，必曰五事備，予謂簡訟、均役二事爾，户增、土闢、盗息三者，其效也。貪官喜民訟之繁，則其需賄之路廣。架虚誣告，欣然聽納，蔓延歲久而不決。受誣之人，甚則殞身破家，事冀求直，而枉者先有所輸，則直者無復得伸。役户議差之際，鬻賣殆遍，惟無力請賕者不脱免。即此二端，欲民之聊生，可乎？侯則不然。訟者造庭，面詰其故，稍涉僞妄，往往辭窮。或以理感喻之而止。所當辨解，責之鄉都。縱或逮問，不遣一卒。比及至官，片言判其是非，罔有留滯。雖理屈抵罪，靡不心服。上司命之鞫訊亦若是。户役一以資産高下爲等第，來歲之役定於歲杪。數户俱差，則考驗其力，以多寡其日，分如衡之平，無所低昂。由是民不可爲欺，而訟自簡；吏不可爲姦，而役遂均。訟簡、役均，縣之大綱舉矣，此外皆其目也。事倘便民，諸利畢興；倘不便民，纖害必除。有關係於倫紀風教者尤切切。富既獲安，民亦樂業。百里之内，一和如春。隣邑竦慕，恨不得爲金谿之民。

侯宰邑凡四：初宰華容，繼宰臨湘，二邑各處三年如一日。後宰高安，郡以私而撓縣政，侯涖官甫七日，遄棄去。金溪之治視華容、臨湘無異。

侯之所以過人者，非他，其善有五，而兼爲本。廉一也，明二也，仁三也，能四也，公五也。世固有廉者矣，其見不明，則爲吏所蔽，雖廉何補？亦有廉而且明者矣，其心不仁，則自謂無取於民，不眩於事，而深刻嚴酷，又縱其下漁獵躪踐，略無惻怛之意。或其心雖仁，而短於剸裁，徒有仁心，而民不被澤，仁而不能故也。或其才雖能，而意之所向不無少偏，終亦不免於小疵，能而未公故也。全此五善者，難矣哉！而侯獨兼有之，所以卓然爲當今治邑之最歟。

侯資質美，而益之以學。公餘手不釋四書，喪祭一遵朱氏家禮。燕坐之際扁曰「潔矩」。民之所好，好之；民之所惡，惡之。踐行絜矩之實者也，匪但揭名扁之虛而已。在金谿六年，其去也，士民思其德，傳以紀之者數千言，詩以頌之者數千首，又立生祠於學宮。去已四年而復來，請予記，將欲壽其祠於永遠。予觀漢循吏傳六人，始文翁，終召父，蜀郡、南陽世世祠之。今侯得此於民，與漢之循吏異世同符。

予素知侯名，樂道其善。侯名有，字仲方，平陽人。善譽著聞，擢典風憲，浸浸向顯用。或曰：「侯嘗書『廉勤公慎恕』五字於壁，今稱其『廉明仁能公』，何哉？」

曰：彼之五字，侯之所以自勵也；此之五善，予之所以美侯也。恕，即「絜矩」之謂，乃其所以仁、所以公者。曰仁曰公，恕在其中矣。曰明曰能，侯執謙而不以自居，其於五善孜孜勉力而不怠者，勤也；翼翼小心而不恃者，慎也。侯之自勵，予之稱侯，其究一也。抑侯之善五，而予特表之曰廉吏，蓋摭五善之本而云。

請予記者，前之縣尉曾文樞暨金谿之士彭瑀。

臨川縣尉司職田記

制禄者，馭臣之柄也；重禄者，勸士之經也。夫君之馭其臣而必重其禄，何也？厚之也，欲其有以贍於家，則可以無所營於私，而得以專其治於官也。三代以下，禄之等差降殺雖不一，而俾居官之人足以自養，則其意同也。

國朝之制：凡官於内服者，月有俸幣，而又有廩粟焉；官於外服者，月有俸幣，而又有職田焉。職田之制通行乎天下，而亦或無公田可給，有所偏頗，不能均一，上之人莫之知也。

縣之置尉舊矣，官雖小，而職則要。近年廉恥道喪，貪濁成風，官資清顯而不能廉者有矣，况在庶僚之位者乎？田禄豐盈而不能廉者有矣，况無職田之養者乎？

臨川，撫之附郭縣也，而尉司無職田。齊人張雩從事風憲，初授將仕佐郎，來尉臨川，獨潔於群污之中，而其才又與其志稱。明不可欺，毅不可犯。盜賊息於境，胥徒閑於庭。郡縣之獄訟紛糾，費爬梳、遷延未結絶者，上官率命之訊鞫，剖疑無所停滯，擊强無所畏避，審决一一得其當，廉能之聲遠播。

己雖能守，深慮繼其後者之不能然，乃以臨川尉司無公田之故聞於上。撫州路嘗增設治中一員，後不復設，而其所占職田在官。行中書省於内給一頃爲臨川縣尉職田，從張尉所請也。歲收之米以斗計可三百五十有奇，郡府易原鄉士饒宗道嘉邑尉自守之廉而心公慮遠如是，請記其中以貽永久，而田之條段、載諸碑陰焉。

予謂士之廉如女之貞，固己分當然之事，雖凍餓迫之、刀刃臨之，寧死而不改節，豈顧禄之厚薄哉？而禄欲其重，則君之厚於其臣也。君厚其臣，而臣不自勸以報其君者，非人類也。居今之世，而見張尉其人，蓋千百不一二。予烏乎而不喜談樂道之乎？世亦間有號爲廉者，廉於始，而或不廉於終；廉於此而，或不廉於彼；廉於位卑之時，而或不廉於位高之後；廉於得寡之處，而或不廉於得多之地，蹔焉僞廉以鉤名焉耳。噫！嗜利無耻而真貪者，剽掠之寇也；若鈞名無實而僞廉者，穿窬之盜也，相去迨不能以寸。張尉字志道，益都沂州費縣人。其籍儒家也，諳吏文，習國語。己能廉，而願人之皆爲廉，可嘉已，予烏乎而不喜談樂道之乎？

撫州路達魯花赤禱雨記

至順三年六月不雨，至於七月，水田乾拆，稻苗委瘁。早熟之稻僅收，已損其半，民情惶惶，所在禱雨俱未應驗。

撫州路元侯答不花，蒙古人也，自總管劉侯致仕而去，郡事叢於一身。憂民之憂，日不遑食，夜不遑寢。六月二十一日以後，日領官屬哀籲上下神祇，彌旬彌月，食素宿外，内訟自責，誓不得雨不止。迨及七月下旬，旱勢逾劇。侯曰：「吾祈澤於道觀、僧寺，心慮殫矣。崇仁華蓋、相山，其山高峻，興雲致雨，夙稱靈應，曷往祈焉？」

乃於二十四日午離郡，行百餘里，三更至崇仁縣。分遣崇仁令崔顥詣相山，躬詣華蓋山。四更而起，行百餘里，憇山之陰，距山巔四十里而宿。二十六日癸巳晨興，及山麓，草屩步行而陟，午至山上，達誠於山靈。忽雷聲震動，午後下山，旋得雨。二十七日二更，還次崇仁縣，又得雨。二十八日乙未子初刻，離崇仁縣，午至白虎窰，距郡城三十里，大雨。至龔家渡，距郡城十五里，再雨。未時還至玄妙觀，陰靄四合，又雨。其夜一更後，密雲布空，風雷電交作，雨大降。二十九日五更，雨大降亦如之，經一時之久。三十日辰時，雨復降。侯之誠感山之靈，應如響之答，可謂神速已。

侯曰：「雨雖應祈，恐遠近旱甚，有未霑足。吾其申請於社稷。」命郡士檢尋天旱祈社稷壇禮，八月二日己亥昧爽前，率僚佐祭於社稷壇，儒生贊相，一遵禮典。侯拜跪進退，心敬容肅，終事不忒。祭畢，四日、五日、六日之夜皆雨。或滂沛，或淋漓，漸而不驟，膏潤浹洽，而雨意未已也。七日之昏，大雨達於八日之旦，竟日綿綿而不斷絶。三日以往爲霖，其此之謂歟？

郡之父老咸曰：「此郡四五十年以來，未見有郡侯如此、憂民如此。敬神者，亦未見有祈雨得如此靈應者。我民咸願紀其實，以無忘侯之德。」澄之子京竊禄郡庠，每日奔走，從侯之後。予就養於子，亦留郡城，親見郡侯憂民之仁、敬神之誠、禱雨之應，因父老之言，順郡民之願，而敘其事如右。

噫！旱暵，天數也；祈禱，人事也。以人事回天數，豈易哉？諸侯得祭社稷及境内山川，古之禮也。旱而求雨，則祈於其所得祭之神。侯不憚勤勞，觸冒炎暑，躬造名山，且爲百姓請命於侯社。既協於禮，又盡其誠。自登山之日以至於七月晦，一雨、二雨、三雨、四雨、五雨、六雨、七雨、八雨；自祭社之日以至於今，亦復一雨、二雨、三雨、四雨、五雨、六雨，而遂竟日以雨。涸澮通流，枯澤滿溢，千里之旱頓蘇。前己巳歲大旱，庚午歲大饑，民之莩死奚翅數百千人，今兹之旱弗救，將復如前矣。侯竭其力以活數百千之民命，其心也誠之篤，故神之應之也速；其德也仁之諶，故民之感之也深。予素居田野，稼穡是寶，與斯民同感侯之德者也。

晉錫堂記 見楚國程文憲公雪樓先生五世孫行在吏部郎中南雲家藏墨蹟

大德八年十一月，廣平公除翰林學士。九年五月，命下促行。行有日，乃八月甲申。治子舍於中和堂之西偏，將俾中子、少子行昏禮於其間。晨鳩工，未逾時，再命下，使及門，命云：仍翰林學士，議中書事。馳驛赴闕，正從馬四疋。於是郡邑之長屬，閭里之耄倪，遠近内外之友親咸集，舉手賀曰：「公之位朝，著被寵光，其素也。今以儒臣預政，前所未有，是不爲公一家賀，爲天下賀。」

越十日，新堂成。於是侈上之賜以爲斯堂榮，而名之曰「晉錫」。吴澄曰：晉卦正體之象二，上離下坤，坤順之臣進而近離明之君也；互體之象二，中坎中艮，少二男蕃育於君臣際會之時也。公方繕營私室，爲其子承家嗣親計，而天恩適以是日至，夫豈偶然之故哉？蓋天之祐忠賢，非立於其身，於其子孫綿綿延延百世未艾者，其符如此。公之晉與齊桓之觀否、魏畢萬之屯比實同其吉，請以齊、魏之占贊公之名，可乎？堂之前曰「朝暉閣」，離之大明初出也；后曰「衍慶樓」，坤之厚德無量也。合之亦爲晉。

公曰：「子其善頌者與？」書以爲記。是月廿五日，將仕郎、江西等處儒學提舉司副提舉臨川吴澄記。

卷三十六　記

建昌路廟學記

唐以來立廟設像以祀先聖，於禮未之有稽，而所以致其嚴敬則隆矣。建昌郡廟學因地之勢，其位東向，有燕居殿在西北隅，此他郡所無者。廟廡之左、書閣之後皆學地也，民僦而營居焉。廡左之居，編户鱗次，近逼廟堧，喧穢不静。閣後之居面北背南，構宅一區，横截其間，廟與燕居離隔爲二，别啓一門向西，不共前廟之門而出。

今天子御極之初，念民生休戚繫於郡縣守令，精選其人，擢江浙行中書省郎中薩德彌實爲建昌郡侯。治政既優，教事尤虔。暇日戾學宫，目覩心惟，将更而新之。教授方君壽條具所宜，凡學地、民屋悉令撤去改造，以地歸之學，俾廟學前後通達無礙，繚以宫牆。

相其他不中禮度者，循序完整。前守趙侯所積學計歲會有羡，可如侯之志。邦伯荅失帖木兒、屬之長宋貞僉議允諧從祀，繪像於壁，歲久則漫，易以木刻神像百有五，左右各八室以奉。廟之前庭迫窄，春秋朔望行禮不足以容。外門之東，舊爲教官之署，乃撤其屋，遷戟門於外，距廟之前霤一引五尋，視其舊加四常有二尺。戟門之外，鑿泮池如半月，跨以石梁。池外如舊建櫺星門，門外甃街道爲通衢，南北兩端樹命教門各一，加封勉勵詔旨礱石重鐫，二碑亭對峙於泮池之側。燕居湫隘不稱，官有廢屋，如殿之制，廣三常有二尺，深三尋有六尺六寸，徙置閣後所撤民居之地，以爲燕居殿。與前廟相直，東向，頗與右之前廟後寢類。

築壇三，城廣仞，崇三尺有五寸，象闕里之杏壇，先賢祠翼其右，太守祠翼其左。增祭器，備樂器，補書板，葺齋舍，作庾廩。

教官舊署既撤，學之西南有尹、周氏居，半屬學地，以其屋來售。適舒嗣隆代宋貞爲郡屬之長，志合謀同，贊助其決，遂酬其直，得尹之居以居教官，周之居以居正録。氣象軒豁，足以表師儒之尊。其北隙地爲聽事之所二，一以待衆官之公聚，一以待教官之公坐。

自泰定元年肇始，至四年迄于成。門廡殿堂、燕居祠宇以及庖廩，與教官貳長之廨舍周圍内外，南北之廣二引五常，東西之深六引四常有六尺。從衡端有，規模恢廓，圬鏝炳焕，道路平衍，煒然壯觀，士民驚嘆，以爲昔所未有。非郡侯心量之宏、志力之堅，何以臻是！

會邦伯怯烈、貳守劉珪、府判伯顔察兒、郡屬張賡、劉秉忠克恊克一，前教授倡議之，後郭建中嗣教職，承侯之令惟謹，正録石良貴、岳天祐也，蒙古字學教授楊太不花，董斯役，郡吏李方平、王進、周植也。

役既畢，鄉貢進士、盱江書院山長聶公并述郡士之意，請紀其績。雖侯累任風憲，廉能聲實著於遠邇，今爲民父母，有治有教，其美可書也。雖然，敞學宫以育人才者，官之事；進學業以應時需者，士之事。時之事繼今郡居共游，豈曰涉獵記誦、衒餙辭章以釣名媒利而已。必真明經，而心之所得，能得聖賢之心；必真修行，而身之所行，能行聖賢之道，庶幾上不負聖天子取之用之之仁，下不負郡賢侯勉之勵之之義哉。

潮州路重修廟學記

二廣，南服之極南也；三陽，又東廣之極東也。古先聲教之曁於其地也，蓋不與中國同。然天之生斯民也，民之秉是性也，豈以地之遠近遍正而有異哉！或謂潮人始未知學，自韓文公爲刺史，而後士皆篤於文行。夫韓未至潮以前，固已有趙德其人，惡得謂之未知學乎？國朝承宋文盛之餘，潮之士學非唐元和時比矣。

至元戊寅，郡庠燬於兵，憲官牧官繼繼修復，而未克完也。丁侯聚之典郡也，講堂齋舍初構；張侯處恭之按部也，廟殿門廡略具。潮人以爲卑小，弗稱王祀先聖之儀，悉願更造。以民則蔡氏献石柱二十，以官則判官小雲赤海牙助緡錢百千。既有其資，議遷孔廟於學之右。明年，僉憲任侯仲琮躬率諸官捐俸，面命郡士輸材，於是大成之殿不日而成。巍然其隆也，廓然其敞也。

又明年，郡牧王侯元恭華之以黝堊之餙，翼之以左右之廡。民居叢雜，喧聒逼迫，曉喻而徙之。地域混并，繚以宫墻。尊嚴閟侐，昔所未有。又私出錢五百緡，塑兩廡從祀像。明倫堂竦立孔廟之左，於是潮之廟學，歷五十餘年而始大備。

董營繕者，學正劉貢珍、教授李復也。至順三年春，有事先聖，虔告成績。邦人士咸喜，乃來請文以記。

臨川吴澄曰：王制以泮宫爲諸侯之學，魯侯修泮宫，頌於詩，而不書於春秋，何也？蓋春秋常事不書，非常乃書。修學，常事爾。然則潮學之記，其效詩人頌美之辭歟？抑倣春秋紀事之筆歟？澄謂他郡之修學，常事也；潮郡之修學，則非常也。何也？潮之東廣，諸郡之最。中人以下，往往喜仕於其處。亦有素號勝流，一旦入境，如飲廣界之泉然，靡不毁節敗名，安於浴污，泥坐穢溷而不悟，豈直司牧者忘其所以牧，雖或司憲者，亦失其所謂憲。如是徇物而喪己、滅理而窮欲之夫，又焉知崇士學、廸民彝之當務？今而司憲有若任侯焉，司牧有若王侯焉，其篤意於廟學也，事之非常者也，可不特書乎？前之張憲、丁牧及郡判官事俱可書也。然春秋所書之非常者，書其異於古以示懲；今余所書之非常者，書其異於衆以示勸也。嗚呼！世之凡庸，誰不受變於流俗？惟其豪傑不然。豈仕潮之官而無一豪傑乎？澄嘗考古驗今，密窺天下之故，而知在上之教固能導率其下，以革易其所習；在下之俗亦能感動其上，以轉移其所爲。虞、芮二君争田，一覩周民之讓畔讓路，赧然自愧而息争。潮之士果能明經、果能修行，其治心、其治身瑩然清徹，如秋水之無滓；皎然潔白，如冬雪之不塵。雖隱處未仕，人人望而敬。潮之官倘見如此之士，雖有繆戾，亦必頗有慚怍；雖未幡然改悔，亦必少戢其縱恣。繼今以往，余於二三千里之外聞潮郡之仕廉循接踵，則可驗潮士之學足以轉移其上，而非止如今也。潮之士其勉哉！

南安路儒學大成樂記

天子所與分治其民者，侯牧也。封建爲郡縣，而郡太守實古侯牧之任。其治民也，有政焉，有教焉。政以導之，使不爲惡；教以化之，而使爲善也。教民必自士學始。後世教民之道，雖不能純如古，而牧民之守必崇士學，則由漢以至於今，未之有改也。崇士學之目不一，而尊立教之人爲之綱。

古之建學者，必釋奠於先聖先師，而春秋入學，亦皆釋奠，示不忘本也。吾夫子爲萬世儒教之宗，歷代尊事，隨時而舉。至唐開元，而服兖冕之服、正南面之位，祀以王禮，遂爲定制。凡釋奠者必大合樂，因古釋奠之名，損益其禮，以祀夫子。祀必用樂者，倣古也。唐、宋、金之禮，蓋相襲而無甚異。國朝既得天下，郡縣儒學悉如舊。世祖皇帝於京師首善之地肇創國子監，學春秋釋奠，以前代之樂行事，列郡遵而行之。

南安居江西之上游，中大夫東平張侯昉來守，怵然以夫子廟樂未備爲惕，乃議興樂。命教官制樂器於廬陵，命學職取磬石於真陽。簨、簴、鐘、磬、琴、瑟、管、籥、笙、塤、柷、敔之屬，靡不工且良。延致能其事者爲之師，而教習焉。樂器之至也，躬出郊而迎；樂事之肄也，時入學而視。必恭必虔，罔或懈惰。

其敦禮樂也，所以尊聖師；其尊聖師也，所以勵士學；其勵士學也，所以成善教，而爲善政之本。斯其無負於牧民之寄也已。侯之初下車也，知往年虚增之賦爲民害，即日上聞，祈除免，以蘇民力。閔民之心如此，其施於政可知也。

雖然，政者，侯之所自爲也，教則非侯之所可自爲者。侯於教之綱知所先矣，教之目也如之何？今之士學無不讀書爲文也，考其持身，未必皆能介然而義也；逮其臨民，未必皆能惻然而仁也。民之儀也，而於仁義之道或不能無虧，則何望其能表率鄉里，薰其民而化之爲善也哉？侯於士類中，擇其知孔聖之道者，講求其意，條陳其目，以教今之士，俾不廢乎其所已學、而兼進乎其所未學，一一如吾夫子之所以教。於經則明，於行則脩；可以厚倫，可以美俗。士風丕變，民風亦丕變，將見南安之境，人人相敬讓、相慈愛，藹然爲仁義之民，而無復有辨争竊盗之訟至官府，則侯之治郡，又奚翅如漢文翁之治蜀、唐韓子之治潮而已哉？

吾里陳幼實，掌南安屬縣之教，承侯之命徵予文以記樂之成也，故予得以盡其言。教官廬陵馬某也。

臨川縣學記

自唐末衰亂迄於五代，文治中否。宋興數十年間，漸復承平之制。臨川，撫之負郭邑也。咸平庚子，邑令陳從易始建學，學在郡城東南隅，处青雲第一峯之右。地勢亢爽，人蹟稀踈，喧囂之聲、華靡之觀不接耳目，於學者游處講誦爲宜。歲久屋敝。後百餘年，當隆興甲申，邑丞郎餘慶重修之。嘉定庚午，朱子之門人黃文肅公幹宦宰斯邑，建詠仁堂於明倫堂北。既而趙令崇尹新明倫堂、文會堂及兩序齋舍四，東曰尚志、親仁，西曰務本、好禮。嘉興庚子，李令義山復新大成殿及兩廡、戟門，作亭青雲峯之巔，以暢闊適眺望之趣。淳祐己酉，趙令必瑛又市民地，拓其境，作外門，而學宫完美矣。

國朝因前代尚文之治，汲汲以勉勵作養爲務。由至元、元貞、大德、至大詔旨丁寧，有隆無替。皇慶、延祐貢舉既行，則雖中人以下，皆知所勸，文治可謂盛矣。而臨川之學，逮今又將百年未有重修者也。

成都馬壽長來爲令，周視學宫，意有弗稱，亟令學官葺理。教諭鄧文奉命唯謹，倡率邑士，不憚勞費。材木之朽腐者易，瓦甓之缺壞者增；墻壁之破者補之，楹柱之攲者正之。蓋覆比密，杇鏝輝炳，學計不損一毫，而王祀之宫、群居之室焕然一新。

既落其成，衆士咸喜。以學宫舊無碑刻，懼事迹久遠湮没，欲備始終傳永遠，而屬記於徵。余竊謂文儒之尚，此聖世之厚恩；廟學之修，此賢令之善政。雖然，有治有教。今日文治浸盛，而文教猶有當明者焉。前令黄文肅公以朱子之學教臨川之士，流風未泯。朱子之學宗程而祖孔，孔子之道皦如日月，人心所同得也。究其禮，踐其事，以吾心之所同得契聖人之所先得。知必真知，行必實行，豈徒剽掠四書、五經之緒言以趨時干進而已哉？臨川之士繼自今勇猛奮發，洗濯刮磨，以革舊習，以涉聖涯；一旦丕變，士習之新與學宫而俱新，雖俾臨川以爲洙泗可也。夫如是，可無負於聖世長育之仁矣夫？其可無戾於賢令承宣之義矣夫？

宜黄縣學記

宜黄，撫之支邑。宋皇祐元年，邑令李詳始建學，南豐先生曾文定公爲之記。學近社壇，遺址今不可考。後徙城隍廟北，紹興初燬。鄧令庾改築於縣治之北，葉令上達又改築於北門石下，而以舊學爲尉治。鄧令昌朝病其近水墊隘，乃徙今所。紹定庚寅，鄰寇犯邑，官舍民居燬者過半，而學獨存。淳祐初，趙令希點、黎簿璹更造大成殿、御書閣，陳尉宷祠邑之先達於左右廡。寶祐間，楊令允恭復新兩廡、四齋。至元丙子，再燬。越二年，教諭成都胡端宜即其基營構。大德乙巳，居民失火，又燬。廉訪分司郝侯鑑巡按適至，召諸生議重建，以命邑長愛忽都魯。

時學官去職，邑士李仲謀董其役。取材於官山，士之有力者捐貲以助，未幾廟殿成，講堂成，兩廡從祀之室各五、齋舍四，各三間，中門五間，外門六楹，立先聖像。至大辛亥，教諭南豐陳敏子增陶瓦密覆，門廡立四先師，從祀十子像，又繪兩廡七十二子諸儒像，祀邑先達樂公以下十二人。

先是，前進士鄒次陳書來徵記；至是，教諭復以請，將刻南豐先生舊記於石，以與新記并。

嗚呼！學校庠序之設，自三代至於今，凡有社、有民者，率莫之敢後，誠以國命繫於人才、人才繫於士學也。夫士之爲學，豈待官之建學哉？然而官必建學，以居夫士，俾爲學者於是乎學焉，厚之也。上之厚之者如此，士之自厚者當何如耶？故居學而不爲學，自薄也；爲學而不知所以學，自誤也。所以學如之何？如南豐先生之記之所云是已。

嗚呼！三代而下，正學湮没，士各以其質之所近、意之所便爲學，學其所學，非三代之士所學者也。若南豐先生之記，在孟學不傳之後，程學未顯之前，而其言精詳切實，體用兼該，有漢唐諸儒所不得而聞者。宜黄雖小邑，自昔多良士。繼自今，士之爲學，人人能如南豐先生之記之所云，則合乎程、接乎孟、以上達乎孔氏，不待他求也。於心有得也，於身有守也，於時有用也，斯無愧於居是學矣。不然，不學者業荒行毁，其爲學者又不過誇記覽、衒文辭，以釣名聲、干利禄而已。是豈上之人所期於邑之士者哉！

樂安重修縣學後記

皇慶元年，樂安陳仕貴以前學録攝教邑學，承邑令劉汝弼命，與諸儒協心重建夫子廟殿，余爲之記其成。然講堂、齋舍、左右廡、内外門，未及一一修也。延祐三年，豫章鄧鎔爲教官，時邑長倒剌沙提調學事，議修之。四年冬，邑令黄棟孫至長倡其議，令成其謀，而教官不憚勞，以躬其役。

有富家捐至元楮一百貫，專修講堂。諸儒率皆有助，由内暨外，靡不用工。若左右四齋，若東從祀室，傾者支，闕者補，楹櫺宲桶之朽者易。若西從祀室，敝壞已極，不可支補，則撤其舊，而構架中門，當廟殿之前。外門在東南之隅，黄令悉命新造，宏敞其制。靈星門亦新竪立，崇廣踰於舊。賢牧有祠，以示有功於學者必報。又創公廨三間於外門之側，庖、廩位置各得其所。凡上而陶瓦之覆，下而瓴甓之甃；内而鏝餙之麗，外而墻堵之周，咸焕然而一。新繒繪兩廡諸賢像，銅鑄爵、尊、罍、洗、簠、簋等器。於是樂安之學既完且美，復請余作後記。

余謂官之修學，職分所當，而能加意勤力若是，蓋可尚已。至於士之爲學，其當加意勤力，甚於官之修學可也。苟官修其室屋，而士不修其行業，則游居於學將何爲哉？宋末儒科之盛，樂安甲於諸邑，皇元肇興貢舉，而樂安得士又他邑先。雖曰士所以學不止乎是，然乘其氣數之新，勉勉勿怠，異時學術大明，端自今日學舍一新始。俾見者、聞者，莫不嘉歎敬慕，不其偉歟？此亦一邑治官、教官之所願望也。

武城書院記

武城書院，吉永豐曾氏之所建也，其名武城何？本曾氏之所自出也。按史記仲尼弟子傳，曾參，南武城人，其苗裔有自魯國徙江南者，故南豐之曾追述世系，以爲曾子之後，而永豐之曾亦然。蓋武城之曾盛於魯，越千數百年，而南豐之曾始盛。南豐之曾盛於宋，又數十年，而永豐之曾繼盛，兄弟俱仕翰苑。

其父，前進士、宋之監察御史、元之儒學提舉也，因子貴，追封武城郡伯，於是設書院，祠先聖先師以及其考，以處宗黨來學之人。翰林之長移文集賢院，轉而上聞，朝議可之，俾推曾氏子孫之儒而賢者掌其教。予自京師歸，而曾氏請爲記其書院興創之由。

予觀前代書院，皆非無故而虚設者。至若近年，諸處所增，不可勝數，襲取其名而已。有之靡所益，無之靡所損。曾氏自謂先師之冑，而爲請於朝者，且以上傳道統、下繼祖風，期之其待之至厚、責之至重矣，豈可復如他處書院之有名無實也哉？然則武城之教宜何如？學曾子之學可也。曾子之學，大概切己務内，無一毫爲人徇外之私。必孝弟，必忠信；行必無玷，言必無僞。使近而宗族、遠而鄉邦，萬口一辭，稱之曰君子，而後可以庶幾焉。不然，有一疵疢，人將議笑，而徒以涉獵故實、衒飾詞華爲學，恐非所以繼祖風也，况於道統之傳，而敢輕議哉！澂也氏雖非曾，而所願學者在此，用敢爲武城後世之子孫勉。

武城伯名晞顔，翰林直學士名德裕者，其仲子也；應奉翰林文字名巽申者，其季子也。

廣州路香山縣新遷夫子廟記

廣爲百粤之地，三代政化之所不及。漢、晉而唐，俗漸漸易，至宋彌文。香山縣最後置，其初東莞縣之香山鎮也。紹興壬申，始陞爲縣，距宋亡百二十年耳。而士風亦然，能與他邑相頡頏。國朝崇文，仍前代之舊，教之所暨，無遠弗届，而教事之隆替，亦擊乎治官之能否焉。

盱江左祥職於翰林之國史院十五年，泰定乙丑，勑授承直郎、廣州路香山縣尹。其在院也，傳言而言達，辦事而事集。余覘其才之能官也久矣。及既赴官，余亦歸田。然江、廣相去三千里餘，聲迹了不相聞。

越四年戊辰，調潮州路經歷，以書來言曰：「祥以非才，濫膺民寄。思治之本，在乎教也。涖官之初，首謁先聖廟。廟直縣治之西，卑濕隘陋，於嚴祀弗稱。謀之同僚，擬更諸爽塏。再至學，俾教官召集郡儒議，咸曰：『縣東有文廟舊基，後枕崇崗，前瞻筆峰，土質燥剛，山勢拱抱。宋末遷於今所，遷之後士風頽衰，今復舊所爲宜。』乃與同僚往視其地，果如衆言。有前直學楊仲玉起而言曰：『倘或遷廟，與前教諭高玄生願獻棟梁柱礎。』已而，郡士各備大小材木以供用，節縮養士餘貲市瓦甓等。泰定丙寅孟秋興役，次年春，先構大成殿，崇三尋有六尺，廣倍其崇，深視其廣殺四之一，仲秋落成。次構儀門，九檁九間，其崇常有二尺，廣十有三尋，深三尋有一尺，季冬落成。惟明倫堂、東西廡未完。祥既去，亦儲木石，屬同僚嗣成之。

至順辛未，左尹來過，曰：「祥官潮陽香山縣之舊僚，及其教官與邑士，營造明倫堂、東西廡已畢。其堂十一檁，中五堂，崇常有二尺，廣七尋有七尺，深三尋有一尺。夾室左右各二，其崇殺於堂三尺，其深如堂，其廣五常有一尺。天歷己巳冬構，次年春成。東西廡七檁，各十一室，其崇視堂之夾室，深亦如之，南北之修七常有一尋。至順庚午冬構，今年夏成。祥在潮陽已歷一載之上，謁告二親，來歸靖。惟仕於嶺海間至再，幸免瘝曠。而香山小邑，獲遷廟學於吉地。始謀雖出於祥，而終成其事，實頼邑僚、邑士之力。邑之長那海、邑之貳張仲谷、教諭陳介、湯思義、黎某；邑士之輸材竭心者，楊仲玉、高玄生、陳志、袁珏也，敢蘄先生紀其始末，垂示永久，以無忘僚友、士友成終之勤。」

予謂左尹有三善：今之居官者唯私於己，何恤於民；而尹無私於己，有志於民，其善一也。或優於政，不暇於教；而尹既優於政，又及於教，其善二也。官之政教，去官則已；而尹雖已去官，猶不忘在官未竟之事，視官事若家事焉，其善三也。

嘗稽郡志，宋紹聖間，廣守章楶以郡學在中城西，近市喧雜，諸生百五十一人合辭請擇地而徙，遂參陰陽家之説，遷學於牙城東南隅。左尹之遷縣學也，由西而東，與二百年前章守之遷郡學，時異事同。昔章守自作遷學記，期廣俗丕變如齊魯。今左尹之屬記於予也，所望於香山之士者，其亦如章守之心乎？然則廟學既遷而新矣，士習之遷而新者宜如之何？

曰：貢詔頒行，具有謨訓。爲士者亦惟明經修行焉。廓志破愚，趨義舍利，存理去欲，長善消惡，此明經之效也；能孝能弟，能慈能睦，能忠能信，能恥能讓，此行修之實也。經不明、行不修，而徒綴緝程試之文，眯眩主司之目，以攫科名，苟官禄而已，則豈惟近負聖朝之恩，遠負聖師之教，抑寧不有負於邑宰新廟學以新士習之意哉？

樂安重修縣學記

宋紹興乙巳，割撫、吉、崇仁之四鄉置樂安縣。置縣之六年，令魏彦材始建學。建學之七年，清江謝尚書諤時爲攝尉，令王植委之考進諸儒，不滿二百。蓋創縣未久，教猶未洽也。其後十倍於初，迨宋季年，升國學、貢禮部、登進士科者甲諸邑。雖其所尚未離乎文藝，然以後創之邑，百年間士學彬彬如此，亦可謂盛也矣。

縣學之建百二十有二年，而地歸於大元。壤土遐僻，干戈搶攘，人士逃生救死不贍，遑及絃誦俎豆事哉？足跡之布於學者無幾，宫墻之内鞠爲茂草，固其所也。既而兵難稍紓，軍官王佑周視廟學，惻然興懷。不謀於邑僚，不資於士民，躬役卒伍，取没官廢屋之材構講堂，一新之。越數年，堂復敝。邑士陳士貴率其弟進市民屋五間，輦任以至。徹其舊，再新之，又新中門三間，葺廟殿并兩廡。從祀有室，肄業有齋，繚以三門，庖庫具完。令王英、簿董進、教官前大學進士董德暨諸儒力也。

皇慶初元，廟之前宇將壓，令劉汝弼議更造，築基崇於舊二尺。教官闕具，以陳仕貴攝事，資取於其家，材取於其山，先爲之倡，而學之士及邑之好事者損費以助。仕貴之弟善司其出納，令於公事暇督視不倦。八月鳩工，九月竪楹，明年秋告成。奉聖師、從祀神像復於新廟，行上丁釋奠禮，士咸集，僉言曰「當今文教懋明於上，士氣未大振於下。而吾樂安自甲申、辛卯、甲午至於壬子，廟學棟宇四新矣。官不敢以不切而弛，未遑而慢，士不敢以有費而辭，有勞而憚。昔夫子之作春秋，凡興造之事，新延廄，書；新作南門，書；新作雉門及兩觀，書。僖公修泮宫，詩人頌之，而春秋不書，何也？春秋，刑書也。常事不書，失禮、失儀乃書。書之者，貶之也，所以示懲也。詩之有頌，頌其美也，得禮、得宜而頌。頌之者，褒之也，所以示勸也。廟學之新也，事之得禮、得宜孰大焉？既未能効史克之頌，而遂使泯泯無傳，焉以勸後？殆於不可。」於是請記興造歲月於石，以傳方來。

予稽樂安建學之始，攝尉謝公首爲之記，其所期於樂安之士者甚厚。期之以臨川之王，期之以南豐之曾，期之以廬陵之歐陽，清江、豫章之劉若黄，而猶未已也。將藉之以問津，以詣聖門，以歸於仁義道德。不欲令人有愧於古士之自期，其可不如公之所期者乎？嗚呼！聲利紛争，身外事也。道德仁義，性所固有，求則得之，不待資借於人。振拔而追前輩之高步，謝記已云，予何言哉？本其末而末其本，高其卑而卑其高，非所以答官府修學之意，非所以副朝廷用儒之實也。

卷三十七　記

嶽麓書院重修記

天下四大書院，二在北，二在南。在北者，嵩陽、睢陽也；在南者，嶽麓、白鹿洞也。其初，聚徒受業，不仰於公養，然嵩陽、睢陽、白鹿洞皆民間所爲，惟嶽麓乃宋開寶之季潭守朱洞所建。其議倡自彭城劉鰲，而潭守成之也，時則陸川主簿孫邁爲之記，紹興燬於兵。乾道之初，郡守建安劉珙重建，時則有廣漢張子敬夫爲之記，德祐再燬於兵。大元至元二十三年，學正郡人劉必大重建，時則有奉訓大夫朱勃爲之記。

逮延祐甲寅，垂三十年矣。巢陵劉安仁來爲郡别駕，董儒學事。覩其敝圮，慨然整治。木之朽者易，壁之漫者圬。上瓦下甓，更撤而新。前禮殿，傍四齋；左諸賢祠，右百泉軒，後講堂。堂之後閣曰尊經，閣之後亭曰極高明，悉如其舊。門廡庖館，宮墻四周，靡不修完。善化主簿潘必大敦其役，朱某、張厚相繼爲長，具始末，請紀歲月。

余謂書院之肇創、重興，與夫今之增飾，前後四劉氏道同志合，豈苟然哉？開寶之肇創也，蓋惟五代亂離之餘，學正不修，而湖南遐遠之郡，儒風未振，故俾學者於是焉而讀書。乾道之重興也，蓋惟州縣庠序之教沈迷俗學，而科舉利誘之習蠱惑士心，故俾學者於是焉而講道。是其所願望於來學之人，雖淺深之不侔，然皆不爲無意也，考於二記可見已。

嗚呼！孟子以來，聖學無傳。曠千數百年之久，衡嶽之靈鍾爲異人，而有周子生於湖廣之道州，亞孔并顔，而接曾子、子思、孟子不傳之緒。其原既開，其流遂衍。又百餘年，而有廣漢張子家於潭，新安朱子官於潭。當張子無恙時，朱子自閩來潭，留止兩月，相與講論，闡明千古之秘，驟遊嶽麓，同躋嶽頂而後去。自此之後，嶽麓之爲書院，非前之嶽麓矣，地以人而重也。然則至元之復建也，豈不以先正經始之功不可以廢而莫之舉也乎？豈不以真儒過化之響不可絶而莫之續也乎？别駕君之拳拳加意者，亦豈徒掠美名而爲是哉！其所願望於諸生，蓋甚深也。且張子之記，嘗言當時郡侯所願望矣，欲成就人才，以傳道濟民也，而其要曰仁。

嗚呼！仁之道大，先聖之所罕言，輕言之，則學者或以自高自廣，而卒無得。論語一書，大率示學者求仁之方，而未嘗直指仁之全體。蓋仁體之大如天之無窮，而其用之見於事，無所不在。邇之事親事長，微而一言一動，皆是也。飲食、居處一不謹焉，非仁也；步趨、唯諾一不謹焉，非仁也；温凊、定省一不謹焉，非仁也；應接、酧酢一不謹焉，非仁也。凡此至近至小，甚易不難。而明敏俊偉之士往往忽視，以爲不足爲，而仁不可幾矣。

嗚呼！仁，人心也，失此則無以爲人。曾是熟於記誦，工於辭章，優於進取而足以爲人乎？學於書院者，其尚審問於人，慎思於己，明辨而篤行之哉！

瑞州路正德書院記

瑞州路正德書院，蒙山銀場提舉侯君孛蘭奚所創建也。夫荆、楊貢金，從古以然。周官丱人掌其地，守之以禁，而取之以時。蓋猶秘其寶於地，藏其富於民，而不盡括其利於官也。蒙山跨瑞、袁、臨江三郡之境，固爲寶藏，唐以前未之聞。宋之中世，山近之民頗私其利。而置場設官自國朝始，職其職者，旦旦惟利之是圖，既無治民之責，誰復有教民之意哉？當衮衮興利之場，而切切興學之務，其人識慮蓋遠矣。然創建之初，功未完而侯君去，至於今二十餘年。田租薄少，不足以贍給，室屋日就敝壞。

延祐二年夏，提舉陳君以忠至，祗謁先聖，顧瞻憮然，即日修葺殿堂門廡，焕然一新。塗徑堦除，甃砌端好，聖師像位，龕帳案座，靡不整嚴。置田增租，歲入可二百斛，比舊多十之七八。其費一皆己出，無所資於人。延請師儒，招集徒衆，誦習其間。公退之暇，躬自勸督。佐其經畫者，前龍興路學録鄒民則也。

予嘗歎天下誘於其名、眩於其實者總總而是。若此書院之設，豈徒徇其名而已，固將責其實也。蒙山僻在萬山之隈，近於寶貨，則其民貪；遠於都邑，則其俗陋。身不游於庠序，則耳目不濡染乎禮義，殆如孟子所謂飽煖逸居而無教者矣。故夫居之以群居之地，教之以善教之人，俾學者於是而學其當學之事，此陳君所以繼侯君之志也。

而諸人所以副陳君之心者何如哉？是有在於學者，而猶有繫於教者焉。今之所以教、所以學，其最下不過追隨時好，以苟利禄；其稍上不過采擷華藻，以工辭章；又稍上不過記覽群書，以資博洽；其最上亦不過剽掠先儒緒論，以談義理。之四者，皆虚也，而非實也。

古者二十五家之里門有塾，塾有師，不特爲士者學，民之朝夕出入必受教而後退。是以風俗厚、倫紀明，人人親其親、長其長，族姻鄉黨相交相助扶持，藹然仁讓忠敬，自家庭達於道路。雖閭巷之民，莫不有士君子之行。當時之教必有異乎今者。今之教於書院者誠能如古，舊習丕變，而蒙山之民新矣。不然，教之數十年，猶夫人也。

書院之名曰「正德」，而於正民德之實安在？陳君之所期果如是乎？陳君，瑞之高安人。寬易倜儻，重義輕財。嘗冶銀於興國，所獲贏餘悉以施與。客遊天京，爲貴近所喜，受中旨來蒞是官。先是，課不辨，民力重困；又取木炭於瑞州龍興，不勝其擾。爲言於當路，凡場所輸殺四之一，官自買炭，擾不及於二郡。律己公廉，而辦課優敏，公私便之。觀其所職於己者若是其實，則其所期於人者從可知也。

明經書院記

六經之道，如麗天之日月，亘古今常明者也。夫明者在經，而明之在人。聖學榛塞，俗學沉迷，人之能明之者鮮矣。漢明經專門，其傳授也，章句、訓詁而已。唐明經專科，其對問也，文字、記誦而已。宋初學究即唐明經也，後罷學究，而進士改習經義，名非不嘉，要亦不過言辭之尚。逮其體格之變，至宋之季年而敝極，識者慊之。

新安胡氏之先，唐末有以明經舉者，十四世孫淀建塾於始祖讀書之所，日從其父暨諸父講學其間。既而病其湫隘也，乃與弟澄、族父炳文議改築西山之麓，爲屋數百楹。右先聖燕居之殿，左諸生會講之堂。又其左齋廬四，又其前二塾，扁曰「明誠」「敬義」。山巔構亭，據高望遠。經始於至大庚戌，落成於皇慶壬子。畀之土田，輸其歲入，以養師弟子。淀所畀以須計者三，澄所畀以畝計者五十。知州黄侯惟中命炳文掌教事，彰既往之美，貽方來之謀。請於上，而以明經書院名。

踰年，貢舉制下，取士務明經學，與所名若合符契。介其鄉人樂安主簿汪震祖來言，俾記其始末。

余謂明經之名一也，而其别有三：心與經融，身與經合，古之聖人如在於今，此真儒之名經也；句分字析，辭達理精，後之學者得稽於古，此經師之明經也；簾窺壁聽，涉躐剽掠，以澤言語，以釣聲利而止，此時流之明經也。

漢、唐未暇論，三代而下，經學之盛莫如宋。其言裨於經可傳於後者，奚翅數十家。泰山之孫、安定之胡，其尤也。所守、所行不失儒行之常，固其天質之異，抑其學術之正。於經可謂明已，而未離乎經師也。必共城邵子，必舂陵周子，必關西張子，必河南二程子，而後爲真儒之明經。蓋其所明匪經之言，經之道也。嗣邵、周、張、程者，新安朱子也。易、詩、四書之說，千載以來之所未有。其書衍溢乎天下，況新安其鄉，遺風餘響猶有存而未泯者乎？然則胡氏振振之子孫、新安彬彬之俊秀，與夫四方來游、來觀之士，覩書院「明誠」「敬義」之扁，若何而明，若何而誠，若何而敬，若何而義。於心身必有用力之實，而於經也，豈口吟手披、尋行數墨而可以明之哉？

噫！未易明也。忽之以爲易，不可也；憚之以爲難，亦不可也。志於斯者其思之，其勉之。思而通焉，勉而至焉，真儒明經之學復見於朱子之鄉，不其傳歟？不然，知不實知，能不實能，漫漫焉曰明經，高則昔之經師，卑則今之時流而已。志於斯者思之哉，勉之哉！

淀受初命主龍泉簿，炳文前長信州路道一書院。明經府君諱昌翼，所居曰考川，在婺源之北三十里。

潮州路韓山書院記

孟子而後，儒之知道蓋鮮矣。西漢諸儒文頗近古，賈太傅、司馬太史卓然者也。徐考其言論識趣，大率非鞅、儀、秦之緒餘，於道竟何如哉？降自東漢，不惟道喪，而文亦弊。歷唐中世，昌黎韓子出，追蹤西漢之文，以合於三代，而原道之作直以堯、舜、禹、湯、文、武、周、孔之道傳至孟軻而止，是又爲文而有見於道也，豈三代以下文人之所能及哉？嘗因諫佛骨事謫潮州刺史，其後潮人立廟以祠。

宋元祐間，廟徙州城之南七里。逮淳祐初，又於廟所設城南書莊，俾學者居焉游焉。皇元奄有此土，屋室灰燼於兵。至元甲申，韓山書院重興，即廟之舊址爲先聖燕居，先師兖、郕、沂、鄒四國公侍，而韓子之專祠附。唐時先聖配祀獨一顔子，宋儒推孟子之傳由子思、由曾子，上接孔氏，其言本諸韓子送王塤序，於是配孔者四，祠韓而繼一聖四師之師也固宜。

然書院僅復，規模隘陋，營繕多闕，前守擬更造，不果。至順辛未夏，總管王侯至，偕其長滅里沙、其貳哈里蠻協謀，命山長陳文子計其費，乃撤舊構新。韓祠、燕居位置相直，寬衺齊等。後有深池，廣十丈許，畚土實之，建講堂其上，扁曰「原道」。兩廡闢齋館。生日食之供有庖，歲租之入有廩，教官之寢處、祭器之貯藏，一一備具。宏敞壯偉，倍加於前。五月經始，九月落成。海陽縣長忻都實董其役。越明年，山長將潮士之意來請記。

予謂書院之肇基也，以韓之能有見於道也；書院之增修也，以王侯之能有志於教也。潮之士其如之何？必也學韓子之學。業精行完，進進而賢，則奚翅貢於王庭，如韓牒所期而已？由是學四先師之學，道明德立，駸駸而聖，則奚翅篤於文行，如蘇碑所褒而已？不然，學於書院，昔人夫人，今猶夫人，欲與趙德并且不可，是爲深有負於君師之作養，又何望其高睨聖賢之蘊奥乎？陳文子曰：「潮城之東，隔水有山，文公平日憩息之地，手植木尚存，潮人稱其木爲韓木，山爲韓山。後取城東韓山以號城南之書院云。」王侯名元恭，蠡人也。

丹陽書院養士田記

黄池鎮有書院舊矣，自宋景定甲子，貢士劉君肇建，郡守朱公以聞於朝，錫「丹陽書院」名，額撥僧寺没官之田二頃給其食。厥後僧復取之，而書院遂無以養士。至大戊申，憲使盧公議割天門書院之有餘以補不足。令既出，會公去，不果如令。人匠提舉陳侯分司黄池，暇日與群士游，習知書院始末，慨然興懷，移檄儒司上之省。省下之郡，郡太守主之力，竟如憲府初議，俾天門書院歸田於丹陽，以畝計凡四百。侯猶以爲未足以贍，乃勸士之有田者數十家暨官之好義者一二人，各出力以助。或十畝，或五畝，有八畝七畝者，有四畝三畝二畝者，積少而多，所得之田以畝計凡二百。

噫！丹陽書院之剏垂五十年，而教養之闕餘三十年。今一旦有田六百畝，盧公開其始，陳侯成其終。盧公勉勵學校，固其職也；陳侯典治絲設色之工，而用心儒教，有出於職分之外者。尸祝越樽俎而治庖，可乎？唐風之詩曰：「職思其居。」又曰：「職思其外。」夫居者，其分也；外者，其餘也。唐風，思之遠者也。於職既盡其分，而兼及其餘，所思可謂遠也已，陳侯有焉。侯所勸率，隸匠籍者五之一，隸儒籍者十之八，此豈以氣勢利害動而使之從哉？能得其心説而樂助，蓋有以也。非才之優、識之定，其孰能感人如是？

田之疆畎名數久則湮，群士請勒諸石，而陳侯之功尤不可泯。春秋常事不書，侯此舉，非常也，宜得書。若夫士既有以養，必知所以學，是不待余言也。侯名童，單州人。

都昌縣學先賢祠記

秦漢而下，孔道之傳不續。歷千數百年，乃得宋河南程子，遠承孟氏之緒。而道國元公周子，實開端於其先，徽國文公又集成於其後。二子當熙寧、淳熙間，俱守南康郡。南康，偏壘也，傳道二大賢嘗過化焉。

都昌，南康屬縣也。疇昔仁風之所披拂，教雨之沾濡，流芳遺潤，百世猶未泯。社而稷之、尸而祝之也固宜。考江丞相修學碑，周、朱二子有專祠在縣學，邇年廢而莫舉，詎非掌教靡人，不以爲意歟？天歷己巳，教諭萬鈞用至，惕然大慊。白主簿黄将士孚，轉達縣丞何進義某、縣尹李承務某，僉議諧協，遂營明倫堂之西翼室，設二子，扁曰「先賢祠」，允謂知教之本者。鄉賢舊亦無祠，若朱門四友，西坡黄氏、梅坡彭氏、厚齋馮氏、昌谷曹氏，萃祠于明倫堂之東翼室；强齋彭氏、深居馮氏暨古心江丞相配，扁曰「鄉賢祠」。表章尊奉之餘，靡不竦慕興起，其於人心世教豈小補哉？况聖時崇義理之學，二子皆從祀孔廟。學者倘不惟二子是師，循習卑陋，猥同時輩，徼近利，迷遠志，則負公朝、愧先師矣。師二子宜何如也？定而無一物留於心，應而無一事乖於理；思必通微，動必審幾；博文以明善，約禮以誠身；敬主諸中，義制諸外，其庶乎！教官其勖率邑士精熟朱子所釋諸經諸傳、周子所著一圖一書，反求之己，而真識實踐可也。抑自古逮今，有教必有政。區區邑校，於教幸知所務。聞明倫堂北豪民侵疆，久弗克正，職典往往誘於其餌而不顧。今教諭踵前官之所已行，具牘於縣，簿、贊、丞、尹、督府史，究竟根株，上事於郡，卒能歸六十年已失之地於黌宫。教外之政，此其一爾。

主簿孚少從余學，請爲作先賢祠記，而余因及一縣治官、教官之可書者并書之，以勸方來。

臨汝書院重修尊經閣記

宋淳祐戊申，馮侯去疾提舉江南西路常平茶鹽事，至官之日，以其先師徽國文公朱先生嘗除是官而不及赴，乃於撫州城外之西南營高爽地，創臨汝書院，專祠文公，爲學者講道之所。明年己酉，書院成，位置分畫率倣太學，故其屋室規制非他書院比。

左个之左竪危樓，貯諸經及群書於其間，扁曰「尊經閣」。大元延祐乙卯，樓燬於火，官命重建。越六年，庚申四月，廬陵黄鎮來長書院，始克構架。又三年，至治壬戌九月，工畢事完，輪奐復舊。同知總管府、亞中大夫馬合睦提調其役，相之者，前經歷趙諧，繼之者，今經歷張允明也。是年春，予往金陵，過撫，山長以樓成請記。予有行，未暇作。其冬，還自金陵，而總管、太中大夫杜侯至，與巡按官、廉訪副使董侯登斯閣，周回瞻視，且嘉山長之勤，又一新外門，齋舍、廊廡暨池亭，靡不修葺，而以書來促記，命山長躬詣吾門以請。

噫！漢賈生有云：「俗吏所務，在於刀筆筐篋。」侯下車，坐未暖席，而惓惓焉以儒教所當務爲急，其賢於俗吏遠矣哉！書院之創，逮今七十餘年矣，未嘗刻石記其興造始末，非闕歟？今侯急人所緩，而補昔人之所闕，余何敢以固陋辭。

夫尊經云者，豈徒曰度群書於高閣以爲尊也哉？尊之一言何所本始？曾子嘗言「尊所聞」，子思嘗言「尊德性」。尊者，恭敬奉侍，不敢褻慢之謂。經之所言，皆吾德性内事，學者所聞，聞而已。所聞於經之言，如覃懷許公所謂「信之如神明，敬之如父母」，而後謂之尊。讀其言而不踐其言，是侮聖人之言也，謂之尊經，可乎？昔日馮侯名此閣，今日杜侯之重揭斯扁也，其所期望於學者爲何如？余少時一再就書院肄業，不常處也。退而私淑於經，一句一字不敢輕忽。資凡力小，用志亦甚苦。然老矣，而無聞，僅能通訓詁文義之粃糠，於道味如也，其有負於馮侯之意多矣。繼自今，學於書院者，其可不深以余爲戒，而惕然驚懼，動息語默，必知所尊，以求無負於杜侯之意哉！

杜侯名毓，賢而有文。常爲勉勵學校之官，故其加意於儒教若此云。

湖口縣靖節先生祠堂記

晉靖節陶先生，家潯陽之柴桑，嘗爲彭澤令。後析彭澤創湖口縣，湖口亦彭澤也，故其境内往往有靖節遺迹。孫侯文震宰湖口，因行其鄉，至三學寺，民間相傳以爲靖節讀書之地。旁有望月臺，舊基猶存，乃出私錢屋於臺基之上。且就縣學東偏建祠堂三間，以祀先生。湖口小邑，凋弊特甚。扼江湖之會，當驛置之衝。侯興補滯廢，應接往來，精神光昭，意氣閑暇，處難若易，任勞若逸，固其才略之優。而又追慕先賢，尊崇表章，以勵末俗，是豈俗吏所爲者？值余舟過湖口，而請記其事。

竊惟靖節先生高志遠識，超越古今，而設施不少，概見其令彭澤也，不過一時牧伯辟舉扳授，俾得公田之利以自養，如古人不得已而爲録者爾，非受天子命而仕也。曾幾何時，不肯屈於督郵而去。充此志節，異時詎肯忍恥於二姓哉？觀述酒、荆軻等作，殆欲爲漢相孔明之事，而無其資。責子有詩，與子有疏，志趣之同，苦樂之安，一家父子夫婦又如此。夫人道三綱爲首，先生一身而三綱舉，無愧焉。忘言於真意，委運於大化，則幾於同道矣，誰謂漢魏以降而有斯人者乎？噫！先生未易知也，後人於語文字間窺覘其髣髴而已。然先生非有名位顯於時，非有功業著於後，而千載之下，使人眷眷不忘，其何以得此於人哉？予於孫侯之爲，惡乎而不喜談樂道之也？

侯，燕人，所至有廉能聲。

滹南王先生祠堂記

滹南王先生，藁城人，金朝登進士科，至今誦其經義以爲法式。博學卓識，見之所到，不苟同於衆。遺言緒論之流傳，足以警發後進。

藁城王、董、趙三氏，勛閥世家，平居尊禮。父兄子弟師其言而薰其德，久遠而愈不忘。故三氏偕里中儒生，協心建祠於縣學講堂之右，以致報事之誠。國子助教董士廉請爲作記。

余聞古者詩書禮樂之教，雖至曲藝，各有所師。歲時入學，必釋奠釋菜焉，示敬道也。況先生之行學識垂世不朽，真古之所謂鄉先生殁而可祭於社者，其有祠也固宜，亦可見藁城風俗之厚矣。非先生之教有以漸漬其心而然乎？

先生諱若虛〔二〕，字從之。立朝侃侃有正氣，仕至翰林直學士。金亡後十年，遊泰山，及山之半，坐大石，凝然而逝，時年七十。

〔二〕四庫本脱一「虛」字，據成化本補。

卷三十八　記

建康路三皇廟記

自天開地闢，而萬物生，人與飛走草木、翾狘莽蒼混爲一區。不有大聖者作，君之師之，其何以得生其生，而自異於羽毛鱗介之倫哉？鴻荒以來，載籍莫考。蓋不知幾千萬年，而有伏羲氏、神農氏、黄帝氏，仰觀俯察，畫卦造易，寔開人文民用之先。醫藥方伎肇端發源，又在十三封備物之外。三聖人之有功德於人也，其猶天地歟？夫有功德者必有報。能定九州而祀以爲社，能殖百穀而祀以爲稷，况三聖人與天地同其大者乎？古者旅上帝之禮，以五人帝配，所謂木德、火德、土德之君者，此三聖人也。祀之以配天，其尊不亦重乎？古禮缺廢，唐開元間，三皇與五帝俱列廟祀。皇元新制，路、府、州、縣醫學立三皇廟，視儒學孔子廟等，可謂不忘三聖人之功德也已。

建康，大會府也，江南諸道行御史臺在焉。而三皇廟庳陋弗修，將及傾圮。臺臣目之，謂弗稱明時崇古重本之意，以監察御史言命有司修理。惟廟學地隘，弗堪展拓，於城中西北隅得官地十有餘畝，宋時公館舊址也。度之以度，衡之廣八常有二尺，從之深三十有七尋有半。諭有司曰：「廟遷新基，宜得新構，舊木石其一切勿用。」乃市材鳩工，卜日興役。既而御史公、榮禄大夫伯顔自京師至，御史中丞、資德趙公簡，治書侍御史、奉政公帖木歌帥其屬暨諸監察、諸從事，各捐俸錢以助，於是郡邑官吏以及醫家以及士民莫不捐俸捐資，建康所轄一司二州三縣悉來輸力。

延祐五年之冬肇創，而六年之秋且完。正殿中峙，前中門，後講堂，以間計各七。中門之左右有塾，以間計各四。外門之楹六，東西兩廡各七間，東西齋舍各九間。若庖、若廩、若便門亦各五間。崇峻宏敞，規制偉然，爲江南諸郡之甲。又得官地若干頃，俾收其歲入，以充廟學春秋祭祀經費。蓋非臺察注意之專、郡邑奉令之虔，莫克臻于兹也。

世謂風憲之官惟監臨督察其務，夫孰知天地生民之所本、古今治道之所始，而有此遠大之思者哉？竊嘗論之，聖君賢相之心，欲民得生其生而已。遂民之生者陟之，是以有字牧之寄；賊民之生者黜之，是以有糾治之職。勸農桑、通商賈，俾之衣食餘饒、財貨阜通；勵學校、明教化，俾之由於禮義、免於刑戮。凡爲斯民計者，皆愛之而欲其生也。疾病癘疫，慮其無醫藥也，則惠民有局。猶以爲未也，醫有學，學有官，俾醫流之習業一如儒流，幸其達脉病證治之因，審温涼寒熱之用，而不誤人以致枉夭。

仁矣哉，是心也！推究斯民生生之初，而思三聖人之大功大德，爲兩間開物之祖。聖君定其制於上，賢臣承其意於下，殫其崇極以報本者，一以爲民也。若曰壯麗其棟宇，設餙其像貌，以竦人之觀瞻焉爾，則何足以知聖君賢臣之用心與？

是役者，其名各書于碑陰。是年歲在己未，七月十有一日甲子記。

撫州重修三皇廟記

自李唐以來至於今，天下遍立孔子廟于學，以表儒道之所宗。國朝繼金、宋而興，郡縣各設醫學，與儒學并，乃立三皇廟于醫學，以昭醫道之所祖。夫天生億兆人，而人類之中有聖人者，卓冠乎衆，天命之以司億兆人之命。一元混闢，幾百千年，而有包犧氏、神農氏、黄帝氏，是爲三皇。纂其緒者，少昊氏也，顓頊氏也，高辛氏也；而堯、舜焉，而禹、湯焉，而文、武焉，此十有二聖，南面爲君者也。北面爲臣，則有周公焉，此十有三聖，達而在上者也。窮而在下，則有孔子焉。此十有四聖，或以其道而爲天下之主，或以其道而爲天子之宰，或以其道而爲萬世帝王之師。德天德，心天心，而生天民之命者，位不同而道一也。體其道之全，俾世享安靖和平之福，而民得以生其生者，儒道也；用其道之偏，俾世免扎瘥枉夭之禍，而民可以生其生者，醫道也。曰儒曰醫，其道聖人之道，有偏全之異，而其生斯民之生，固無彼此之分也。

國朝之設醫學均齊以儒學者，豈苟然哉？以其同囿乎十有四聖之一道也。三皇於十有四聖爲最初，孔子於十有四聖爲最後。儒學之祀其最後者，尊其集群聖之成也；醫學之祀其最初者，尊其開群聖之先也。易傳敘三皇之制作，起自畫卦，訖于書契。民之食飽而衣煖，生養而死藏，利興而害除，與夫禮樂刑政、紀綱法度，凡以生斯民之生而易所未言者，何往非三聖人開先之功？聖人天錫之上智，曲藝無不通也。試即易卦三百八十四畫觀之，何所不包，何所不備？本草之辨藥性，内經之究醫理，今世所傳雖不無託附，而大率必尊歸於聖人。以此見三皇之有功於人之生，如天之大，蕩蕩乎莫能名也，恢恢乎莫能外也，奚翅醫之所祖而已哉！醫學祖之，尊其所尊，蔑以加者矣。

撫稱江右名邦，儒學雄於他郡，而學之建亦已數十餘年。至順二年秋，僉憲聶侯廵歷至撫，謁三皇廟，相老屋弗稱報祀，民牧劉侯承意重修，戎帥章侯一力協贊。適官有所廢所積之材，可以爲資。二侯首捐己俸，近而僚屬、遠而士庶，謀從志合者欣然共給興役。每日當政之暇，郡牧躬自督視。木之朽蠹者革，瓦之缺欑者益。隆隆其棟，翹翹其宇，蓋覆之密，塗墐之周，雨凌風震而無虞。廟殿中峙，後聳一堂，前敞三門。殿傍達兩廡之翼室，二廡由門而北遶殿東西各七間，齋舍左右各五間，外門之號櫺星者其楹六。既完既美，煒然光華。從祀配神之肖像十昔無，今增壇席于東序，西序新構易服之館。一費不取於民，一勞不及於民。秋季肇土，冬孟底績。郡從事南豐李士宏寔董營繕，事畢，勒石紀重修之歲月。二侯述憲官之意，徵予文。

聶憲、劉牧，予所未識。竊聞聶侯之行部也，肅肅然正己律人，恂恂然明倫化俗。韜襲威稜，慎審弹擊，而姦貪懔懔，譬畏斂戢，可謂才部使已。又聞劉侯之治郡也，拳拳然鑒古得失，諄諄然詢今利病；皎潔如秋，慈祥如春，而禁令必伸，獄訟無滯，可謂良郡守已。章侯，余故舊也，門胄而尚文雅，軍職而諳民務。其謀人也忠，其與人也和。前後憲官之暫臨、郡官之淹處，乍見久交，靡不隆禮貌、孚心腹焉。三賢吉德，参會斯役也，爲臣而欽聖代之所崇重，居今而思太古之惠澤，涖官而知民命之所關係。一舉而三善具，予之所以樂書其事也。聶侯名延世，懷孟人，奉政大夫、僉江西湖東道肅政廉訪司事。劉侯名承祖，東平人，亞中大夫、撫州路總管兼管内勸農事。章侯名伯顔，汝寧人，明威將軍、鎮守撫州萬户府萬户。醫學三皇廟在郡城東隅之慶延坊。

宜黄縣三皇廟記

醫有學，學有廟，廟以祀三皇，肇自皇元，前所未有也。夫上古聖人繼天心、立民命、開物創法，以爲天下利，至于今賴之者，莫如三皇也。然歷代以來，未聞立廟以祠。唐天寶間制立三皇廟，與五帝廟同置，命有司以時祭享，蓋曰祠古聖云爾，非如今日醫學之專廟特祭也。當今路、府、州、縣儒學有孔子廟，皆因其舊。醫學立三皇廟，與儒學孔子廟等，則新制也。

宜黄縣儒學重修孔子廟，甲於諸邑，而醫學三皇之廟無其所。每歲春秋，設主于廢社之屋以行禮。延祐元年，資陽史君薦爲宰，政治明敏，民用丕誠，乃及神祀。以三皇祠宇未備，慨然曰：「是豈所以尊古聖、欽上制哉！」於是愨意興造，闢廢之壇以爲基，伐官山之木以爲材，人樂助其費，身樂親其勞。三年二月，禮殿成。又一月，左右廡、内外門成。不數月而功畢。繚以周垣，四圍新甃，具完具美。設伏羲氏、神農氏、黄帝氏三聖人像，配享從祀名數位次悉如朝議。書來請記其事。

嗚呼！吾聞諸韓子云：古之無聖人，人之類滅久矣。爲之醫藥以濟其夭死，其一事也。三聖人之功在萬世，如天地之覆載、日月之照臨，奚翅醫藥一事哉？然神仙醫藥之伎，往往根極先天之卦圖，而本草之明品、内經之答問，雖或有後人之所依託增飾者，然至今爲醫家方論之祖，亦以聖人之無所不知、無所不能，故其聰明睿智之緒餘，猶足以周於小物如此。皇元崇尚之制，類非議禮聚訟之流所得聞，而天下守土之臣欽承帝制，無敢不虔。若史君之爲，可謂能官也已。抑君非獨於醫學爲然，儒學西偏，局於地隘，莫可展拓。君爲節縮冗費，市學外隙地於邑之大家，而廣其居。又累石作址，構書樓三間於明倫堂之後，扁曰「仰高」，書儒行篇於壁，以勵來學。史君之仕也，所至有能聲。宜黄之政，此其可稱可觀者焉。

江州城隍廟後殿記

城隍，郡縣之土神也。土神之祭，有社，又有城隍，何也？社兼祭五土，而城隍專祭城隍也。夫祀典莫重於天地，然天尊而地親。尊者惟一人得祀，親者人人得祭也。故有天下者祭地於北郊，又祭之於社；有國者祭於社而已。大夫及士、庶人所居之里置社，其祭土神以報地一也，而地有廣狹之不同。王社、大社，天下之土神也；侯社、國社，一國之土神也；里社者，一里之土神。國立社，而家立中霤。中霤者，一家之土神也。蜡以祭四方百物，雖隄水之防、豬水之庸，咸得與祭。古人於報地之禮周且悉也如是。

地之險，山川丘陵，而建邦設都必依險以爲固。或因山與丘陵以爲城，平地則累土築城，以擬山之險；或因川以爲隍，燥地則掘土浚隍，以擬川之險。曰城曰隍，其名肇於古史之造字，其用著於周易之繫爻，所由來遠矣。而禮經國典無祭城隍之文，儒者謂社祭山林、川澤、丘陵、墳衍、原隰，則城隍固在其中。然予竊有疑焉。防與水庸尚於祭社之外有專祭，城隍以扞寇敵、以保人民，其功豈出於防與水庸之下，而獨不專報其功乎？

今郡縣各有城隍祠，所謂禮雖先王未之有，可以義起者，其若此類也夫！夫土神當祭於壇壝，而城隍祭於廟。予嘗求其義矣，蓋祭必有配，社以句龍氏，而爵尊、德尊、齒尊之人往往而得祭於里社，俗稱土神是也。里人或爲之立廟。城隍之有廟，殆亦以棲配食者之靈。試以祀天之禮喻祭地之禮。祭社神於壇，而配以人，猶南郊之祀天也。祭城隍神於其配食之廟，則猶明堂之祀帝云爾。

江州地扼荆、揚之交，面崇巒，背大瀆，其城其隍，山川自然之險、形勢之雄，他郡莫與倫也。城隍配食之人，相傳以爲漢丞相、潁陰侯灌嬰。郡志言高帝六年，侯築湓口城，即今江州地，則侯之配城隍也宜。或謂他郡城隍亦皆侯配食，豈以侯嘗定豫章諸郡而然歟？舊江州城隍廟在郡東，東北民之祈禱不便。宋宣和壬寅，郡守遷于今所，歲久屋弊。淳祐乙酉，沿江制置使以其屬帥郡民修完之，外門豎景福樓，巍然臨乎通衢。其來孫有錢氏者，先世河北人，名安道，紹興初，江淮招討使張浚命之世掌城隍祠。大通攻陰陽方伎，涉三教緒言，熟諸人情世務，士大夫善與游。病廟地窄隘，弗可以恢廓，勤力經營。市廟後地數畝，興造寢殿，材鉅工良，視前構有加。修廣穹隆，與外樓稱，翼以兩廡，規制偉甚。家無銖兩斗斛之儲，好善樂施者相與捐資，以就其志。非其誠足以感于神、才足以動乎人，何以能壯麗其神之居，以至于此哉？皇慶壬子創始，延祐己未落成。值予過江州，大通請紀歲月。予嘉其爲人，遂不辭，而敘古今祀典之大概，以俟後之議禮者考焉。

崇仁縣社稷壇記

天子之命諸侯也，畀之以社稷、人民，而使之主其祭、掌其治。秦罷侯，建郡縣，郡有守，縣有令，猶古之侯也。故守令膺民人社稷之寄。

崇仁，撫之壯縣，土樂而俗醇，民社之官多善於職。舊社稷壇在縣之東南，往年有人獻議，謂建國之神位右，社稷儻不如禮者，宜變置。前縣尹王侯承郡檄，遷于縣西之巴陵坊。小溪拱其前，大川遶其後，羅山、杯山遠聳其右，普安禅寺近映其左。面平疇數百頃，廣衍如棋局。巴山一峰，嵂嵂雲表。以其地之吉，故神享而人安。

壇壝門垣歲久圮弊，今縣令史侯憮然興懷，而完美之。己捐俸以倡，人助資以繼。東社，西稷，北風師、雨師，其壇四，築甃如式。壇側之階，階下之塗，大門一達，旁垣四周。修禮具齊，塗艧增麗。掄材召匠，撤舊營新。乃斷乃度，乃繩乃斵。作齋廬三間於坎方，爲行禮之位；作次舍三間於艮隅，爲易服之所。日計其役，竹木斧鋸之工凡七百有四十，瓦甓圬鏝之工凡一百有五十，他役稱是。所用諸物，悉以時直布於民。齋廬之崇，上棟常有三尺，下宇尋有五尺；其深倍宇之崇，其廣倍棟之崇而殺。泰定四年八月經始，致和元年七月告成。輪奂有光，觀者咸喜，士民請紀歲月。

夫社稷、人民，皆縣令所主掌也，職其職，則有先後焉。孟子曰：「民爲貴，社稷次之。」春秋傳亦曰：「先成民，而後致力於神。」侯一清如水，而與物爲春，民視之爲父母。既知所先矣，又能嚴祀社稷，一新其堂構。愛民敬神，允爲兩得，而廉其本也。世之廉吏或暫或僞，侯之廉出於真心，而始終不渝，豈但一邑之所無，蓋舉世之所希也。因士民之請，而特爲之書。

侯真定史氏，景讓其名。

迎恩橋記

迎恩橋在宜黄北門外，邑人鄧應元獨力所成也。天下之險，險莫如水，一水中隔，則兩岸之人不得相往來。古聖人作舟以濟不通，水大且深，必以舟亂流而濟。非甚大之水者，聯舟亘岸，謂之浮橋，詩言「造舟爲梁」是也。非甚深之水者，竪木爲柱，而架梁其上，不必浮舟于水也。木柱有朽壞時，後人易之以石墩。浮橋不如木柱之安，木梁不如石墩之固，而斵石之費比之竪木，奚啻百倍！

宜黄縣二水合流于東北，一水自南遶東趨北者，源遠而流稍大；一水自西遶北趨東者，源近而流差小。舊日橋於東，岸闊而橋長，又趨郡之途稍紆，橋號「百丈」，圮易修難。宋末橋於北，溪狹而費省，又趨郡之途差捷，橋名「豐樂」，人甚便之，東之長橋遂廢。然溪狹岸高，水不散漫，春漲流急，橋柱亦不堪水勢。國朝縣主簿以橋梁專職，疲於屢葺。

泰定甲子，主簿謀建石橋，官欲辦而帑無可支，民可資而衆不易集。僅立二墩，石多脆裂，功弗克竟。天曆庚午，邑宰何槐孫勸民出力竟前功，而鄧應元慨然以一家力獨當之，命良工伐堅石，結新墩二，移舊石護兩岸。墩之縱廣七尺，横衺常有四尺，其崇五分，其衺之三巨木委積疊加于墩，實土甃甓，屋以覆之，凡十六楹，梁之修十其墩之崇。

役始于仲夏，畢於仲冬，計費至元準緡錢萬二千有奇。將告成，而何尹以憂去。楊尹景行繼至，爲更「豐樂」之名曰「迎恩」，自書其扁，以示嘉獎。衆覩石梁牢强堅耐，卓偉壯觀，讙頌罔已，來請文以記。

鄧氏昔居南鄉之極境，父興家好義，予嘗客其門。應元，季子也，甫及齠齓。比長，偕叔氏宅于邑，家業豐盛日進，稱一邑之甲。循理畏法，未嘗干溷官府。不侈於用，不吝施。今年踰六十矣。若此義事，心所樂爲，利于民甚大而可久。公則賢宰一邑之政，私則善事一家之惠，俱可書也。

奉新縣惠政橋記

新吳，豫章郡之屬邑也。有水横貫於邑之中，曰馮水。馮水之源出百丈山，行百有餘里，及邑之西，其流分爲二：經流在北，遶邑治之南而東；支流在南，徑南市之北至邑之東，西與經流合。二流各有橋梁以渡，水勢漂悍，橋不能支，屢修屢壞。南橋之袤踰二百尺，而北橋之袤殆七尋，故其壞尤數，其修尤難。

宋初，邑大家胡氏架木爲梁。太平興國中，胡之家有國子監簿仲堯嗣新之，弟秘書省校書仲容請於楊文公億爲之記，名其橋曰「安固」。于後改作浮梁，而易其名曰「安濟」。淳祐間，浮梁敝，晉城鄉羅鑑暨奉新鄉王珣率諸大家合力結石爲墩，至元末，石墩亦敝。邑之令佐用民力豎木爲柱，置板于上，而易其名曰「行教」，財力夫力一皆取於民。

九皋王德全，珣之玄孫也。輕財重義，克蹈祖武。視役户歲遭督責之苦，役夫時被鞭箠之虐，惻然興憐，遂以修橋爲己任。大德戊戌，損資造新橋五十餘丈，不籍勢於官，不假力於衆。明年春，爲水所壞，則造二舟以濟，至冬復完其橋。自後輙壞輙修，不以其事諉官府。買晉城鄉杉林數百畝，長養其材，爲久遠計。歲乙巳，相視水勢平緩之處，於橋之上流二十步，兩崖疊石，重構新橋，廣袤一仍其舊。其將終也，遺命囑其子文炳兄弟，勿墮前勞，以田租六百石及晉城杉林專備修橋之用。

延祐甲寅，橋又壞，文炳兄弟又造二舟以濟，至冬又成新橋。其南橋舊名「惠政」，大德以後，修理一出王氏之力。至是南流漸微，乃用七千餘力運土石實築埕道，壅水北流。南橋既廢，得以萃其工力於一橋，而移彼「惠政」之扁易此「行教」之名。邑人咸喜，求予文記其事。

予謂古以除治橋梁爲官政，而今亦然。但官無可用之財，而惟民是資，則惠未及民，而厲先及後矣。王氏以一家獨任其功，俾官不勞心，而得惠政之名；民不勞力，而蒙惠政之實。賢已！且人之好助修橋梁者固有之，然能同於衆，鮮能成於獨也；能爲於暫，鮮能歷於久也。竊聞大德以逮于今，橋之壞而復修者五，每一興役，用木不翅千株，用工不翅千人，而用財計楮幣萬。其間水所摧殘，或比年一修，或半年一修，其費又在此之外，方將世世繼述而無倦。嗚呼！其孰能有此肯心者哉！

德全字義甫，生平好施，賙恤鄉鄰之事不一，賑饑賤糶，該受賞典，則以老辭。將官其子，則仲子文炳、叔子文謨俱讓，而以畀其季子文傑。仁讓之德如此，王氏之昌，其未替乎？昔邑之胡氏種德，而二子并膺朝職，子若孫登進士科者八九。王氏之種德如胡氏，天將不以報胡氏者而報之乎？王氏孫其益思所以善繼述哉！

龍泉濟川橋記

泰定五年正月，龍泉縣新石橋成，邑之人請記始末，曰：「龍泉左右一江俱發源於柳衡，演迤百餘里，而會爲一。横界邑市而中分之，架木爲橋，以通南北，燥濕迭更，木易朽腐，支傾補敝，勞費罔已。宋末有大家施田，歲輸所入，以備修完，橋賴是不圮。宋亡，其家毁，田宅屬官，而橋無賴焉。今官府每以橋梁爲急務，大率令里長驅編氓迫促而成之。成之苟，而壞亦速。壞而復修，修而復壞。橋壞則舟濟，春夏暴漲，舟弗敢前；秋冬淺澁，舟復難動。待渡者遲遲，病涉者纍纍，公私兩阻，末之如何。項司丞振宗資富好義，惻然興懷。至元辛卯，斬木鳩工而橋之，遠邇大悦。然三歲輒一易，易者數矣。司丞謂與其如此，孰若攻石爲之，使永久堅固，歷數百年而長存乎？訪求良工未獲，而司丞逝，事遂中止。其子丞事郎、同知永昌府事時俊追念先世，得瀏陽工人，甲子初元乃興其役，及今將五年，而工畢，費緡錢約十二萬五千。石墩凡六，墩之相距三常有奇，其崇二尋，羡尋之半；其修四尋，其厚一尋，羡亦如之。墩之上疊木七重，木之上布板，其廣如墩之厚。板之上構屋，以間計三十七，袤四十二尋有四尺。兩崖升降之道至岸尋又七尺，屋之南北端爲門，其中爲神祠。自是人無待渡病涉之憂，橋無數壞數易之患。南北往來，如在家居，如履平地，不復知有一水之隔，莫不嘉嘆而歸德。儻無文以記，恐後人昧興造之由。此非邑人之私喜也，敢請。」

予素善時俊，知其能世父之美。父嘗新邑校，則拓之所已爲；父欲作石橋，則成其所未爲。有繼志之學，有濟衆之仁。所費不貲，不以爲意，自忘其富，超然塵外，趣皆非人之所易能也。因邑人之請，特書其美，以勸方來。

卷三十九　記

後山記

清江黄正道之父尚幹君，居市而愛山，扁「蒼山」二字，晨夕其下，悠然若有見者。蓋與夫蒼蒼者宜會於中，而人莫知其意之所存，獨正道知之，可謂善承意矣。後正道復扁其肆習之所曰「後山」，或議之曰：「世有藏山之固者，不免爲南華仙所笑。子之先君子於山已癖，子又欲世世專此山乎？」正道曰：「吾聞移山之夫，智人笑其愚。彼謂『吾之子孫無盡，而山不加益，何不可移之有』？吾味其言，安知笑者之非愚，而移者之非智？夫彼之山有形，而形之也，有事乎力，猶且期之子子孫孫而必其可；吾之山無形，而一毫無事乎力，子子孫孫之世守之也，夫何難而不可哉？况人子之於親也，思其平生志意之所嗜、所樂而不敢忘。吾視吾扁，而見山焉；吾視吾山，而見親焉。此人子之心也，而又何譏？」議者語塞。

余適遇而聞之，聞而嘉之。子曰：「仁者樂山。」夫尚幹君非古所謂仁人與？故云「高山仰止」，子曰：「詩之好仁如此。」夫正道，非今所謂孝子與？於是正道肅容以謝，而請識其語于壁。

絜矩堂記

人之心無不同也，目同視、耳同聽、口同嗜。尊榮逸樂，福利富壽，所同好也；卑辱勞苦，禍害貧夭，所同惡也。古之君子，其所欲，不敢以專於己；其所不欲，不敢以施於人者，無它，以人心之與己同也。易之「同人」曰：「唯君子爲能通天下之志。」夫以天下之大，千萬人之心至不一也，而吾之一心與之相通，何也？同其所同而已。父而同子之心則慈，子而同父之心則孝；兄而同其弟，弟而同其兄，則友且恭。同而視宗族，宗族猶己也；同而視姻戚，姻戚猶己也；同而視朋友、鄉里，朋友、鄉里猶己也。然父子、兄弟，至親也，世之人或不能同者矣，况它人乎？此君子之所以貴乎絜矩也。

夫矩，從而絜之，長短同也；衡而絜之，廣狹同也。清江聶君守愚名其堂曰「絜矩」。余嘗至其家，父子兄弟雝雝如也。於族無不睦，於戚無不姻也，於友無不任，於里無不恤也，不謂之實稱其名者與？雖然，絜矩，大學終事也，其始必有事焉。乾、離之合爲同人。用離則明而不蔽，是以能知彼之同乎此？體乾則公而不私，是以能推此以同乎彼。學用離者格物致知，學體乾者誠意正心。是學也，古之大學，而非今之俗學也。君淳厚謹飭人也，父子、兄弟俱有文而樂學，余是以云然。

必葺齋記

昔人於其齋居之室，或謂之齋宫，或謂之齋廬。齋也者，固所以名其室也。後人去其所謂宫、所謂廬，而專謂之齋，於是又汎取美名以名其所謂齋者，名愈衍而義愈非。然其意猶古者銘户銘牖之意也，是以君子亦無訾焉。

汴人張君仲默官淮南，僦一室，扁之曰「必葺」齋。官既滿而去，或仕或止，遷徙不一，隨所寓而謂之齋，「必葺」之名亦因而不易也。或訝之，君曰：「吾所謂齋，豈有所謂宫、所謂廬者邪？上覆下甃，不資於陶；巨楹小桷，不資於匠；塗曁不以土，鍵錮不以金也。吾所以葺，又豈人之所得而知哉？」

余聞而嘉之曰：「君之意勤矣。今有一室於此，每日必葺，斯已爲勤，而君之葺則未易也。終食而違，終食必葺矣；須臾而離，須臾不葺矣。人孰不葺是齋也？求其善葺者，千人萬人不一見也，十世百世不一人也。君其懋哉！塵則拂之，穢則參之，隙則墐之，漏則禅之。其甚也，蠹者剔之，朽者易之；缺者完之，傾者支之。非徒爲是崇廣之容、毋堊之飾以觀於外，而欲人之稱其美也，葺豈易能哉？雖然，必有其道。室有人居，則雖久常新；一日無主，則毁敗立至。君之齋所以能克勤勤於必葺者，或以主之者出入之不當與往來之靡定與？苟定矣，苟常矣，不必葺而未常不葺也。始之以必葺，終之以不必葺，上下四方，一吾齋也；春秋冬夏四時之行，以至於後天地而無終始，皆吾不必葺而未嘗不葺之時也。夫如是，真足爲必葺齋之主矣。然則君如之何？」曰：「葺之哉！葺之哉！」

立本堂記

蓋嘗觀高山巨林之木乎？其直榦亭特而上遂者千層霄，其横枝蟠偃而旁走者隱千駟，其密葉美蔭童童如車蓋、渠渠如厦屋者可以蔽虧日月。不以春夏兩露而增榮，不以秋冬霜雪而損瘁，何以能如是哉？其本深且固也。彼浮沙淺土，水之所齧，風之所摇，其本懸寄孤露，頂顛且撥。本既不立，求其枝葉之盛如高山巨林所生，不可得已。人本乎親，身與兄弟，其枝也；子子孫孫，枝而葉者也。厚於本者，枝葉繁；薄於本者，枝葉單，理則固然。

河北藁城董氏，自龍虎衛上將軍起隴畝，乘風雲，致官勳，開世業，子孫日顯大蕃衍。忠獻公兄弟内文外武，出將入相，赫赫爲時名臣。三傳至今御史中丞公，尊卑長幼、官居家居數十人，人知董氏之盛，其本有在矣。龍虎公夙喪其父，事母盡孝，喪極哀，祭盡敬。一門三族，雝睦如萬石君家。子孫恪守之，至于今不替。此其立本者也。

天之昌董氏，豈徒然哉？論語次「孝弟爲本」章於開卷之首，其言曰「本立而道生」。董氏三世父子兄弟忠於君，惠於民，和於鄉，遠近交游，内外親戚，無所不用其厚，概自孝於其親始。

公昔爲侍衛指揮使，居忠獻公喪，故參政商公書神道碑，因書「立本」二字名董氏之堂。其後公更作新堂，昭揭所扁，示子孫以無忘。公之子孫朝夕斯堂、目斯扁也，盍亦悠然而思，思吾祖宗以來爵之所以隆、禄之所以充，門閥之所以穹、族派之所以豐，世世蒙其餘休遺澤而無窮，繄孰爲之本也？夫如是，祖宗家法詎敢須臾而忘哉？譬之木然，龍虎種植之，忠獻封培之，今公保護之，公之子孫又從而灌漑滋溢焉。其本愈深愈固，而林葉愈茂愈久。繇今三世至于十世百世，猶一日也。本之立者如是夫！

余未獲登公之堂，而樂爲之道，將以爲世之厚於本者勸，非但俾公子孫不忘而已也。

崇仁縣招隱堂記

世有探萬化之原、妙一氣之用，超物表而遊方外者，是名仙人道士。而其初也，皆必深藏僻處，菲食惡衣，屏人事、絶世累而後能。道家所謂宫觀既或喧襍而不可以居，於是好事者往往别爲道堂、道院，以待其人，而助其道之成，用意遠矣。然主領非其人，維持無其法，久而不廢者葢希。

崇仁水北有招隱堂，肇自宋南渡前。紹興間，邑之大家趙氏好仙道，而樂於飯其徒，頂包膚衲、手瓢足屩而至者歲千百人。重修斯堂，以奉純陽真人之祠，居之者莫可詳矣。後有吴君集虚洒埽繕治，有加無隳。吴已逝，而難其繼。

未幾，劉君天瑞寔來。劉，廬陵人，得祕方，專醫目疾，能使翳障如失，瞽矇復見日月。術既神，心又仁，求藥者踵門如市。自給充然有餘貲，乃議興造正殿，旁房、内廡、外門、雲堂、齋厨悉撤而新，度其徒李及徒孫凡二人爲道士，命李往拜凌雲觀道士鄧爲師，而其孫又以李爲師。買田五十畝以遺契券，畀凌雲掌之，俾節量其出入。蓋不私諸己，惟欲其徒世守，以傳之無窮。分畫畢，因邑人陳德仁徵余文記其事，將鑱諸石以示後。

余孔氏徒也，於仙人道士事胡能究其微？竊意世之好之崇之者，未必人人而知也；其徒之學修之者，亦未必人人而能也。而昔之創斯堂，今之守斯堂，務維持之以至於久，是則可尚也。顧余方出山而賓上國，仙人道士有招之歸隱者乎？噫！招隱一也。淮南小山招隱者以出，太冲、士衡招出者以隱。余其一出而遂隱於斯也，尚能反小山之意，嗣左、陸之章，爲招隱賦之。

遠清堂記

「香遠益清」，子周子所以説蓮也。周子擬蓮於君子，而狀其德曰「不染不妖」、曰「不蔓不枝」、曰「中通外直」。香也者，其君子之德、流風美韻之達於人者與？一鄉一國薰之善良，天下聞之而興起焉，猶未也。且有所謂流芳百世臢、馥丐後人者，遠而益清蓋如此。

河北馬仲温僑寓儀真，其居面城。城之北、居之南，大池方廣百步，與城内外溝水通，舟可往來其間。池中蓮萬本，盛夏花開葉茂時，絢錯如錦。南薰徐至，香氣彌天。作堂闞池以翕受之，名之曰「遠清」。

夫蓮有君子之德，中通外直，本也；不枝不蔓、不妖不染，餘也；香遠益清，餘之餘也。昔之人託以自況，後之人因物而尚友，有其本，斯有其餘矣。中之通也，外之直也，蓮之德，此其本；周子之學，此其要也。然則將何稽？曰：稽諸周子之書。周子之書謂何？曰：静虚而明通，動直而公溥也。此聖學也，而未易言也。程公伯温命二子受學周子，而竟得其傳。今仲温純謹長厚，教其伯仲二子，亦將卑之學聖學，其志已嘉已。果能師周子於異代而有得，本者立於己，餘者聞於人，則遠而益清，可以同乎君子之蓮，而世俗所稱謝庭之蘭、燕山之桂，其香又何足羨哉！

可山記

學士盧公書「可山」二字遺醫士王君迪，客持以視余。有同觀者問曰：「可山何如？」余未應。或曰：「山鎮屹不移，君迪之重厚似之，故曰可山。」或曰：「君迪家江南，環所居山崗崒明秀，皆可人，故曰可山。」

余曰：「子所言者，可山之名也。夫盧公之進君迪也，果以其名乎？抑以其實乎？余所知者，可山之實也，試爲子言之。今年夏，余自京師還至廣陵，初識君迪。至儀真，見所設藥肆，稽其貌，誠有所謂鎮矻重厚者；訊其鄉，誠有所謂崗崒明秀者。雖然，外也，其中所有不在是。君迪遷江北垂二十年，以醫走公卿大夫門，下及閭巷士庶人之家，不計遠邇，不憚往復，不避凍暍，有求必赴。窶者困者售善藥已其疾，不責其報，此其心之仁也。淮境多寓人，五方風土殊、氣質殊，法不可一概施。君迪審實虛、權重輕，按古方，酌今宜，不盩豪髪，用輒應手愈。此其藝之精也。自黃帝、岐伯、扁鵲、仲景、叔和、士安諸先覺之書與夫南北久新所述方，一一究詳。持脉别二十四狀，參之以外候，某臟腑、某經絡有偏有邪，如燭照鏡鑑然。此其學、其識之到也。凡君迪所有、余所知，其實蓋如此，而名不與焉。予欲名之乎？謂其可以山可也，謂其山之可亦可也。莊生云：惡乎可？可於可。山與？非山與？有山與？無山與？何所不可哉？」言未既，客大喜，抵掌而笑曰：「善。知可山莫如斯言。請筆之，將以諗手于君迪。」

復庵記

與物相刃相靡，終身役役而不知所歸，此漆園達士之所嗤也。李君謙甫仕於天下一統之初，相諸侯，相方伯，職修事治，清謹慈惠之聞乎於人。當路將階而升之，年甫五十，遽老于儀真，因宦游所歷而家焉。城西南十五里結草爲庵，名之曰「復」。每歲春夏秋居宿其間，視耕耘斂穫事。勤則書，倦則枕，暇則賓友共壺觴，徜徉花卉竹樹之側，望江中航檣往來，上下梭織交錯，絡繹不絶。江外群峰森聳，蒼翠陰晴，朝夕變化萬狀，而嶷立不改。田夫野叟爭席，欣欣然與之相忘，蓋有晉淵明之風。

噫！昔之人未嘗不欲仕，仕而或止，何也？語云：「可以仕則仕。」彼往而不復者，不計其可。震蕩風波之航，衝觗豺豹之叢，驚悖喘汗而行不休，考其終竟何成哉？而其甚也，父子、兄弟潸然悽然，相視而嘆，追憶東門之犬、華亭之鶴，當是時，雖欲復可得耶？余惡乎而不善吾李君之善復也？淵明少日爲州祭酒、參鎮軍，軍既而令邑，皤然賦歸，以行迷未遠自幸。時亦艾而未耆也，由世俗觀之，似太早計，而孰知士之高見遠識，固未易爲常人道也。舉世滔滔汩汩，熙熙壤壤，而見斯人，其在周易不謂之獨復、不遠復者乎？噫！古今人所值、所志不皆一一同，若吾李君之復，則於古人殆幾矣。

君河北安平人也。或曰：「去官不復其土，而僑寄他鄉，復其未邪？」是不然。復也者，于其義，不于其地。迷於聲利權勢之途而能復者，古今有幾？惟隨所在而安者，庶乎其能也。必於懷居與迷而不復等爾，而君豈爲是哉！余嘗與友人元復初評所知曰：「安分而無忮乎心，而無愧子之婦，翁與？」應曰：「然。」翁謂君也。

滁州重修孔子廟記

滁州學正劉默言：「滁學在城東偏，滁水經其南。宋季年，安撫金之才修州城，修官廨，修諸神祠，亦新孔子廟。其時滁邇邊界，日有儆備。於多事之際興百役，不數月俱告成。率苟簡取具，距今才四十年餘，已敗壞不可支。奉訓大夫徐侯守是州，潔己愛人，爲政期年，民懷其惠，士服其善。視廟屋不脩，禮器不中，度與同列議更之。一日謁廟畢，慨然曰：『滁州古名郡，前守多名賢，以文教治民。治民之本，蓋自吾夫子出。天朝崇道興學，以照化原。今廟貌如是，凡我政人與爾學子安乎？』聞者感奮，輸貲效力以先。市良材，命良工撤其舊而改作，侯親勸率之。經始於癸卯之夏，落成於甲辰之秋。廟四阿崇六仞有二尺，南北五筵，東西四筵有奇，兩廡崇三仞有五寸，東十有七楹，其修十筵，西亦如之。門之崇如廡，深常有四尺，廣五尋有一尺；東、中、西凡六扉，列二十有四戟。東塾之室三，西塾之室三。外三門之楹六。祭器以梓、以陶，古制也。大尊、山尊、著尊、明參之爲壺尊，犧與壺鈞象倍犧之數。爵二十有九，俎五十有四，籩豆以十計，盡以三計皆八，罍、洗各二，篚七。爵有坫籩，尊有冪，罍及酌尊有勺，諸用稱是。此默所職掌，而得免於瘝曠，緊侯之賜。請記其事，俾後有考，期有嗣而修之者也。」

澄觀今之莅政者，非昏墨以遂私圖，則苟渝以逭公責，夫孰知治之當務？其知者，不過精謹獄訟簿書間以爲能，夫孰知治之有本哉？徐侯治政可稱，而知士學爲重、知聖道爲尊、知天朝敦教勵俗之意不可不承宣也，可謂知治之本矣。侯之民、滁之士，其亦知學之本乎？記誦以矜其贍，辭章以衒其艶，末也。必也處内處外而有孝慈恭遜、廉耻忠信之行，明於人倫日用之著，通於天道物理之微，審於公私善利之幾，存其仁義禮智之心，檢其氣血筋體之身。其静也中，其動也和，周於家國天下之務，無施而不當。退則有志有守，進則有猷有爲，庶乎其可也。若夫日講聖師之書而不真知、不實踐，於是數者無一焉，則亦剽竊訓詁、涉獵文義而已爾，彼記誦詞章之末何以異？而豈侯之所望於滁之士哉？

侯名君慶，許人，世有令聞。默，衛人，習四書朱氏之説。其傳有自，非以記誦詞章爲學者也。滁下州，不設教授官，而以學正行教事。

麓泉記

麓者，山之足；泉者，水之原。盱之山自西來，包山以爲城。城内有井，甘洌而寒，名曰「西麓泉」。醫士余明可家其側，翰林學士程公爲書「麓泉」二字扁其藥室。吾聞醫家以水喻人身之脉穴，所注之海爲合，所流之川爲經。竇者爲俞，溢者爲滎，而初出之泉爲井。易於井乃不以其泉之初出者，而以其汲而上達者，故取木上有水之象。坎不言水，而言泉，惟蒙爲然。坎水在艮山之下，其象曰「山下出泉」。麓泉者，其蒙之象乎？

明可初工小兒醫，其後偏通諸科。人之童蒙猶山麓初出之泉，混混乎欲盈而未盈也，涓涓乎欲流而未流也。汩之則清者渾，閼之則通者塞，養之導之有其方而後可。君子觀之，以果行育德。育德者，養之之方與？果行者，導之之方與？坎之中，蒙之泉也。繇易者遂以坎中爻爲治蒙之主，何哉？中以上則過，中以下則不及。彼童稚之質，精神未完，血氣未定，易虚而易實，易熱而易寒。治之稍過、稍不及，俱失其宜。善乎！周子説蒙之義曰：「慎哉！惟時中。」此論學也，而可以喻醫。醫之道祖三皇。三皇，三易之所從始也，醫家素問、難經往往與易冥契。明可之醫無不精，而童蒙未能言其病，治之爲尤難。吾將進之於易。詳於蒙而略於井者，欲其於蒙之醫也致謹焉。明可名澄孫，今爲建昌路醫學正。

怡怡堂記

父之慈、子之孝、兄弟之雝睦，温然融爲一家之春，是蓋天地生生之德、兩間太和之氣貫徹於人心，而流行不能自已者。人孰無是心哉？而世之兄弟有不相能者，何邪？夫其初，一人之身也，生而各有形骸，則已有分矣。肌體日長，血氣日盛，而私日隔，混然無間之心日泯日忘，及乎異姓之婦日昵，同門之産日蕃，各妻其妻，各子其子，各私飲食衣服之給，各私田宅寶貨之遺，於是乎勝心萌焉、争心乘焉、忌心汨焉、妬心滋焉。漠然相視如路人，狠然相怨如寇讎；鬩于牆，訟于官；傷風敗倫，靡所不極，豈復知其爲一人之身哉？世教衰，民行殄，可哀也已。

大學進士胡君景賢甫，兄弟友愛甚篤。弟没無嗣，以其子後之。廬陵城中有五世百五十年之居，名堂曰「怡怡」，其意若曰：「昔者吾兄弟相好如此也，今雖欲復如昔而不可得。自今以往，吾之子子孫孫兄弟具在，思吾今日不可復得之悲，則其所以怡怡者當如何也？」或謂怡怡之教，夫子特以藥子路之偏。是不然，夫兄弟固有嚴敬相處之時，固有諫誨相成之事，而雝睦友愛之意未嘗不流行於其間，是則所謂怡怡者也。故凡兄弟，患不怡怡爾，豈患怡怡而過也哉？常棣之六章曰：「儐爾籩豆，飲酒之飫。兄弟既具，和樂且孺。」其七章曰：「妻子好合，如鼓瑟琴。兄弟既翕，和樂且耽。」周公寫怡怡之情懇惻諄切，胡氏子孫欲無忝於先訓，其尚三復周公之詩。

松巖記

江西上游之地饒材，吉據其會，匪直山林之木然也。木之材，松上上，而產於巖者尤堅勁。

崔國良，吉材士，以松巖自命，非以上上之材自擬與？然吾鄉工師掄材，柏最貴，杉次之，桐、梓亦貴，櫧若樟又其次，而松不與。以其不得與也，於是牙松之所在，工師弗迹，而凡風霆所折，樵牧所摧，僵死於山，委棄於途，漂没於水，腐爛於泥沙，曾莫有顧者。爨者斧之而爲薪，冶者燎之而爲炭，以上上之材充下下之用，而松豈自知其然哉？古書往往稱松柏，不以柏先松也，而杉之號不顯。今也不先者先，不顯者顯，而先者、顯者退然不齒於中材之列，幾與櫄、櫟散木同，何其厄也！吾嘗游中州矣，宫室棺槨皆以松，而松之材不易得，松之貴也如是。而江以南目爲下材，以蚍蜉所喜攻也。然則松之賤於江南也，材之罪與？處非其地爾。轉而致之北，則尺寸靡不中用。松也，爲棟、爲梁、爲禪，傍被丹漆，黝堊煒然，爲世所貴。松也，杉也，惡得而掩其美哉？

雖然，吾見斤鋸日相尋而不已，雖欲壽其雨露冰霜之身於巖，不可得邪。今而僻處江之南，以不中用見斥，欣欣焉，童童焉，春煦熙陽，夏肅清風，秋映明月，冬傲急雪，貫四時而不改其青青。行者得而休，立者得而倚；坐者、卧者可以蔭，而游者、觀者可以玩也。此非松之最可貴者乎？而何以用爲？

國良登進士第，未及仕而爲庶，今老矣，黽勉就禄於學，此松之未離乎巖也。噫！國良其以楚材適晉，而處柏、杉之上乎？老於江南，而爲崔巖千歲之壽松乎？請擇於斯。

卷四十 記

尊德性道問學齋記

天之所以生人，人之所以爲人，以此德性也。然自孟氏以來，聖傳不嗣，士學靡宗，誰復知有此哉？漢唐千餘年間，儒者各矜所長，奮迅馳騖，而不自知其缺。董、韓二子依稀數語近之，而原本竟昧昧也，則亦漢唐之儒而已矣。宋初如胡、如孫，首明聖經以立師教，一時號爲有體有用之學，卓行異材之士多出其門，不爲無補於人心世道。然稽其所極，度越董、韓者無幾，是何也？於所謂德性未嘗知所以用其力也。逮夫周、程、張、邵興，始能上通孟氏而爲一。程氏四傳而至朱，文義之精密，句談而字議，又孟氏以來所未有者，而其學徒往往滯於此而溺其心。

夫既以世儒記誦詞章爲俗學矣，而其爲學亦未離乎言語文字之末，甚至專守一藝而不復旁通它書，掇拾腐説而不能自遣一辭，反俾記誦之徒嗤其陋、詞章之徒議其拙，此則嘉定以後朱門末學之弊，而未有能救之者也。

夫所貴乎聖人之學，以能全天之所以與我者爾。天之與我，德性是也，是爲仁義禮智之根株，是爲形質血氣之主宰。舍此而他求，所學果何學哉？假而行如司馬文正公，才如諸葛忠武侯，亦不免爲習不著、行不察，亦不過爲資器之超於人，而謂有得於聖學，則未也，况止於訓詁之精、講説之密，如北溪之陳、雙峯之饒，則與彼記誦詞章之俗學相去何能以寸哉？漢唐之儒無責焉，聖學大明於宋代，而踵其後者如此，可嘆已。

清江皮公字其子潛曰昭德，其師名其讀書之齋曰「學」。潛從吾游，請以「尊德性道問學」更其扁名，合父師所命而一之。噫！而父所命，天所命也。學者，學此而已。抑子之學詞章則云至矣，記誦則云富矣。雖然，德性無預也，姑置是。澄也，鑽研於文義，毫分縷析，每猶以陳爲未精、饒爲未密也。墮此科臼之中垂四十年，而始覺其非。因子之請，惕然於歲月之已逝。今之語子，其敢以昔之自誤者而誤子也哉？自今以往，一日之内子而亥，一月之内朔而晦，一歲之内春而冬，常見吾德性之昭昭，如天之運轉，如日月之往來，不使有須臾之斷間，則於尊之之道，殆庶幾乎！於此有未能，則問於人、學於己，而必欲其至。若其用力之方，非言之可喻，亦味於中庸首章、訂頑終篇而自悟可也。夫如是，齊於聖，躋於聖，如種之有穫，可必其然也。願與子偕之，若夫爲是標榜，務以新美其名，而不務允蹈其實，是乃近代假託欺誑之儒所以誤天下、誤國家而自誤其身，使異己之人得以藉口而謂之爲僞學者，其弊又浮於朱學之外，而子不爲是也。

儼齋記

修己治人之道，一言而撮其要，曰敬而已。儼者，敬之形於外者也。自昔聖賢教人爲學，莫不由此而入門。孟子而後，吾夫子之道不得其傳。漢唐名卿鉅儒，或資質之暗合，或言議之偶中，而能的然知學之有要者，其誰乎？宋河南二程子續孔孟不傳之學於千載，提一言以開後覺。新安夫子究竟發揮，而其學益以顯，時則伊洛之學獨明於南土。近年覃懷許公讀朱子之書而有得，復恢河南之緒，然後伊洛之學盛行於中州。從之遊者，立身臨陣往往異於人。人見其異也，不問可知其出於許公之門。上而宰輔，次而庶官，下而秀士，比比有焉。

崇仁令田侯若思，曹人，平居私淑，概嘗有聞許公之説，名齋以「儼」。豈徒因己之名而生是義哉！古曲禮三千餘條，逸於秦火，漢儒掇拾其遺，冠於禮記首篇之首，凡十二字，首言敬，次言儼，何也？學之道無它，主於中者，敬是也；敬之道無它，形於外者，儼是也。外肅則内安，貌莊則心一，儼所以爲敬之第一義也。夫子而孟子，孟子而程子，程子而朱子，而許公之所得於朱子者，其學不在於斯與？侯於許公之學有聞矣，其亦有見於斯與？

侯前長長樂，著能聲。今宰崇仁，至官以來，寢食未嘗適私室。遇休沐，一歸視，又出公廨，究心民事，夙夜不倦。勇於必爲，事無留滯。歲饑天旱，若己或致；賑恤祈禳，汲汲恐後；不憚强圉，御吏如束。數十年間，所稱賢令，其勤其健、其堅其果、其嚴其整，未有如侯者也。夫是六者，敬之實也，而侯兼有之。六者，其目也；儼者，其綱也。侯之仕、侯之學，俱進進而未已，益大其所用，益充其所聞，所就其可量也哉？脩己以安百姓，由此其選也。澄不及識許公，然頗注意於朱子之學。它日侯爲澄誦所聞，其必有不期同而同者。儼之本體極其微，儼之功用極其大，尚將極談於儼齋之下。

忍默堂記

一忿或至於亡身，一言或至於喪邦，其小者或以招禍、或以敗事。矯其失者，所以有取乎忍與默也。豫章黄幼德，愿慤士，取山谷老人養生四印之二，名其堂曰「忍默」，將以自警，且以戒其子，用意不其嚴乎？抑聞古之君子休休而容，恂恂而謹。容則自平其忿，謹則自訒其言。奚事於忍、奚事於默哉？當忍而忍、當斷而斷，惟其可；當默而默、當語而語，惟其時，又豈專於忍、專於默耶？前之所云，仁之所能；後之所云，義之所爲。仁者寬洪而静重，義者裁制而精審。夫如是，忍默之名可廢也。或者因字取象，而加忍於心；託物取形，而三緘其口。以示警戒，則善矣。然皆矯枉過直之意，非大中至正之道也。幼德姑置太史之詩，而留意聖賢之書。居仁由義，而有實得，其必欣然領會予之説。請爲筆之，以志堂壁。

有原堂記

「半畝方塘一鏡開，天光雲影共徘徊。問渠那得清如水？爲有源頭活水來。」朱子詩也。朱元明摘詩中「有原」二字名其堂。夫水有原則活，活則清；無原則死，死則污。理之在人心，猶水之在地中。晝夜生生而不竭，是之謂有原。心理之發見猶原泉之初出，毋滑壞，毋閼絶，將混混乎其來，常活而常清矣。彼污地之聚，無原泉之生，雖或一勺之多，死水耳。臭腐之區，泥塗之窟，黄濁渟滀，枯涸立至，胡可以鏡？而又烏取天光雲影於其間哉？審乎是，君子於此心之理，其可以滑壞閼絶於其原乎？果行育德，在易取山下出泉之象。育之果之，不滑不閼之謂也。孟子曰：仁、義、禮、智四端擴而充之，若泉之始達。孟子之學傳於朱子。元明氏而派其派，則亦學朱而原其原，可也。朱子之學，類非俗儒之所講聞。思之思之重思之，思而得，得而學，學而成焉，朱氏世有人矣，豈但稱斯堂之名而已哉！

拙閑堂記

人之情莫不耻拙而慕巧，喜閑而惡勞。是知閑之勝於勞，而不知拙之勝於巧也。巧於利者營營於貨殖，巧於名者汲汲於權要。巧於藝、巧於謀，凡號爲巧者，役役焉勞其神、瘁其躬。自旦及暮，自春徂夏，自少至老，雖欲求斯須頃刻之閑，而不可得。無它，巧累之也。拙則不如是矣。然人之生斯世也，具耳目鼻口而爲人，有心思智慮而接物。苟事事一於拙，能不前疐而後跋乎？而豈人之情也哉？故夫世所謂拙者，往往非真拙也。或以拙用其巧，或以拙藏其巧。如是而拙，巧之尤者也。

清江皮季章，南雄總管公之從子，公愛之甚。公之赫赫昌盛也，依乘附託、干利干名者填門排户而進，不問親疏遠邇，紛紛幾若狂然。季章於斯時澹然屏處一十五里之外，非歲時問起居不一至。巧於求者皆議其拙，而季章俯仰一室，笑傲夷猶，方以得閑自喜，名其燕坐之所曰「拙閑」。予評季章謂「閑」則然，謂「拙」則非。然則其用巧以拙、藏巧於拙者乎？亦非也。莊生云「巧者勞」，周子賦拙，偶其語而曰「拙者逸」。夫莊言固多激過，周子亦因世之尚巧而矯其辭，未暇約之中也。君子安分無求乃其常事，豈必曰拙哉？予故曰季章非拙也，安分無求者也。尚巧者以爲拙，因人之名我而取以自命也。季章曰：「子善知我。」書之爲拙閑堂記。

中和堂記

中和者，子思子傳道之書所云也。儒家者流，目辨其文，曰中和中和云耳；口誦其音，曰中和中和云耳。雖善於訓詁者，亦不過曰性之無所偏倚、情之無所乖戾云耳。實能體是、達是者，何人哉？持正崇玄通妙法師，道家者流，而以之名堂，其子思所謂乎？

抑別有所謂乎？師曰：「儒家精藴非敢與聞也。吾道德經言守中，言知和；子思子言致中和，亦在夫人知之、守之、致之何如耳。儒家、道家所言何間焉？」予曰：「師道家者流，而言若是懿哉！吾儒云致中者心之正，致和者氣之順。噫！此體信達順之道也，未易言，未易言。蓋聞道家之指，芸芸而復歸於静中之地與？綿綿而不勤於用和之天與？致虚而極、致柔而嬰也，致中、致和之功與？予儒家者流，而言若是，師謂何如也？」師笑曰：「吾弗知，吾弗知，志之可。」

師嘗任龍興吉州路道録，今就閑而老矣，世務悉畀其徒孫王汝能。王恬淡樸素，與世之道流異，足以稱師之托。徒之長幼十餘人，亦俱有立有守，將必有超然領會於斯堂者，志之所以俟也。師朱氏，名時中，字時可，其居曰清都之觀。

臨江路脩學記

官之於人也，不戾於其才；人之於官也，不戾於其職。此盛治之世，而人不能以皆然也。糾察之官必明如水鏡也，而罷軟昏庸者有之；字牧之官必慈如父母也，而貪饕殘虐者往往而是。至於儒之設官，此古之所謂以道得民者，豈偶然哉？必曰立師道以善一世，固難；其人儻能爲其所能爲，以不墮其職，斯亦可矣。

大德十年冬，予董江西廣東儒學，稽教官之能振職者，莫不以臨江爲首稱。明年，予移疾還家，道經臨江，見其學宫之飭、學徒之聚、學計之饒、學務之舉，心甚異之。有頃，諸生合辭進曰：「臨江學計常時三四月已匱，用不足則事事弛，前教授所不能拯。真定劉君德原以學正行教授事，乃能若是。蓋學正，貳教官者也。長所爲，貳或不欲；貳所欲，長或不然。此事之所由廢。今以貳兼長，無牽制之患，故能專心一力，有所規畫。殿楹之朽蠹者易以良材，殿壁之敗壞者甃以堅甓。前霤敞重檐五間，俾行禮典樂者遇雨無沾服之憂。兩廡從祀繪像一新。禮器若尊爵、若罍洗、若簠簋，悉範以銅；樂器若琴瑟、若笙鏞、若柷敔，并準太常舊制肇造。購得英石，作懸磬十六。執事之人各製祭服，講堂、書樓、府庫、庖廪靡不脩治。生徒有肄習之齋，教官有燕適之所。其於學計，徵其逋負，而所入豐；節其浮冗，而所出約。比及三年，沛然足用。會所餘以上送至元鈔爲貫四千有奇。學有田，在新淦之鄙，與僧舍鄰，冒占强奪垂二十年。官職往問，貪者中其餌，怯者駭其横，卒莫之誰何。今兹力陳于當路，僧計窮，納賂以請，却弗受，竟歸其侵，得米百四十餘斛。」

予聞而益嘉之，噫！官不問崇卑，維廉維能，何事不辦！君之仕，此其發端耳，可不謂才之無戾於其職者與？循是而充之，何官不可爲也？抑自昔臨江人才，於江西爲盛。集賢劉公之經學，視古無前；尚書謝公之古文，追配歐陽文忠公、王文公、曾中書、李直講而無愧，然未聞其繼也。今在學之士，有宫以居、有粒以食，藏息其間者，亦求所以躋二公而上合古之聖賢否乎？内之學何學？外之文何文？群居所言者何言？日用所事者何事？若止如今所觀而已，則二公未可及也，而况於過之乎？處則爲名儒，仕則爲名臣，必有其本，其思之哉！其勉之哉！於是諸生請記其語，遂書以遺焉。

逸老堂記

日月之行，四時之運，無須臾而息，是以常新而不老。天地之所以如此者，何也？運行雖不息，而無容心也。人生其間而克肖之，則亦天地已。然人不能無血氣知思之累，能自勝者，幾何人哉？受役於一身之血氣，而心之知思與事物相爲無涯，計較欣戚得喪之私、供給耳目口鼻之欲，靡有盈厭。名者汲汲於榮升，利者孳孳於饒益。士農工賈各獻其伎，馳騖一世，孰肯甘於逸者？逮其年運而日就衰耗也，筋力志慮種種不能如少壯時，於是求息而逸焉，蓋迫於不得不然，而豈其所安哉？

吾家士英不爾也。少有意乎進取，治尚書，號時俊，磨厲不少息。年甫壯而此事廢，乃纖悉乎計然、白圭之策，試輒效，爲輒成，而家以肥。未六十，舉一家之務畀其子，築新堂爲宴休之所，翰林學士程公書「逸老」二字扁其額，視世俗之營營不自足者有間矣。雖然，士英讀孔氏語，豈可以其賢於世俗之人而遽已乎！夫未嘗逸而未嘗不逸，不以少壯老而異者，上也；不能不勞於少壯，而能逸於老者，次也；終身役役以至於疲薾，漏盡鐘鳴而行不止者，斯爲下矣。下焉者有所不爲，次焉者既曰能之，上焉者如之何也？憤忘食、樂忘憂，不知老之將至。夫子其天地與？無必，無固，無我，其逸也如此。士英吴氏，升名，其居在樂安縣南之六十里。

南樓記

古之大夫、元士有家，有家者何謂也？邑有食采之田以奉宗廟，子孫雖不世爵，而猶世禄。承家之宗子，世世守其宗廟所在，而支子不得與焉。宗子出在他國而不復，然後命其兄弟若族人主之，此古者大夫士之家所以與國咸休，而無時或替也。後世大夫士則無家矣，故雖田連阡陌，皆其自私植立者，可得而分異、可得而償貿。既非君賜之禄，其勢自不能永久。以大夫士之貴猶爾，而况巨姓甲族之富者乎？興替之無常，遷徙之靡定，於是祖宗堂構之舊，子孫或不能以長有其有，豈不深可憫哉！

國子伴讀番陽李亨言其先大夫文學嘗築南樓，教子讀書其中，因號爲南樓翁。翁殁，居室分爲三，而樓屬之長。迫於世變，長避地去，而樓入於族人。其父時泉居士，翁季子也，亦徙他處。慨斯樓之不存，思已往而如割。新一樓於居室之南，族祖父宗正寺丞爲書其扁，仍曰「南樓」，以示不忘親也。予聞之而嘆且嘉焉。嘆者，嘆後世之族姓不能如古之大夫士；嘉者，嘉居士君得人子之道也。

夫人子之於親，何所不至哉？見書册，思手澤；見食器，思口澤；思其平日之所樂，思其平日之所嗜慾；思其居處之所在，思其志意之所存。所謂南樓者，非其親居處所在、志意所存者乎？見之如見親。然當何如其思也？夫有後弗棄基，父之所望於子者人人同，事有不能以如人意，既末如之何矣，以父之心爲心，人子終身之慕也，不以本支之異而有間，詎忍以異居之支子自諉，而恝然不一動念乎？若居士君，可謂能子矣。抑人子之身，受之於父母，斯須頃刻不敢不謹其身者，不忘其親之故也。李氏世之儒宦有聞，居士君父子果能躋此身以上達聖賢之域，俾人皆稱曰某之子某之孫如此，是爲全其所受於親之身，其所關係又有重於一樓者。亨其勉請，而歸以告父兄，尚有以副予之言哉。

亨曰：「唯唯，敬受教。先生其書之，願以揭於樓之壁間。」予遂不辭，而書以遺焉。

約齋記

召公封於燕，燕之有邵舊矣。康節邵子徙衛、徙洛，偉然爲百代人豪。予每尚友其人，樂聞其風雅，推尋其姓所本，今猶有人以否。蓋尊之之至，慕之之深，而不能自已者。來京師，康里衍中爲予言薊州邵權平衡之賢。質愿而守堅，志篤而學粹，安分好脩。凡枉己殉人、超時競利之意，一毫不萌生於中。薊東門之外，翁同山之下構一室，命之曰「約齋」，讀書其間，泊如也。予聞而嘉嘆焉。噫！世之爲學者比比，知務約者，幾何人哉？工詞章，衒記覽；書五車，牘三千，説稽古數萬言，於以鬭靡而夸多，此俗儒之俗學，固無足道。幸而窺聖人門墻矣，格物窮理以致知識，前言往行以畜德，而終身汗漫，如遊騎之無所歸，亦豈善學者哉？聖門高第弟子如子貢，初年未免此病，况其下者乎？然則知約者卓矣。

邵子自言其學於里、學於鄉、學於國、學於古今、學於天地，盡里人、鄉人、國人、古今、天地之情，以去己之滓。夫天地、古今、鄉國之情不易盡也，而其要歸，則以去己之滓而已，約者蓋如是。孟子云：「博學詳說，將以反約。」守之約者，曾子也；約以禮者，顔子也。邵子之學原於孟子，孟子同乎曾子、顔子，曾子、顔子，得之夫子者也。「吾道一以貫之」，約之極至歟？平衡知此，學之進於邵子，而上達於孟、曾、顔也，孰禦？衍中曰：「吾將還薊，子其筆是義以遺平衡，而識諸其齋壁，可乎？」予曰：「未也。學不約，不可；徑約，亦不可。不約，非聖賢務本之學也；徑約，則其流或入於異端。不可不慎也。他日覯平衡，當相與索言之。」

融齋記

予嘗聞至人之言曰「天地之氣，西融而北結」；又曰「結而爲山，融而爲川」。曲陽李惠父，家北岳恒山之下，而以「融」名齋，何也？國子學生張庸，李出也，曰：「吾舅之於家也，家之人怡怡；於鄉也，鄉之人熙熙。其在官也，雖勉勉孳孳，而逶逶迤迤；其間居也，好書以益志，好善以濟世。不貪不妬，不競不忤，蓋將與物而爲春。斯吾舅之所以爲融者乎？」予曰：「今夫學者資於師，質於友，習於己，語於人，未嘗不曰吾欲希賢希聖。及省其私，則喜怒愛惡之頗、名利嗜慾之炎柴於中者若或結之。有人於此，混混與衆處而能若是，異哉！」庸曰：「先生不輕可而可吾舅，請筆之以示勸。」予曰：「融之義大矣，未易名言也，試言之。涣涣乎若冰之泮也，習習乎若風之散也，盎盎乎若日之映也，此融之天也。惠父之天，同乎聖聖賢賢者也。天與！天與！列子之骨肉俱融者，未足多也；張子之理妙春融者，其庶幾乎？庸也，爲我以是復而舅。」

時齋記

春夏秋冬，時之運也；温凉寒暑，時之化也；陰晴風雨，時之迭至而不齊者也。在天之時若是，而在人者如之何哉？夫先天而天弗違，後天而奉天時，德與天合者然也。

若夫君子而時中，曰時措之宜，曰當其可之謂時，是則人之所能爲者。

康里子淵卜築於國子監之西，而名其齋居之室曰「時」。大矣哉！時之義乎！昔先文貞公爲國名臣，從賢師，知聖學，其行於身、施於家、發於事業，固已得中得宜，而當其可矣。子淵淳正明敏，益之以平日家庭之所聞，衆人紛紛競競，而退然閒處，若無意斯世者。然苟所當辭，雖近而怯就；苟所當受，雖遠而勇去。所謂中、所謂宜、所謂可，蓋亦無忝於其先公，此所以名其齋室之意也。

雖然，時之爲時，莫備於易。先儒謂之隨時變易以從道，夫子傳六十四彖，獨於十二卦發其凡，而贊其時與時義、時用之大。一卦一時，則六十四時不同也；一爻一時，則三百八十四時不同也。始於乾之乾，終於未濟之既濟，則四千九十六時不同也。值引而伸，觸類而長，時之百千萬變無窮，而吾之所以時其時者一而已。子淵好讀易，予是以云云。子淵又善晉人書，書以誌諸其壁。

卷四十一　記

儒林義塾記

廬陵郡之南百八十里，其縣曰萬安。萬安縣之西二十里，其地曰鄧林。山水明秀，人煙叢聚，一名儒林。唐以來文物之盛，他境鮮儷。宋三百年，擢科與貢之士不可勝數。舊家極盛而中微，有劉氏自郡城徙居於此，而代興焉，貲甲一鄉。其翁好善樂施，五子俱務學。仲子桂平喟然慨嘆，謂昔也此地儒風彬彬，而今也或至惰棄其業。非有他也，無所於學、無以教之而然耳。乃設塾延師，凡黨里子弟童蒙以上，悉許來學。既而病其湫隘，一新營構。中創先聖燕居之室，二廡翼其左右；前爲中門，門之前爲外門；後爲講堂，堂之後爐亭。有齊舍以館諸生，有庖厨以供飲食。施田若干畝，歲收所入以贍其用。扁曰「儒林義塾」。不遠數百里造吾門，請記其事，將欲垂之永久，俾不墮壞。其立心遠矣哉！

余考前代義塾之設，睢陽爲首稱。學舍四五百間，好義之家所自爲，而不屬於官府，其後遂最天下四大書院之號。五季衰亂之餘，上無教、下無學，而士之讀誦傳習猶幸不廢者，其功爲多。今日所在書院鱗比櫛密，然教之之師官實置之，而未嘗甚精於選擇，任滿則去矣；養之之費官雖總之，而不能盡塞其罅漏，用匱則止矣。是以學於其間者，往往有名無實，其成功之藐也固宜。劉氏義塾既不受官府之拘牽，則其睢陽之初一也。其養之之費有繼，而教之之師亦惡可不慎也歟？不然，學徒鏘鏘，書聲琅琅，非不可視、可聽也。要其效之所成，高者僅可應舉徼利達，卑者不過識字記姓名而已，又奚足云哉！教者、學者如之何？其必遵朱子之明訓，拳拳佩服，弗至弗措。必洞徹於心，必允蹈於身；行必可以化民美俗，才必可以經邦濟時，而非但呻畢摛辭之謂。夫如是，命世大儒由此而出，庶其不負建塾者之心乎！

安福州安田里塾壁記

世有甚易至之事，而人或怠於至；亦有甚難期之事，而人每必於期。吉之安福上田李氏，儒家也。宋南渡後，有淳熙布衣獻中興頌，見知艮齋尚書者；有慶元貢士著史評二十、懷古詞八，見知益國丞相者；淳祐又有鄉貢者焉，咸淳又有漕貢，而國朝至元間掌教於縣者焉。先後四世皆治儒術以干人爵，而卒未愜所期也。五傳至辛翁，至元縣教之子、淳祐鄉貢之孫、評史者之曾孫、頌中興者之玄孫也。

安福城西五里外創里塾，構禮殿，奉先聖先師，設講堂，立齋舍，門、廡、庖、廩悉具。方將請公額、割私田以教以養，意蓋有所爲。事未及竟，而身遽終。子剛猶稚。越數年，漸長，亦克畀田百畝，供里塾春秋釋菜之費，示不改父道也。

天曆二年春，剛之外傳姚貢士霄鳳暨友周南瑞過余言其事。余謂父之創塾，而有所爲者已矣；子之畀田，而無所爲者，可嘉也。雖然，剛之先世期得人爵之貴，而竟未之得，不可必得故也。世有可以必得，而其貴優於人爵者，剛亦願爲之乎？夫人爵之貴，小夫賤隸之所貴爾，而大人君子不以爲貴。天爵之貴，大人君子之所貴也，雖千百世之下猶以爲貴。况於求人爵之術，必效人作虛辭，雖不可謂難，而或有不能。脩天爵之方，唯反己用實功，雖不可謂易，而人皆可能也。人皆可能者，何也？己所自有，不待假借也。仁義禮智，人人有之，不爲則已，爲則人人能之。有所慈愛而擴之，則仁也；有所羞惡而擴之，則義也；有所敬讓、有所辨别而擴之，則禮也、智也。婉順父母謂之孝；雍睦兄弟謂之弟；盡心爲人謂之忠；推己待人謂之恕。仁也、禮也、義也、智也、孝也、弟也、忠也、恕也，豈人所不能哉？其有不能，非不能也，不爲也。爲之而能，能之而熟，熟之而極，則雖堯舜之道，亦不過孝弟而已；雖夫子之道，亦不過忠恕而已。人而能孝、能弟、能忠、能恕，則人人可堯、可舜、可夫子也。夫如是，名滿天下，法垂後世，雖無人爵之貴，而莫之能及，其視小夫賤隸一時之所榮，生與鳥獸同群，死與草木俱腐者，豈不相去萬萬哉！

至順元年冬，南瑞重來，爲剛請教，於是書吾言以遺，俾以揭諸家居之坐右，刻諸里塾之壁間，而自勵自警焉。凡與剛遊處者，亦數提吾言以勵之、警之可也。嗚呼！人爵之貴不可期，雖九品之卑，亦戛戛乎其難；天爵之貴必可至，雖一品之尊，亦循循然而易。世之人往往不爲其所易而可至者，乃爲其所難而不可期者，非惑歟？

朋習書塾記

禮義之根於人心者，我固有之，蓋有不待讀聖賢之書而後知也。曹州楚丘朱仲敏，淳厚謹實，非從事言語文字以爲學，而能設立書塾、延禮儒士，以淑其鄉里之子弟，意欲使同歸於善。此其根心之禮義由中出，而非由外鑠也。教於其間、學於其間，將何以副其意哉？其必自孝、友、睦、婣、任、恤之六行始。六行完足，而檢制其情，涵養其性；明諸心以擴所知，誠諸身以篤所行。夫如是，庶其無負於朱君建塾之意矣。不然，記誦以爲學，詞章以爲華，則世務趨末之學，而非君子務本之學也。

夫朱君之建塾也，由其根心之禮義而發。教者、學者乃不由其根心之禮義而教、而學，可乎？塾名朋習，謂群居之朋相與學習於斯也。習云者，雖已知、已能，猶且熟之、復之而弗措，其禮義必能明諸心、誠諸身，而後爲有得也。

前進士張士良爲余道其事，余嘉之，故爲言此，俾誌於壁，以爲書塾之規。

舊岡義塾記

古者盛時，萬二千五百家之鄉有鄉學，鄉大夫主之，頒教法於州黨族閭，俾教其民；二千五百家之州，則州長屬民讀法，以時習鄉射于學而尚功；五百家之黨，則黨正屬民讀法，以時習鄉飲酒學而尚齒。雖二十五家之閭，巷口亦有塾，閭内致仕之老朝夕坐其中，民之出入者必受教，此所以教成俗善，而人人有士君子之行也。後世雖休明之朝，亦唯郡縣有學，居之遠於城郭者，子弟無從而至焉。

舊豫章郡之豐城縣有揭氏，家於長寧鄉之舊岡下，族以儒鳴。曰商霖、曰飛雄、曰三京，於宋紹興、淳熙、紹定登進士科；曰先覺、曰著，亦以累舉奏名得仕。際國朝而仕者，養直，儒學教授；傒斯，翰林應奉；正孫，鹽司丞；時益，縣主簿。

司丞君在官，命長子悳就舊岡舊基建義塾，聚教其族人，少子懋相成之。中建巍樓一，前建小樓二；中以奉先師，旁以處學徒。主簿君割右畔之地益其廣，而構燕居之堂及廡與門，以底於完美。畀地五百畝給其食。建塾之意殆與古之里塾無異。悳詣余，求文記之，將以示後，期於永久，而慮其墮廢也。

余謂古之里塾，有教無養，今揭氏義塾，有以養之矣，而其所以教之者，未知其何如也？蓋古之學，教人明人倫；今之學，其教不過習無用於世之文辭，以釣有利於己之爵禄而已。使義塾之教亦若是，雖有塾，奚益？其必以擇師爲先乎！其師也，不必記覽之多也，不必言語之工也；擇其有實行、孝於親、弟於長、敦於宗族、篤於外姻、信於朋友、仁於鄉里、行己有廉耻、待人能忠恕者，以淑一家一族之子弟。取朱子小學一書熟讀實踐，薰蒸涵泳，久自變化，將見一家一族無一人不明於父子、兄弟、夫婦之倫，推而及於宗姻、朋友、鄉里之間，雍雍一和，充滿融盎。貴者必獲稱當代之名；賢富者必獲保奕世之永業。雖不求名求利，而其名其利孰大於此？

余觀丞簿伯仲籍父世資而不分析，已與薄俗迥殊；若德、若懋，克嗣前猷，人倫之厚出於天、禀之時，天之昌揭氏，於斯可卜也。繼今又以古之教教其家、教其族，則人之所昌有以合天之所昌，揭氏之悠遠隆盛，詎可量也哉？

成岡書屋記

成岡書屋者，里人李幼常季從之居也。李族繇吏部侍郎公始顯，家在白沙，族之支派析處丘方。幼常於侍郎爲來孫行，去丘方，徙成岡，與侍郎之舊宅相望。梅僊一峰卓立於前，大溪横遶如帶，後枕巒阜，宛延委蛇，羅列擁護，卜築盡挹其秀。人勸之仕，應曰：「生逢盛際，齒於太平一民幸矣。外有希覬，非安分也。」居既完美，或進扁額，因作稱號，辭曰：「吾聞冠則重其名而副之以字，未聞復輕其字而易之以號者。斯殆末世流俗之爲乎？即吾所居之地，扁吾所居之室曰『成岡書屋』可也。」

余與李同鄉里，夙敬丘方遠仲之賢。幼常善承善繼，不改父道，儲書淑後，將俾躡侍郎之遺蹤，其志端可嘉已。今之時流，濁者榮構一資以求别異於民伍，清者標榜二字以求矜高於士類。而幼常皆所不願，其識之超越於衆何如哉？爾雅云：「山再成曰英，一成曰坯。」邢疏謂「成猶重累之義」。成岡之山，蓋山之重累而崇峻者也。自今以往，李氏子孫之居成岡者，積一家之生業，積一身之學業，悉如山之重累而崇峻，其可無忝「成岡書屋」之扁也夫！

重修李氏山房書院記

「高山仰止，景行行止」，夫子讀是詩而曰：「詩之好仁如此。」「民之秉彜，好是懿德」，夫子讀是詩而曰：「爲此詩者，其知道乎？」民之秉彜也，故好是懿德。夫孩提之童，初生已知愛其親，藹然天地生物之心與生俱生，而非有使之者也。心有此仁，則必好之。如山之高，目所必仰；如路之大，足所必行也。然仁之爲德，人人所同。吾有是仁，彼亦有是仁也。好吾固有於心之仁，豈不好彼同有是仁之人乎？秉彜者，固有是仁之性也；懿德者，同有是仁之人也。有是常性者，未有不好懿德之人，心同是仁故也。

南康李文定先生，少學科舉之學。未弱冠時，朱子來守南康，心竊慕之。既成進士，遂往受業，終身截然禮義之閑，澹然利達之境，蓋學而有得於師者。視其所師，若高山之崇崇，景行之坦坦，嚮仰履行，弗忘弗懈俛焉，日孜孜也，詎非夫子所謂好仁者哉？所居之縣曰建昌，前有兵部尚書同邑同氏，清名姱節望於一鄉，藏書廬山五老峯之僧舍，號李氏山房。中更亂離，書與山房俱燬。寶慶丙戌，言於邑令曹豳，仍李氏山房舊號創書院於縣西，以祠尚書。述其學問出處大概，而爲之記。文定推好仁之心，而好人之懿德蓋若是。或曰：「尚書人品固高，未嘗得聞聖學也。文定師朱子而慕尚書，何居？」曰：「己之好仁，必學聖人以充其全體。人之懿德，苟其生質之美、制行之卓有合於仁之一德，斯可好矣。孟子願學孔子，而亟稱夷惠夷惠，雖不能如夫子之大全，而使頑者廉、懦者立、鄙者寬、薄者敦，亦足以裨世教。文定之拳拳於尚書之懿德也，其猶孟子之稱夷惠也歟？」

文定既没，與尚書合祠。皇元新政，建昌陞縣爲州，山房始得專官，後以州之學正兼掌。泰定初，學正李仲謀欲新書院，而牽制於有司。會進士高若鳳以州判官總儒學事，志同謀恊，乃克重修。新祠堂，新講堂，又徙燕居之堂，焕然有加於舊。仲謀爲賦以紀其略，而徵記於予。予弗及詳其工役之歲月、室屋之規制，而獨發明文定好仁好德之心，以爲來者勸。繼今以往，人人知好德，則官於斯者必能嗣，葺而俾二李之祠永不廢墜；人人知好仁，則學於斯者必能階文定之堂、闖朱子之室，以無愧於燕居所祀之先聖、先師，而尚書公之懿德亦水木本原之分支分派也。

尚書名常，字公擇。文定名燔，字敬子，人稱弘齋先生云。

十賢祠堂記

河洛之間，四方之中也，天地之所合，陰陽之所和，固宜爲聖賢之所宅。周成王時，營建東都，以會諸侯。周公大聖，畢公大賢，俱以父師之重尹其民。平王東遷，遂爲王國，吾夫子亦嘗一至，而不久留也。由漢及唐，名士大夫之居洛者不一，而皆未若宋中世之盛。蓋吾夫子得堯、舜、禹、湯、文、武、周公之道，而不得天子大臣之位，道不行於天下，而私授其徒。然惟顔子、曾子二人得其傳，再傳而子思，再傳而孟子。孟子歿，而傳者無其人，夫子之道泯矣。歷千數百年之久，河南二程出，而孟子之傳乃續。同時邵子，衛人也；司馬公，陜人也，皆遷洛中。張子，秦人也，亦以邵、程之在洛而時造焉。五賢之聚於洛，周、畢以來之所未有也。

洛人張順中多其鄉之有五賢，又思程子之學其原肇於營道之周，而其流衍於婺源之朱、廣漢之張、東萊之吕，至覃懷許文正公，尊信四書、小學、書以教，而國朝士大夫始知有朱子之學。帝制以十賢從祀孔子廟，後學躍然有所興起。順中白其父，市地於洛城宣仁門之北，構祠屋祠十賢，以致嚴事之誠。其次以邵、周、司馬、張、程、朱、張、吕、許爲序，蓋以齒之長少、時之先後定也。來京師求文以記。予謂順中，庶士也，有志尊慕聖賢之學，可嘉也。夫果能遵許文正之教，而上達於司馬，以行天下之達道；循朱、張、吕之言，而上達於程、張、周、邵，以立天下之大本，此實學也。他日有光河洛，其不在斯乎？君徒立祠以祠之，則亦虚文而已。道者，人人所同有；聖賢者，人人之所學。其爲人也，亦惟實用其力爾。順中勉哉！

寧都州學孫氏五賢祠堂記

贛寧都孫介夫諱立節，當宋熙寧行新法之時，不肯爲條例司官。又以桂州節度判官鞫宜州獄，抗經制司，活十二人於死，蘇文忠公稱其剛而仁，作剛説詒其子，遂有名於世。後百餘年，寧都縣令即其居延春谷立祠，并其二子祠焉。廬陵楊伯子作記，推所本始，并祠其祖潯州史君。夫因一人之善，而上及其祖，下及其子，昔人之用心，可謂厚也已。

立祠之後又將百年，寧都縣陞州，孫氏祠於州學之右廡。延春谷之支派，有同知東川路總管府事壽甫，諱登龍，少年爲鄉貢士，行懿文醇，學者推服，重義輕利，惠澤及物。天祐其家，諸子彬彬然仕進，而多文雅。既殁，州之士僉謀請以祔孫氏四賢之祠，州長可之。轉聞大府，新構於州學構堂之西，祠孫氏五賢，與鄉之先賢齒。復以公檄徵予文，記其事於石。

噫！好德者人之秉彜，古今一也。是以君子善善之心長而寧過乎厚。於達尊之善樂道而不忘，鄉之美俗也；於衆論之公樂從而不拒，官之美政也。苟有一善，生而敬慕之，殁而表顯之，其所以示勸者何如也？

澄之友蕭令深有言曰：「東川君仁於親、仁於兄、仁於井里。富於財而不盈；富於學而不矜；謙謙循循，有長者風。處也人薰其慈良；出也掌教古宜。攝事屬邑，辨僞鈔獄，昭雪無辜凡數十人。與桂君時異事同，先後濟美，祔祠爲允。」

澄曰：崇善以敦薄，此衆論之公，非一家之私也。雖然，論撰先世之善，勒之彜器，以明著於後，若稽古訓，蓋亦以見孝子之心也。故曰有善而弗知、知之弗傳，人子所耻也。孫祠之祀，不猶孔鼎之銘乎？斯舉也，一以美官政、一以美鄉俗、一以美孫氏之代有聞人、又以美聞人之家有孝子。一舉而四美，具其可記也夫。雖然，子之厚其親，必自厚其身，蹈大方、躋大成，俾鄉國天下咸稱曰：「善哉！有子如此！」德立功立，揚親之名於不朽，由乎内，無待乎外，又豈但以祠堂之立爲尊隆、記石之立爲悠久而已哉！

黎氏賢良祠記

寧都州之著姓黎爲盛，蓋自唐末迄宋季以逮於今，甚盛也久矣。志遠有齒有德，好禮而尚文，修其族譜，鋟木以傳。其十世祖之從父兄弟曰十一賢良，字漢儒，諱仲吉。祖球後梁時爲虔州刺史、百勝軍節度觀察使。仲吉端重該博，士林稱之。結廬金精南，挾策稱弟子禮者常百數。淳化中，郡將陳殿院薦於朝，條陳當世務數千言，名人皆願與之游。尋舉進士丙科。天禧中，扣閽言事，丁謂惡其不附己，亟授洪州文學。丁罷相，有旨召對，辭以疾。授袁州户曹。一日，謁太守，求解職還梅川，稱方外高人，論著數十萬言。年八十一，以壽終。此章貢志所載。

治平四年擢乙科曰珣，官至右文殿修撰，贈少師，乃賢良四世孫也。寧都學院雖從祀賢良於鄉賢之首，於家則未有祠祀。至治壬戌秋，志遠鳩工度材，相地涓吉，於州之東北隅，即三江之會，遂立祠祠之，厚之道也。夫孝子慈孫之心，孰不欲追揚先世之美？儻譜系不可知，而或如崇韜之自詭爲汾陽後，則是誣其祖也。志遠既明譜系派別支分，有秩然不紊之義；復舉祠祀，情親意篤，有悠然不忘之仁。於義於仁，其兩得之者夫！

卷四十二 記

樂閑堂記

夫心所快悦之謂樂，身得暇逸之謂閑。而世之人但以不在位、不任事爲閑者，其義未該遍也。

金臺耿文叔，藴脩能，負清望；或筦朝政，或持邦憲，聲實俱著聞於時。蓋經濟之器，宜用不宜舍、宜行不宜藏者也。而其家闢地數畝，植菊百本，疑若有愛於花之隱。又以「樂閒」名其室，孰不謂公雖在官，而不忘在野之樂也？視彼繫戀於權勢而不肯脱、没溺於利禄而不知足者，萬萬遼絶矣。予獨以爲閒之義非專指隱退而言，何也？閒也者，安安不勞力也，綽綽有餘裕也。隱退固閒，仕進亦閒也。處繁劇而優優簡易，應紛糾而秩秩修理，非閒乎？邵子云「雖忙意自閒」，此之謂也。細務滿前，二十之罰皆親覽；大敵壓境，百萬之衆未易當。而孔明之寧静致遠，安石之和靖鎮物，曷嘗頃刻之不閒也耶？驅馳危難之中，一如南陽躬耕之間也；處分兵甲之際，一如東山高卧之閒也。無時而不閒，則無時而不樂，豈必隱退不仕，然後爲閒而可樂哉？仕可也，止可也，仕、止不同，而閒一也。此昔之君子所以終其身而樂與？

公自江西憲長參知行省政事，其僚屬請予爲公記樂閒堂，予故推在昔君子之意，以盡「閒」之義，而不敢執世俗一偏之見以擬度於公也。

觀復堂記

復之名一也，而實二焉。有動初之復，「復其見天地之心」是已；有静極之復，「萬物并作，吾以觀其復」是已。

清江聶文偁以「觀復」名其堂，其亦有志於静極之復乎？夫草木不斂其液，則不能以敷榮；昆虫不蟄其身，則不能以振奮。此人之所以貴於復，而復之所以貴於静也。寂者感之君，翕者闢之根。冬之藏，一歲之復也；夜之息，一日之復也；喜怒哀樂之未發，須臾之復也。觀物觀我，蓋於是乎觀。

文偁資質粹美，器識深潛。嗜善以宗之，懋學以封之，其可以語是者哉！然吾聖人之道有所謂誠之復，彼仙子之術有所謂命之復，皆非可以言言。不可以言言，則如之何？以心心之可也。自求而自復，勿忘而勿助長，其必有豁然而悟之時矣。吾將有俟。

存與堂記

公侯之子孫思保其國，卿大夫之子孫思保其家，何也？國之境土受之先公，家之地邑受之先子。受先公、先子之所與而不能存，不可言孝。爲人子孫所以拳拳保守而弗敢失也，豈惟古之公侯卿大夫爲然？今之士庶人而不能存先世所與之田宅，豈得謂之孝哉？

南豐州判官葛君，世居豫章新建之石江。其父與山翁，景定壬戌進士，有子六人。宋歷既終，隱晦不仕。壯麗其居以佚老，又爲諸子各創宅一區。南豐君，其仲子也，婿於外郡，五載始復，不欲以土木之役勞其親，自築室於舊居之東偏，而以父所構讓其一昆四弟。大德甲辰，父卒，而南豐君留燕。諸昆弟鬩墻鬪室，君聞訃馳歸，爲平其忿。

至大戊申，君仕郡庠三年；辛亥以後，待次私居六年。有以調胹，其同氣尚黽勉聚處。延祐丁巳，君教授臨川郡，六年而後得代。六年之間，其昆弟悉以所受先廬售之强鄰。君歸自臨川，惻然以傷，慨然以誓，曰：「吾親辛勤有此屋，一旦屬之他人，異日何以見先人於地下？」不欲爭訟，傷黨里之和。計直倍償，取之於豪奪之手，幸完舊物。嘉之者名其堂曰「存與」，謂其能存與山翁之所與也。君於南豐貽書請記，曰：「願求訓戒之語寘之堂壁，俾葛氏子孫往者有所懲，來者有所勸，朝夕思念前人植立之艱，庶幾世世能存其所與。非唯葛氏之幸，亦厚倫美化之事也。」

予謂君能存前人所與既亡之餘，可謂孝也已。雖然，親之所與蓋不止是。屋廬，身外物也，猶必保守；身者，父母之遺，視外物尤重，保守又當何如？身之體不可有毁傷，身之行不可有虧玷，此曾子所以戰戰兢兢，樂正子所以一舉足、一出言而不敢忘也。存吾親之所與，孰有大於是者？君能博記覽、工詞章，亦既有光於前。儻學曾子、樂正子之學，而益加謹者，充其所到，所存者，天所與我之廣居，又非汾曲之廬、善和里之宅所可比。予故并言之，以爲存與堂中之賢子賢孫勗。

脩齊堂記

聖門之教，先學詩。學詩，先周南、召南。何也？脩身齊家爲本也。故曰：「人不爲周南、召南，其猶正墻面而立。」墻面者雖至近，而蔽塞不見，窒碍不行也。夫於身至近者，家也。家有夫婦焉、家有父子焉、家有兄弟焉，人之大倫五，而家有其三。必先有以厚夫婦之倫，而后父能慈、子能孝、兄能友、弟能恭，此學周、召南之功也。

今世人人讀大學之書，脩身、齊家具列八條目之中。益信周南、召南之學切實而不容緩。夫學周南、召南者，豈謂誦其辭乎？豈謂習其聲乎？徒誦其辭、徒習其聲，於家奚補？當思夫家内有關雎、鵲巢之德，因何而能致？蓋亦反求諸身焉爾矣。身不行道，不行於妻子，身之不脩，家可齊乎哉？

太和康斯濟，家世積善。一新構架，以「脩齊」名其堂，命子武宗詣予請記。予觀吉郡之俗，大抵恃氣好勝，唯斯濟之家恂恂然如孔子之處鄉黨，有犯無校，無争有讓，固已超出乎輩流。又以爲家本於身，而揭「脩齊」二字於堂扁，晨夕瞻省而效慕。噫，可尚已！雖然，齊家之本在脩身，而脩身之本果安在？曰有二：明善一也，誠善二也。明善者何？讀書以開其智識，而不昧於理也。誠善者何？慎獨以正其操履，而不愧於天也。智識無所昧，操履無所愧，則男女之判謹，内外之限嚴，室家之儀肅而睦，仁意融盎，和氣浹洽。凡如此之家，未有爲父而不慈者也，未有爲子而不孝者也，未有爲兄、爲弟而不友、不恭者也。身之行無一虧損之謂脩，家之政無一參差之謂齊。斯濟一身、一家尊古聖賢，親良師友，其可進於是與！

予故爲之言，以授宗武，而俾歸白其大人。是爲康氏脩齊堂之記云。

柏堂記

青雲鄉劉紹可妻熊氏，儒家女。其先世嘗登進士科，仕至牧守。其叔父亦登進士科，仕於州縣。熊氏歸劉，年二十五而嫠，有子甫盈二歲。嫠居四十餘年，年六十九矣。子克致養，新構此堂，以奉晨昏。豫章揭曼碩名之曰「柏」，詩而頌焉。昔衛共姜夫死不嫁，而自作柏舟之詩道其志。今劉母志同共姜，而人作柏堂之詩美其節。柏舟云者，豈真用柏爲舟材乎？柏堂云者，豈真有柏在堂庭乎？起興以柏，立名以柏，借柏喻婦德爾。

夫衆木葱籠蓊欝於春夏，及秋冬則柯瘁葉脱。唯柏也，歷風霜冰雪之嚴凝而青青如昨。從古聖賢論柏之德，以其歲寒後凋也，以其四時不改也，婦德之貞侣之。人之倫有五，其二曰二紀，其三曰三綱，君爲臣綱、父爲子綱、夫爲妻綱也。爲之綱者，爲之天也。臣所天者君，子所天者父，妻所天者夫也。天一而已，世無二天；父亦一而已，人無二父。子之天其父，天屬也，自不容二。臣之於君、妻之於夫，雖由人合，而非天合，其人合之天可一不可二，則亦猶天屬之天，有一而無二也。

噫！君之於臣，勢分尊卑，甚遼絶也。天其所天，誰不謂然？夫之於妻，匹配等齊，非有相遼絶之勢分。而天其所天，視臣之天其君無異。斯義遠矣哉！稽諸禮經，女未嫁以前天其父，既嫁以後天其夫。天其夫，則移所天而不復天其父，故降父服，而專以服父之服服其夫，明所天之不二也。斯意遠矣哉！此予所以有嘉於柏堂之名柏也。

噫！道喪俗壞，昂昂丈夫，於其甚遼絶之天，能不二而一者或不多見，况幽幽婦女，於其不相遼絶之天，乃能一而不二若此，蓋賦質而彝，性之懿德弗殄隕，此予所以有慨於柏堂之名柏。熊氏之子觀事母孝，績文而種學。有是母，其有是子也宜。

大中堂記

人之氣體隨所居所養而移，居焉者，固所以養之也。古人之於其居也，若楹、若户、若牖，或爲之銘，豈非欲使訓戒之辭常近於目，而以養成其德也歟？後世無是已。近時士大夫之居，或以嘉名而爲之扁，或以善文而爲之記。雖古之所未嘗有，而予亦有取者，以其合於銘楹、銘户、銘牖之意也。

樂安南鄉士劉楚蘭思有所養，以移其氣。其齋居之室名之曰「明明」，而徼予記之。其燕居之室名之曰「大中」，而又徼予記之。予嘆曰：「大哉！劉氏之名其居乎！」明明者，大學要旨也；大中者，中庸要旨也。夫程子續孔道之傳，獨能於戴記中擇出大學、中庸二篇，爲聖學之門庭宅奥。今劉氏於二篇首各擇取其要旨以名室、名堂焉，是願學程子者也，其志豈不可尚矣哉！

雖然，明明者，入德之始事，猶可言也；大中者，成德之極功，未易言也。中一也，而有二：有大本之中，有達道之中。子思子曰：「喜怒哀樂之未發謂之中。中也者，天下之大本也。」此以心之不偏不倚爲中也。周子曰：「中者，和也，中節也，天下之達道也。」此以事之無過、無不及爲中也。不偏不倚之爲大本者，體也；無過、無不及之爲達道者，用也。體用皆曰大中，何也？其體無不該，其用無不貫，是以均謂之大也。

前哲立言，每先體而後用。後學用功，宜先用而後體。論語所載聖人教人，多在日用常行之間。曾子之學，力到功深，其於用處悉已周遍。夫子乃告之曰「吾道一以貫之」，蓋至此方指示以其體之一也。爲中庸大中之學，亦當自日用常行始。凡所應接，必求至當，無毫釐之過，無毫釐之不及。積累日久，無一事非中。由是進退，雖目所不睹之時亦戒謹，雖耳所不聞之時亦恐懼，則不偏不倚之中亦以爲無過無不及之本者，存存而不失矣。若其用功之初，亦惟博於文以明經、慎於獨以克己而已，先得達道之中，馴馴而得大本之中，後學豈易言哉！

雖然，予不可不略言之也。安適其居，而動息有養；所養純熟，而所學與俱，氣之移也，將不期然而然。是爲造詣程子堂室之端倪。楚蘭其細味予言，而實用其力可也。不然，名扁之嘉，徒爲美觀；記文之善，徒爲虛言，則非予之所望於居斯堂者。

九思堂記

予自中歲聞御史申屠君之名，敬慕而願識，而卒未及見也。至治三年，予在京師識其子駟。他日諗予曰：「先人家東平，晚愛高郵山水，營別墅焉。嘗謂君子有九思，爲身之本，每以是誨子孫。駟上有三兄，下有三弟，追維先志，名所居之堂曰『九思』，而集賢大學士郭公爲篆其扁。敢徵一語發揮其旨，朝夕觀省而有所警悟，庶其寡過而無忝所生矣乎！」予曰：「唯唯。子之先君子所以淑其身而期其子孫者遠矣哉！予之淺陋，不足以既其實也。雖然，不可不略陳其概。」

謹按論語所記，思之目有九：前之六思，存心治身之要也；後之三思，明理克己之務也。何也？目之視、耳之聽、見面之色、擧動之貌、出口之言、應接之事，皆屬於身者；視而思，聽而思，色、貌、言、事莫不有思。思者，心之官也。身之職統於心之官，內有所主，而外從其令。故以視則明，以聽則聰。色與貌則温而恭，言與事則忠而敬。此顏子之視、聽、言、動悉由乎禮，孟子之先立乎其大者，而小者不能奪也。六者之思，其聖學之根基與？學者所當學而未易也，毋亦先以三者之思爲務哉！蓋欲之易誘者，利爲甚，見得而思，必不舍義而污己也；情之難制者，怒爲甚，當忿而思，必不趨難而害己也。疑而未通，必問於人。彼不思而耻下問者，寧終身而不知。疑而思問，則理無不明；

思難思義，則己無不克，理無不明。己無不克，則操心而心存，檢身而身治，聰明、温恭、忠敬固無所不能也。思之功大矣！

程子曰：「九思各專其一。」謝子曰：「無時不自省察也。」子命予發揮九思之旨，予竊誦程、謝之説以復。抑子之先君子磊落軒昂，卓然自奮，有古烈大夫之風。子求諸家法，有餘師，而又稽聖訓立堂名，以無改於父之道。若兄若弟聚處斯堂，夫苟因九思之名詣九思之實，隨所在而思，無須臾而忽忘怠惰也，則卑可以賢、高可以聖，且將煒煜烜赫，有光於先德，其爲無忝也蔑以加，奚啻寡過而已！若夫動静語默間，於九者不一一致思，以允蹈其實，而徒悦其名，子之先君子所期於子之兄弟者，殆不然也。

御史諱致遠，字大用，除南臺都事、江東僉憲、翰林待制，俱不赴。後以淮西僉憲而終。子七，一伯騏，二驥，三驪，四駉，五驊，六騮，七駱。有已仕者、有未仕者，年月日記。

拙逸齋廬記

宜黄之士樂壽言其邑令李侯之賢，可爲今之循良吏。初年從事於一郡、一道、一省，以至仕而宰三邑，俱有聲稱。其於人也，惻惻閔恤，肫肫惠愛，救活其死，蕃育其生，全性命於天地間者不知幾千人。宜黄之政不皦皦，不察察，子民如慈父母。讀聖賢之書，喜程、朱之説，嚅嚌有味，不止涉其藩隅而已。嘗摘周子拙賦中「拙逸」二字以名齋廬。及來宜黄，新葺茅屋三間，仍揭舊扁。雖於先生未獲識，意欲得一語以發「拙逸」二字之藴，何如？

予曰：「君子由乎道義，大公而不私，至正而不偏。無拙，亦無巧也。自世俗視之，則以君子之循理謹守、安分無求者爲拙，而以小人之肆欲妄爲、僥倖有得者爲巧爾。周子因人謂己拙，而賦之以自實，猶陳司敗譏夫子之黨，而夫子受之以爲過也。若周子所行大中至正之理，又惡可以巧拙名也哉？且君子廉於取名，拙於取利，似若拙矣。要其終，則有福無禍，安安無危，未嘗拙也。小人巧圖爵禄，巧貪貨賂，似若巧矣；計其後，則人禍立見，天刑徐及，巧固如是乎？夫心逸日休，心勞日拙，古有是言也。拙者心逸，逸則日休；巧者心勞，勞則日拙。誰謂日休者爲拙，日拙者爲巧哉？侯其甘拙之名，享逸之實，逸則真逸矣，拙非真拙也。」

壽曰：「某也請以先生之言達於侯。」侯名復，字守道。系出女真氏，今爲真定人。尹漢川，尹綏寧，尹宜都，而遷宜黄尹。年月日記。

卷舒堂記

昔人心畫之傳於世者不少，而顔魯公之字至今爲天下寶。豈獨以其字畫之勁而已，志節如其字也。

廬陵文信公之志節，蓋有大於魯公，則其字之可寶爲何如哉？「卷舒堂」三字，公往時爲其鄉人劉氏静隱公作也。翁之二子構書塾，揭名扁，俾家之子弟及里之子弟卷舒簡編其間。一翁二季後先濟美，好尚之超於流俗遠矣。

夫卷而舒、舒而卷、卷而復舒者，以書之不可不熟讀也。讀之將何求？必有以也。而世之讀者，不過以資口耳之記誦，不過以助辭章之葩艷，鸚舌翠羽，悦聽視焉耳矣。察其爲人，稽其行事，胸蟠萬卷之儒或不如目不識一丁之夫，何哉？讀而不知其所以讀也。且書之所載果何言與？理也，義也。理義也者，吾心所固有，聖賢先得之，而寓之於書者也。善讀而有得，則書之所言皆吾之所有，不待外求也。不然，買其櫝而還其珠，雖手不停披，口不絶吟，一日百千卷舒，書自書，我自我，讀之終身，猶夫人也，而何益焉？不惟無益也，甚其過者有矣。長其驕，長其傲，長其妄誕，長其險譎，靡不由書之爲祟。彼之胸中無一字者，或不如是也。噫！是豈書之禍人哉？人之禍吾書爾。

予不識劉之二季，而吾友劉光澤稱其静慤温雅，稱其明練爽豁，則其質固可以學聖賢矣。以其可學聖賢之質楷式其子弟，而進之於書，其必能有得於書之理義，而不虚讀也。信公之爲人臣，真有得於書者也。得其所得而推之以爲父、爲子，推之以爲夫、爲婦，以至爲兄弟、爲朋友，莫不皆然，是之謂善讀書。因覽光澤之記，而附予説，以告夫卷舒堂之卷舒者云。年月日記。

致樂堂記

致樂者何？聖門教人子以事親之道也。樂者，樂其親之心，非止悦其耳目、適其口腹、安其身體而已。致者，欲其至極而常若未至也。能盡是道者，難矣哉！銅陵胡伯恭家于宣，善事母。前憲使盧公處道扁其堂曰「致樂」，而於之記，所期於侯甚渥也。夫田蠶衣食之供，旨甘滫瀡之具，亭榭園池之勝，水竹卉木之佳，竽瑟歌舞之娱，罍斝俎豆之歡，以是樂其親，侯之家自有餘，而侯之所致不在是。

自昔賢母，孟母爲冠。孟母之賢聞至於今，以其子之爲大賢也。親之心孰不願其子之賢？有子而賢，樂莫大焉。居鄉黨，稱善類；仕州縣，稱循吏；位朝廷，稱良臣。子能如此，賢子也。樂親之心，豈有加於此者乎？侯爲善類有素矣，其爲循吏，今於崇仁之政見之。他日之爲良臣，不卜筮而可知也。侯所致以樂其親之心，而盧公所謂譽顯宦成者，蓋以是夫！

侯名愿，歷仕每著廉能聲。尹崇仁將再期，百姓恩之如父母。一日不公署，則倀倀如有失也。予因其在官之仁於民，信其在家之仁於親，而識於致樂堂記之左，以明盧公所期於侯之意云。年月日書。

極高明樓記

臨川東鄉饒君仲博父，昔有讀書之堂，鄉先生金溪曾縣令名之曰「極高明」，其後盱江程學士爲書三大字。饒君之子宗魯克紹先志，延祐甲寅新一樓於堂之東，以貯父書，移堂之扁於樓。東有竹、西有松，春晴夏風、秋月冬雪，皆相宜也。北則重崗複嶂，起伏繚繞；南則林影湖光，葱蘢蕩漾。龍角、柏峯諸山巘崪，蒼翠如畫。徵予文記之，而曰：「樓之作非爲景物役。晨夕藏脩息游其間，仰瞻名扁，儼然如父師在前，蘄聞一言以自勗也。」

予謂世之名其室屋者，姑爲是名爾，豈必踐其實哉？而欲因樓之名，以求極高明之實乎？吁！未易言也。高明者，天也，惟聖人可以配天；極之云者，俾學者窮之而至其境也。然則何以能極之乎？吁！未易言也。

竊嘗聞鄱陽饒氏中庸之説，蓋以「尊德性道問學」一語爲之綱，而道問學之目有八，八之中四言知、四言行。極高明者，八之一也。是爲致知之極功，盡心之能事，至之有其漸，求之有其方。譬之斯樓，登樓而觀與在下而觀者固殊矣，以是爲高明，則未也。極之極之又極之，至於無可復止，而後謂之高；至於無所不見，而後謂之明也。其必心識充周，而無一毫障蔽之隔；其必物理昭徹，而無纖芥渣滓之留。如身居九萬里之上，俯視九萬里之下，四通八達，一覽無遺。學者欲求至乎是，豈易能哉？

子思子於極高明之前，有所謂盡精微也；於極高明之後，有所謂温故知新也，是四者皆言知。目雖四，而實則一也。欲極高明者如之何？亦曰盡精微而已。未有不盡精微而能極高明者也。欲盡精微者如之何？亦曰温故知新而已。未有不温故知新而能盡精微者也。温而知焉，知而盡焉，此極之之方也，何也？盡性必自知性始，致知必自格物始。由其方，而高明可馴至也。夫樓之扁曰「高明」，而予之言則卑近。如樓之扁，其至也難；如予之言，其入也易。

宗魯字心道，篤志勤學，故予不敢隱，而誦所聞以爲記。其毋厭予言之卑近也哉！

卷四十三　記

善樂堂記

「爲善最樂」，漢東平憲王劉蒼之言也。善樂云者，皇元治書侍御史高唐王懋德之名其堂也。夫善者，天之道也，人之德也。天之道孰爲善？元亨利貞流行四時，而謂之命者也。人之德孰爲善？仁義禮智備具一心，而謂之性者也。是善也，天所賦於人，人所受於天也。天之賦於人者，公而不私；人之受於天也，同而不異。雖或氣質之不齊，而其善則一也。不必皆自誠而明之聖也，不必皆自明而誠之賢也。天所生之民無不有是，則人所秉之彜無不好是德也。人之善也猶水之下，人之樂於爲善，猶水之樂於就下也。無他，順其自然而已矣。

劉蒼生居帝子之貴，長食封國之富，身之所奉與韋布異，而心之所得與聖賢同，所以超然悟爲善之樂也。高唐在漢東平國之北境，有王氏者，世積善。懋德，其賢子孫也，資近道而心慕學。曩在金陵，嘗從予游。歷仕中外，持憲河南，因得歸省，葺先廬，又增新構，追美若祖、若父之心，而其堂曰「善樂」，翰林學士承旨郭貫爲篆其扁。貽予書曰：「懋德之曾大夫謹愿謙和，有犯不校，宗族黨閭稱爲佛子。年八十六而終，遠邇嗟傷。大父克肖，不幸無年。吾父諱祐，雖嘗事吏牘，而處心長厚，治政廉平，多有惠愛，恩贈中順大夫、禮部侍郎。懋德承藉緒業，際遇此時，皆先世積善所致。揭二字於堂顔，蓋示子孫以無忘先德爾。先生一言識之，則吾祖、吾父身雖已死，而心常不死也。庇壽其遺裔，不亦多乎！」

澄初識懋德時，仕猶未顯也，固已期其必顯，且意其必有所自。於今觀之，猶信。噫！末俗澆漓，往往以奮迅青冥之上爲己之能，誰復尋究水木之本原者？今也近享先世善慶之報，而遠推先世善樂之施，非賢祖父，何以有是賢子孫哉！雖然，王氏先世之以爲善爲樂也，獨善獨樂而已。其後人浸浸升庸，將溥己之獨善獨樂以及於人而兼善同樂焉，此孝之大也，德之盛也。其尚益懋其所已懋者哉！

具慶堂記

延祐元年秋，江西行省試士，余校文貢闈，郎中楊士允、都事石國器亟稱東昌周珪之美。問其詳，曰：「其爲人也，蚤試吏；其試吏也，在吴郡得廉能之譽，遂陞於憲府，繼陞於察院，歷外臺内臺。其入官也，一命江西憲屬，再命廣東憲屬。其既官而復補吏也，椽行臺、行省；其既吏而復授官也，長一路府僚。初仕江西時，迎養父母，家於洪。其後承臺檄吏南臺，則以二親年高不願就，而仕洪省以便養。又其後被朝命官肇慶，亦以二親年高，不願去，而寧棄官以終養。」

余向嘗聽人評江西憲屬，已知周君名，及聞二君言，益嘉之。校文畢，余將歸，周君具書請曰：「珪少蒙二親之教，置身風憲，從事臺省三十餘年，幸無瑕玷以忝所生。去年二親年俱八十，會内外賓友奉親歡，有翰林侍讀貫學士適至洪，爲書『具慶堂』三字扁所居。願賜一言，俾獲聞事親之道，以毋貽此堂羞。」

余曰：「父母俱存，是可慶也；年壽俱高，尤可慶也。人子事高年之親，愛日之誠、致樂之禮，孜孜惟恐不及，此天性之固然。名利，身外物也，受之不爲榮，辭之不爲辱。世之貪戀名位而不顧父母之養者，蓋有其人。君能知所輕重，而不以外物易天性之愛，其過人也遠哉！天地之德曰生，人得天地之心曰仁。仁之所先，愛親爲大。移之愛上則爲忠，推之愛下則爲惠。子道脩於家，其出而仕於國也，詎肯慢上而殘下乎？予固願表君棄官終養之美，以勸後來、以勵薄俗，以示人子事父母之範，以愧鄙夫貪名位之心，庶其有裨風教之萬一。雖然，余聞之孟子：『事親若曾子，可也夫！』曾子之事親至矣，而猶曰『可』，於以見子道之難盡也。君其益勉之，他日立身揚名以顯親，又有進於此者。君其益勉之。」

謙光堂記

河南楊友直善書、工詩，其文蔚如也。積久從事於風憲，其才藝之優、權勢之重，人所敬慕希望，以爲不可及，而自視慊然，若有無也。金陵有寓屋，在秦淮之南，占地甚幽，車馬之塵、廛市之囂不可得而干。往年仕於憲臺，留京師，翰林承旨趙子昂爲之篆「謙光」二字以名其寓屋之室，咸謂斯名蓋稱其實。

至治壬戌，予客金陵，而友直爲行臺椽。予觀子昂所篆，因言易六十四卦，惟謙之占辭最美。夫子傳彖，亦惟謙之贊辭最盛。内三爻俱吉，外三爻俱利。卦辭則云「亨且有終」，他卦之占未有若是其全美者也。天之所益，地之所流，人之所好，鬼神之所福，悉萃於能謙者之身，他卦之贊未有若是其極盛者也。

謙之爲謙，卑己尊人而已。然己素卑而自卑之，其卑乃所固有，謂之卑己，未也；人素尊而我尊之，其尊亦所固有，謂之尊人，未也。謙者，地中有山之象也。内蘊高高之山，夫豈處於人下者哉？而肯卑屈乎坤地之下。外際卑卑之地，夫豈出於己上者哉？而使高壓乎艮山之上。己不卑也，而能卑焉；人不尊也，而能尊焉。此其所以爲有謙，而有宣著顯融之光輝耀於時也歟？友直謝曰：「今日獲聞易之奧義，某不敢當也。」於是筆予之言，以爲謙光堂記。

拂雲堂記

凡植物之生生長長也，萌於出地寸尺之卑，而倏焉參天常引之高者，唯竹最速而易。人之進位進德期於速成，往往借竹以喻。

樂安桐岡黃氏族多業儒，前後收儒效不一。與可，族中之表表者也。環所居種竹，左建書塾，扁之曰「拂雲」。吾觀杜子美詩，言拂雲者二，其一謂木，其一謂竹。夫木之自初生而至於拂雲也，期之者以歲計；竹之自初生而至於拂雲也，期之者以月計。長之速而成之易，孰有過於竹者？晨夕習業之處而扁此名，其期儒效之速成與？

黄族之儒，或薦名於鄉、或奏名於朝，今以素習之業仍已試之效，數月間爾，不類竹之數月而成拂雲之高者哉？雖然，此庸人俗子之所尚也，大人君子之所高不是在，何也？位之進而高，未若德之進而高也。求諸黄族，於漢得叔度焉。爵非可貴也，齒非可尊也，而人人目之爲顏子。世有位極公相，而史策不載，泯没朽腐者，何可勝數！叔度以匹夫庶士而列傳著名，炳如日星，百世青雲之上，非但一時拂雲之高而已。叔度蓋以風氣之所薰陶，資質之所禀賦，而挺然特異猶如此，况又充之以學，而優於叔度也耶？予願與可之身及子若孫，位進而德亦進，其高將如天之不可及，流傳百世，寧不增拂雲之光乎？

一樂堂記

金谿朱元善，父母年未六十，兄弟凡七，孝友雍睦頗聞於人。樓於所居之東，扁之曰「一樂堂」。予過其家，而請記焉。予觀孟子之言，君子之所樂者三，一由乎己，一屬乎人，一繫乎天。惟繫乎天者最不易得，故居所樂之首。幸而得是於天矣，然能有是樂者蓋鮮也，何也？有父母而不知所以孝，有兄弟而不知所以友，則亦孰知俱存無故之爲可樂哉？

吾元善蓋不如是。父仕於京，思念不置；母養於家，晨夕不違。兄弟之異出者一視均愛，殆庶乎知有此樂也。則斯堂之扁，非徒借其名而已也。夫人之孝友本乎天性而，充之而至聖賢不異也。或有生質偶合者，或有好名而强爲者。其偶合者，雖行而不著；其强爲者，至久而必渝。惟能充之以學，則天性之愛全復其初。事父母如古之曾、閔，處兄弟如古之夷、齊，夫如是，始可言君子之一樂矣。元善其勉學以復其性之全也哉！

百泉軒記

昔孟子之言道也，曰「若泉始達」，曰「原泉混混」。泉乎泉乎！何取於泉也。泉者，水之初出也。易八卦之中，坎爲水；六十四卦之中，有坎者十五。水之在天爲雲、爲雨，而在地則爲泉。故坎十五卦，象水者十一，象雲者二，象雨者一，獨下坎上艮之蒙，水出山下，其象爲泉，而以擬果行育德之君子。嶽麓之泉，山下之泉也。嶽麓書院在潭城之南，湘水之西，衡山之北，固爲山水絶佳之處。書院之右有泉不一，如雪如冰，如練如鶴，自西而來，趨而北，折而東，環遶而南，注爲清池。四時澄澄無毫髮滓，萬古涓涓無須臾，息屋於其間，爲百泉軒，又爲書院絶佳之境。朱子元晦，張子敬夫，聚處同游於嶽麓也，晝而燕坐，夜而棲宿，必如是也。二先生之酷愛泉是也，蓋非止於玩物適情而已，「逝者如斯夫！不舍晝夜。」惟知道者能言之，嗚呼！是豈凡儒俗士之所得聞哉！中經兵火，軒與書院俱燬。至元丁亥，始復舊觀，上距乾道丁亥二先生遊處之時百二十一年矣。延祐甲寅，潭郡治中巢陵劉侯又乃重脩之，侯與余相好也，余亦知侯之爲人，故其脩是軒也，余爲之記。侯名安仁，字德夫。余爲誰？臨川吴澄也。

閒靖齋記

閒閒者，智之大也；擾擾者，愚之甚也。智斯閒，閒斯靖矣。閒也者，豈偷惰自逸之謂哉？昔之人大敵壓境，通國惴慄，而圍棋别墅，泰然如常人。或獻言，則云處分已定，卒以康屯而濟難。噫！此何人也？之人也，非付之無可奈何者，其智周於事，而擾擾者不留於心也；之人也，非寡淺所能測也，故知之者稱其和靖長算，不知者目爲矯情鎮物而已。

里中陳昇可承藉世資，歲時伏臘祭祀，賓客之奉不待縮而贏。使愚者易地而居，則其狼貪，且蠶食，且左右望；營營如蠅、稷稷如蟻；寤寐以思，日月以覬。規規焉自豐自肥，詎肯有頃刻自寧之時、毫髮自足之意哉？而昇可恬如也、泊如也，乃日與孔氏之徒夷猶乎巷内，又時與老氏者流澹蕩乎方外。然家事靡不治也，人事靡不應也；其治也優優，其應也綽綽。無憂勞之迹，而亦無廢弛之萌；無匆遽之懷，而亦無忽忘之病。

吾友虞子及爲名宴休之堂曰「閒靖」，予懼夫人之以偷安自逸爲閒，而與所名不相似也。夫自逸者，百務所由以墮，群蠹之所以由滋也。務墮蠹滋，在易爲蠱。蠱則事多，雖欲静，得乎？靖之爲言安也，謀也。隨處能安，隨事能謀，惟優優而治、綽綽而應者能之。優優而治、綽綽而應非智，其孰能若是？洪水之平，勤莫如禹。孟子以爲行其所無事，無事者何？因其自然也。是以身雖勤而心閑，故曰智之大也。智者之閑、閒者之靖，爲國爲天下有餘也，而况於家乎？彼擾擾自爲多事，曾何足以窺其藩？獘獘焉以終日，役役焉以終身，愚亦甚矣。噫！

雪香亭記

洛陽名園名花之盛，自唐以來，嘗爲天下最。宋既南渡，逮於金亡，洊罹兵禍，殆不能如舊也。然地氣得其中正，民俗習於承平，故雖僅定小康之時，士大夫往往亦修治亭臺，以爲游觀之適。

楊獻卿，河南舊族。居後有園，植梅其間，築臺構亭。曩時郡守東平嚴侯爲書其扁曰「雪香」。雪，梅之色也；香，梅之氣也。「祇言花是雪，不悟有香來」，前之詠梅者云爾；「遥知不是雪，爲有暗香來」，後之詠梅者云爾，語略轉而意愈超。詩人固嘗以白雪香詠梨花，而梨花不敢當也，則悉舉而歸之於梅。蓋梨花能如雪之白，不能與雪同時而白也。深冬凝沍，衆木枯槁，兩間之生意索如。而梅也，傲極陰於方隆，回微陽於最先，魁百卉而得春，冠三友而獨葩，色之白、氣之清，士之素節特異、芳譽遠聞者似之。嚴侯之以此名亭也，豈非欲楊氏世世爲清白吏乎？獻卿官大都、官外省，無污玷，而有聲稱，子益試仕于風憲也亦然。其可無愧於侯之所以名亭者哉！夫洛陽之園自昔相夸，以富貴艷麗之花爲甲也。今不取於富貴艷麗，而取於清寒孤節，嗜好與衆殊絶矣。

獻卿諱庭實，終南陽府判官。其子請記此亭者，彰父之美，堅己之操也。予亦樂爲之記者，洛陽之人競愛牡丹，而楊氏之亭獨因梅而名，於以見其爲清白之家云。

致存亭記

故同知東川路總管府事孫侯，篤行而能文，家富而身貴，年七十一而終。翰林承旨姚端夫既銘其墓，集賢待制馮子振又表其墓，而予爲撰墓隧之碑。其子大府監左藏庫提點毅臣，奉柩葬於陂陽鄉君封里奎塘之原，立屋於墓近，以諸人所撰碑志等文刻石寘於其間，而扁之曰「致存之亭」。蓋曰人子致愛於親，隨其所在，如見親之存云爾，非但祭祀之時爲然也。

古者大夫士皆有廟以祭其先人，近世人臣之家非有旨不得立廟，祠於家者止曰祠堂。或屋於墓所而名亦祠堂，非也。蓋墓有展省，而無祭祀。亭者，停也。展省之時憩息於此，名之曰亭爲宜，而亦以寓孝子事亡如存之意。侯之子追慕不忘，苟可以顯其親者，無所不至，可謂致愛已矣。祭祀則如見親之存於家，展省則如見親之存於墓，亭扁之揭，豈徒虚名而已哉！

恭安齋廬記

恭者，禮之端；禮者，恭之理。其在於天爲亨之道、火之神，而人受之以生者也。恭未易能也，故人之爲恭者必勞，勞則非安也。安然爲之而不勞者，恭之善也。彭城彭克温威卿曩客廣陵，與學佛之徒游，而爲號其齋居之廬曰「恭安」。恭安者，吾聖人之盛德。彼佛者乃能言之，是闖吾之門墻而可與俱者也。彭君今從事於江右憲府，問予以「恭安」之説，予可易於言乎？

昔之人蓋有象恭者矣，象恭者，其恭也僞；亦有足恭者矣，足恭者，其恭也浮。二者皆非也。堯之允恭，恭之出乎誠者也；文王之懿恭，恭之合乎中者也。此大聖人之所謂恭也。堯傳之文王，文王傳之孔子也。吾夫子之恭，文王之恭也，堯之恭也。動容周旋中禮，盛德之至恭而安者也。學者雖未易希，而不可以自畫也，亦在乎行之、習之而已。必莊恪，必詳謹；勿慢侮，勿傲惰；行之久，習之熟。既久且熟，將不期然而然，則恭安漸可希矣。吾夫子大聖人之資，備陰陽之德，其恭之盎然而温者，如春之和；其恭之儼然而威者，如秋之肅。和之中有肅焉，故曰温而厲；肅之中有和焉，故曰威而不猛。夫其陰陽之德兼備而不偏，其恭也何往而不安？

彭君以温爲名，以威爲字，其名、其字、其齋居之號，有志於希聖也，予惡得不樂爲之言而勸其進哉！

明明齋室記

樂安士劉楚南名其齋居之室曰「明明」，而求言於予。

予語曰：「人之所得於天者五：水之神曰智，火之神曰禮，木之神曰仁，金之神曰義，土之神曰信。智之爲始者，天一生水也。人性之智象水之明，水之所以明者，内無所留藏，外無所振蕩故爾。人之有智，凡内體不塵穢，外用不錯謬，亦以其能虚能静也。儻不先以敬爲務，使内有主而心常虚，外不撓而心常静，則如水之有泥留藏於其内，有風振蕩於其外，污濁波流，無毫髮净瑩之處，無須臾安足之時。縱令讀書應事、格物窮理，聞見雖多，而心識愈窒，何明之有？程子曰：『明得盡滓，查便渾化。』邵子曰：『能盡里人、鄉人、國人古今之情，而已之滓可去一二、十去三四、十去五六、十去七八九矣。既盡天地之情，而已之滓無可得而去焉。』二先生之實用功、實收效者如此，是之謂明明。明明者，明其本然固有之明也。明之之法如之何？曰：尊德性道問學而已。楚蘭有志於斯乎？其詳玩深味於予之言哉！」

凝道山房記

永平鄭侯鵬南嚴重清謹，爲時名流，而不以所能自足也。謂仕必資於學，學必志於道。別業在滕州，築山房爲游居之所，取子思之言而扁之曰「凝道」，不遠二千餘里走書徵言於予。夫世之成室屋者往往有記，記者，紀其棟宇之規制、營構之歲月而已，稍能文辭者可命也，而奚以予言爲？

侯之意，寧不以予嘗藉聞於儒先之緒論，而欲俾言其所謂凝道者乎？嗚呼！道之不易言也。言之易者，未必真有見也。非真有見而言，是妄言也，而予何敢！夫子曰：「爲之難言之，得無訒乎？」雖然，侯之意不可以不答也，詎容已於言哉？請言其似。

道之在天地間，猶水之在大海；道之中有人，猶水之中有器。浸灌此器者，水也；納受此水者，器也。水中之器或沉或浮，而器中之水或入或出，器與水未合一也。水在器中凝而爲冰，則器與水求不相離，而水爲器所有矣。人之於道猶是也，有以凝之，則道在我，無以凝之，則道自道、我自我，道豈我之有哉？人之生也，或智或愚，或賢或不肖，均具此性，則均受此道，不於賢、智而豐，不於愚、不肖而嗇。愚、不肖之不賢智若者，何也？能凝、不能凝之異爾。

嗚呼！子思子言道也以有貴於能凝者。凝之之方，尊德性而道問學也。德性者，我得此道以爲性，尊之如父母，尊之如神明，則存而不失，養而不害，然又有進脩之方焉。蓋此德性之内無所不備，而理之固然不可不知也，事之當然不可不行也。欲知所固然，欲行所當然，舍問學奚可？德性一，而問學之目八，子思子言之詳也，不待予言也。

廣大精微，高明中庸，故也，新也，厚也，禮也，皆德性之固然當然者；盡之，極之，問之，知之，問學以進，吾所知也；致之，道之，敦之，崇之，問學以脩，吾行也。尊德性一乎敬，而道問學兼夫知與行。一者立其本，兼者互相發也。問學之力到功深，則德性之體全用博，道之所以凝也夫。雖然，此非可以虛言，言亦在夫實爲之而已矣。斯道也，人人可得而有也，况如侯之卓卓者哉！其凝之也，予將驗侯之所爲。侯名雲翼，今爲江南行御史臺都事。

心樂堂記

廬陵士吳用奎彦章來過，謂予曰：「吾家世居永新之煙岡，南土既屬天朝，而先廬燬，避地徙安福之吉村。吾父維甲父好賓客，四方來者無問識不識，皆於我乎舘穀。用奎之兄弟四，所居不足以容。延祐庚申秋，與弟璧彦和築一室於舊居之南以奉親，吾父取程子詩中二字扁之曰『心樂』。前小池横廣可數丈許，種蓮其間，名小西湖。遠對三峰，岧然蒼翠。」

予喟然嘆曰：「子之嚴君，所期於子者厚矣。夫樂者，人之情也。孰無所樂哉？禽語，禽樂也；魚遊，魚樂也。物且然，而況人乎？然人各有樂，樂一也，所樂不同焉。賈有賈之樂，工有工之樂，農有農之樂，而士之樂尤不一。樂文章者，歐陽文忠之樂也；樂事業者，范文正公之樂也。其載於魯論，則有夫子之樂、有顏子之樂。夫子之樂，雖身處極困之中，而其樂亦在也；顏子之樂，雖人所不堪之憂，而其樂不改也。三千之徒也鮮或知是。曾晳浴沂風雩之樂近之，而未全也。歷千數百年，而程子受師於周子，乃令尋孔、顏之樂所樂者何事。程子有悟，於是吟風弄月以歸。自周、程二子之外，樂此樂者其誰與？今子之居是堂也，父子之樂、兄弟之樂，人所莫能及；文章之樂期於歐，事業之樂期於范，樂之至矣。斯樂也，其果孔、顏、周、程之樂乎？程子之樂足以兼子之樂，子所樂未足以盡程子之樂也。其毋以今之所樂自足，而曰『程子之心樂蓋不過如是而已』。子歸，試以予言質諸嚴君。」

彦章曰：「唯。」請以斯言識於壁，乃書以遺之。

卷四十四　記

心遠亭記

人有混迹世俗之中，而超超乎埃𡏖之表者；亦有遁迹幽閒之境，而役役乎聲利之途者，是何也？心與迹異也。均是人也，或迹近而心遠，或迹遠而心近。居屠肆而芥視三旌者，何人也？迹非遠也，心則遠也。身江海而神馳魏闕者，何人也？迹非不遠也，心不遠也。君子之觀人也，惡可于其迹、不于其心哉？夫以芳草而雜艾蕭，以獨清而汨泥滓，自迹而觀，雖楚三閭大夫之潔，安能高飛遠舉，不在人間邪？遠遊之作，乃與世外飛仙者俱，而翱翔寥廓之上，其心之遠何如也？君子之觀人也，詎可于其迹、不于其心哉？晉陶徵士猶楚屈大夫也。徵士少時作鎮軍參軍，而經曲阿；爲建威參軍，而經錢溪；因長史秦川，而欲遊目於中都，曷常遺世絶俗而忘天下也？義熙歸來之賦，蓋有不得已焉。結人境之廬，而能絶車馬之喧，何哉？喧寂在心，不繫乎迹也。故曰「心遠地自偏」。東籬之西、南山之北，悠然真意，誰其知之？嗚呼！遠矣！

國學生成克敬家碭山之安陽，斯亦不離乎人境者。作亭而名之曰「心遠」，陶子意矣。夫陶子，卓行之賢也。生日與胄子講聞乎聖學，豈止希賢而已？雖然，陶子時運暮春之詩，慨想清沂詠歸之樂，孰謂陶子不知聖學哉？生其有志於陶乎？勉之。

順堂記

魏郡李壽卿之子郁暨弟顯率群弟以事親，左右無違，京兆蕭維斗以「順堂」名其居。王伯益謂予曰：「某與郁生同鄉，長同學，純篤人也，劬書而惇禮，一家愉惋雍睦。名堂者蓋取中庸『父母其順矣乎』之義。子能繹一語以詒之乎？」

予既禮辭，爲之喟然嘆曰：上古神皇肇開人文，始畫乾坤，以象天地之德，曰健、曰順而已矣。五常百行一由是出。至哉！順之義也。達乎物我、達乎内外、達乎遠近、達乎上下，一毫無所咈逆謂之順。就一家而言，妻子順、兄弟順，父母之所以順也。一順之著，宗族稱之，鄉黨稱之，難已。今也時之碩彥華其名，鄉之執友許其實，予安得不爲之嘆、而嘉李氏之有子也？雖然，順一也，行之有五致焉：致其愛、致其敬、致其樂、致其勤、致其慤，能是五致，於順其幾矣。抑猶未也，子之順乎親，未若親之順乎子也；親之順乎子，未若子之順乎道也。子順乎道，心與道一；親喻於道，心與親一，順之至也。劬書與，惇禮與，予之言庶有合哉！

可堂記

鄱陽徐君治易，祖程宗項，而旁通邵子經世之書。夫意言象數，全易也。於邵焉得其數，於程焉、項焉得其言，易之道思過半矣。然君之學無所不窺，才無所不宜。宏偉倜儻，年耆而氣壯，志在當世，未獲一施。屈其能長書院，文事大興，上名于天官。又有以君易説進者，薦以不次。君至京師，視紛紛干進之徒十之九，與勢利朋索還其書，藏之篋笥，而不復以聞。常調調寧越郡教授，浩然而歸，謂予曰：「吾名吾燕居之室曰『可堂』。」問其故，曰：「可仕則仕，可止則止，吾師孔子也。」

噫！君真不虛讀易者矣！可者，易之用也。雖然，可有三：有道之可、有時之可、有身之可。身可，時不可，不可；時可，道不可，不可。可者何？可於道而已。若時、若身，徇乎道者也。而行是三可者，又有三可焉。有聖人之可，有賢人之可，有士之可。聖人者，如氣序之寒熱温涼，如物品之生長收藏，萬變不常，而莫知其然。人見其可，實無可也；人見其不可，實無不可也，是之謂聖人之可。賢人者，可其所可，不可其所不可，是謂之賢人之可。士也者，審其可而可之，辨其不可而不可之。不可而可，士豈爲士哉？是之謂士之可。君之或仕或止，而惟其可。其爲士乎？爲賢乎？爲聖乎？一概諸易而已矣。

夫易六十四卦，非止爲六十四事用也；三百八十四爻，非止爲三百八十四人用也。變而通之一斯萬，殊而本之萬斯一。士用之而爲士，賢人用之而爲賢，聖人用之而爲聖，識之所造，力之所到，深淺不同，而其道一也。然則君之仕，予不能必其可；君之止，予亦不能必其可。而君之用易，予所能必也。士而賢，賢而聖，均之爲用易，則均之爲可也。君所謂可，蓋如是乎？

君曰：「然。子所言，吾所志也。請以子之言誌諸吾之堂。」之隅，君之名，麒甫，其字也。

思存堂記

和靖書院山長吴希顔曰：「吾之大父葬曾大父於靖安里之存山，築室墓傍，環植萬竹，扁其楣，翰林承旨趙子昂爲書『萬竹寓隱』四字。吾父殁，復葬山麓。今爲歲時展省薦享之所，而名之曰『思存』。敢求文以記，庶其不泯。」

予曰：「懿哉！子之名斯堂也。夫孝子慈孫之於親，墓以藏其體魄，廟以栖其神魂，隨所在而思，如見親之存焉。故曰『事亡如存』，又曰『致愛則存』。而予又謂孝子慕其親者，無一時而不思，亦無一時而不存，豈特於省墓享廟之時而思也哉？一舉足不敢忘親。道而不徑，舟而不游；忿言不出，惡言不反。無往而非思親之存也。蓋致敬不忘者，事親之孝；慎行恐辱者，立身之孝。有事親之孝，有立身之孝，雖孝，猶未也。予嘉子之名堂，而廣子之孝心，乃筆之以爲記。」

垚岡堂記

陳德可之父宅于臨川，山之陽阿有其先廬。既完且美矣，而以棟宇之構迫近於山，每歲春夏霖雨，山水衝射，疑不可久處，乃相居宅之左，渡溪而南，不半里間，得廣衍之地而改築。其地曰垚岡，平疇中特起高阜，溪水界其後，山無所復之，其勢之止，其氣之聚，固宜有乘其旺者，而德可定居焉。仍以昔之名地者名其堂，而請記於予。

予謂地之名舊矣，而堂之名則新也。其語蓋出鄉俗之所呼，其名又非圖志之所載，而予何可以妄言之也哉？請不置，則姑即其名而稽諸字書。

土高曰垚，山脊曰岡。夫自廣衍之土騰躍而上，聳拔而爲岡，斯可以遠絶埃塵，頫視培塿矣。然予觀詩人所詠，周雅、魯頌皆以如岡爲期望之辭，何也？岡之聳拔特起，不有似於創造之隆者乎？岡之常永不虧，不有似於保守之堅者乎？雅之所謂「單厚多益」，頌之所謂「黄髪台背」，大率期其禄之有常，年之有永也。德可嚅嚌乎詩書之味，馳騁乎古今之迹，何理弗瑩，何事弗鑑也？常守其家之富，永保其身之壽，有合乎詩人之所期，則垚岡之實吾得享而有之，豈但襲取垚岡之名也耶？

垚岡者，積土之高以成山之高也。享有垚岡之實，而常守其富、永保其壽者如之何？亦曰不自高而已矣。予又擬諸易象三土之垚象坤，山脊之岡象艮。坤上艮下，其卦爲謙。謙也者，慊然自卑而不自足也。夫苟慊然自卑而不自足，則惴然戒慎之心生焉，愓然省察之道行焉。凡一毫有違於禮法，而能害于家者，不敢犯也；一毫有動於氣血，而能損于身者，不敢肆也。何敢哆然自恃其家之豐大、身之壯盛，而謂莫吾若哉！一謙而衆理無不該，百事無不善。人所好也，鬼神所福也。尊而光、卑而不可踰者，其唯垚岡乎？

弘齋記

士之貴乎弘者，何也？天地之所以爲天地，吾之所以爲心也。苟不能充其心體之大以與天地同，是於心體之全有未盡也。心體之全有未盡，則吾心所具之理其未能知、未能行者衆矣。夫與天地之同其大者，心體之本然也。心之量所以貴乎弘也與？心量之不弘者，知行未百十之一二，而已哆然自足，盈溢矜傲，謂人莫若己也。此無他，其心隘陋，不足以藏貯故耳。惟其弘也，是以愈多而視之若寡，愈有而視之若無。蓋心量寬洪，而其容受無限極也。

集賢侍講學士中山王結儀伯讀聖賢之書，以聖賢自期，名其齋居之所曰「弘」。按曾子之言，弘與毅不偏舉也。毅如乾之健，弘如坤之廣；毅以進其德，弘以居其業。不毅則功力間斷，而不能日新；不弘則容量狹少，而不能富有。二者缺一不可也。昔南康李文定先生燔字敬子，登科之後，年三十五始受學于朱子。朱子告以曾子「弘毅」之説，於是文定歸而取「弘」之一字名齋室。朱子兼言其二，而李氏專取其一，何哉？文定自揆其平日所學頗近於毅，而或歉於弘，故取其所歉以自勵，若古人佩韋、佩弘之義，所以矯其偏也。

然則儀伯「弘」齋之扁，其亦猶文定名「弘」齋之意乎？前修之已事可發，固不待於予言也。王氏之名齋與李氏不殊，庸敢援其事證，以誌于弘齋之屋壁？

種德堂後記

古稱皋陶邁種德，而後世或借「種德」二字以嘉善人。夫古之種德者，種之於民；後之種德者，種之於家。種之於民者，天下蒙其惠澤；種之於家者，子孫受其福報。鉅野李氏之家素積德，其先諱成，教子孫力穡勅書，周姻戚之貧乏，而代其徭役。其嗣名珪、名璧，俱克承先志。親歿數年，而兄弟同居同財，無間言，重義輕利，一如其父。於是，鄉之儒特書「種德」字而扁其堂，蓋以其再世種德，如嘉穀之既種，則其苗之芃芃、禾之離離，可計日而待也。李氏資用饒裕，而成之孫、珪之子曰好義，治進士術，漸可媒仕。其富其貴將兼有焉，所謂種德於家，而子孫受其福報，非邪？且種者必有穫，理固然也。

雖然，種之後、穫之前，豈無所事哉？既種，不可以不耨也。耨之當如何？亦務學而已矣。故曰：義以種，學以耨。爲義而不講學，猶種而弗耨也。學之當如何？亦崇德而已。故曰：尊德性而道問學。學外乎德，非君子之學也。若祖、若父之德，雖自天質而出，若子、若孫之德，必自學力而充也。質之美者種於昔，學之篤者耨於今，其穫也，寧不十倍其入乎？不然，芸而滅裂，實亦滅裂，種之之種非不嘉也，而耨之之功有弗至耳。「勉哉！芸其業」，韓子之言也。好義從予學，故誦斯言以勸。

自得齋記

盛昭克明因孟子「深造自得」之説，而以「自得」名書室。克明之務學也有年矣，今觀所扁之名，其志不亦甚大，其義不亦甚奧矣乎！

予考之經史傳記，「自」之義有三：有所由之自，自誠、自明之類是也；有所獨之自，自省、自訟之類是也；有自然之自，自化、自正之類是也。孟子之言「自得」，亦謂自然有得云爾，何也？天下之理，非可以急迫而求也；天下之事，非可以苟且而趨也。用功用力之久，待其自然有得而後可。先儒嘗愛杜元凱之言，意其有所傳授。其言曰：「優而柔之，使自求之；厭而飫之，使自趨之。若江海之浸、膏澤之潤，渙然冰釋，怡然理順，然後爲得也。」斯言殆有合於孟子自得之旨歟？優柔而求者，不以速而荒，使之不知不覺而遂所求；厭飫而趨者，不以餒而倦，使之不知不覺而達所趨；若江海膏澤之浸潤者，漸而不驟也。逮至膠舟而遇初冰之釋，解牛而遇衆理之順，則膠者渙然而流動，解者怡然而悅懌，無所用其功力矣。此之謂「自得」。

然自得者，言其效驗，而未嘗言其功力也。非不言其功力也，未易言也，故但曰以道而已。以道者，循其路逕以漸而進也。君子固欲深造也，豈能一蹴而遽造於深也哉？其必進之以漸，而待之以久夫！思之思之又思之，以致其知，以俟一旦豁然而貫通；勉之勉之又勉之，以篤其行，以俟一旦脱然而純熟。斯時也，自得之時也。克明其收「自得」之效驗歟？盍亦先於用功用力之地而加思勉焉！

養正堂記

京尹耶律氏名其别墅之堂曰「養正」，前參江浙行省政事時翰林承旨趙子昂爲書其扁，今於京師徵予記之。余惟「養正」二字肇自聖人傳易之辭，誦習進脩之士有終其身莫能究察履蹈者。尹以公侯之貴，乃能虔揭斯名，朝夕瞻玩，其志趣之超於人也卓哉！余未獲步斯堂目斯扁，繪築構之規模，稽完成之歲月，於是演暢堂扁之義，而爲之記。

蓋聞邪者，正之反也；偏者，正之偶也。事違於理之謂邪，心倚於物之謂偏。故夫正之爲言，有以事言者，有以心言者。所行無邪，事之正也；所存無偏，心之正也。正之名一也，而正之實有此二端焉。所養之正，其事歟？抑心歟？曰：事之無邪，爲之而已，不待養也。心之無偏，苟非養之於素、養之於漸，則豈能遽至哉！養正云者，養其心也。

凝然在中，不近四旁，是爲心之正。喜怒憂懼一有所偏，非正也。未正之前，不失其養；既養之後，斯得其正矣。正之所貴乎養者，何也？若地之養禾然，不可無雨露之滋也、不可無穮蓘之勤也；若山之養材然，不可有斧斤之伐也、不可有牛羊之牧也。方其静而無思也，主敬以直其内；及其動而有爲也，不可不養之於外也。養之於外如之何？亦在乎所行之事一皆無邪焉爾。蓋必行無邪之事，而後可以養無偏之心也。外之無邪與内之無偏雖不相同，然不相悖，而實相資也。凡不可以質諸天，不可以語諸人者，邪而不正之事也。於邪而不正之事不肯爲，此養心之道也。養之之久，則查滓净盡，本體渾全，正而不偏之心又豈俟他求哉？

堂之扁斯名也，固將既其實也，余言其可虚乎？庸敢述聖功之實以諗，而繫之以箴。其辭曰：心之正體，明鏡止水；未發而中，焉有所倚？下聖一等，或不能然。用而善養，體則罔偏。以義勝利，以理制欲，外行必果，内德斯育。滓澄水净，塵掃鏡空。不南不北，不西不東。蒙養聖功，繇此臻極。尚其勗哉！安處仁宅。

香遠亭記

鄱陽陳廣居，家有園池之勝。池中種蓮，池上構亭，扁其亭曰「香遠」，而請予記之。予謂周子以蓮比君子，其狀蓮之德曰「中通」，曰「外直」，德之備於己者也；曰「出淤泥而不染」，曰「濯清漣而不妖」，德之不變於人者也。其香之遠，猶君子之譽望遠聞，蓋德之徵驗焉。夫德必先有其本實，而後有其徵驗。欲譽望之聞如蓮香之遠者，必其有君子之德也。君子之德如之何？静不蔽於物，而此心常明也，蓮之中通似之；動不違於理，而凡事悉正也，蓮之外直似之。雖與污世合，而不爲所污；雖與流俗同，而不爲所流也，蓮之不染不妖似之。德如是，譽望其有不遠聞者乎？且蓮香之遠也，聞於尋丈而已。德之香則始乎一鄉，達乎一國，遠而可法於天下，又遠而可傳於後世，奚啻如蓮香之遠也哉！

廣居今爲蒙古字學教授，方當習譯鞮之語，而乃慕香遠之蓮。倘因周子所愛而能有慕，而思焉，而學焉，而悟焉，而得焉，將見無處不香，無時不香，香之遠，無更遠於此者，於蓮乎何有？

仁壽堂記

金陵之人世積仁厚者，王氏爲首稱。王子淵深源之家有堂名「仁壽」，予昔與其弟子清寅叔游，今與其弟子霖起巖游，見其季父仁甫之善行，又聞其先翁國濟父之遺事，於是而知王氏世積仁厚之實。

李桓仲蒙，介士也，謂予：「深源之先翁諱君久，素號長者。其先汴人，宋南渡，徙霅川，再徙金陵。勤儉殖生，以致饒裕，周人之急，雖重費不吝。至元間，郡既降，兵猶散掠郊外。有秦氏者，舊曾識面，爲兵所執，求資靡應。將就戮，秦紿云：『有白金寄姻戚家，願偕往以索。』兵捽秦徑抵翁所，秦遶屋叫呼：『急活我！急活我！』聲甚哀。翁惻然興憐，出迎軍校坐，餽以酒肉，衆咸喜。言及索金，指秦喻之曰：『彼貧人，安有寄物，即非吾姻戚也。汝所需幾何？當代輸以易其命。』衆感動許諾，畀白金若干，秦獲免死。又有許氏者，嘗客于門。妻子被俘，翁遣人賫金帛，遍地尋訪，竟贖之以還。許之家已毁，資以牛六十蹄角，令歸治田。許得復業，後成富家。秦、許之子孫至今不敢忘德，而外人鮮知之者。其生平陰德多類此，某生晚，不能悉也。」

予聞仲蒙言，嘆曰：「世有若人乎？以是翁爲兄，宜其有仁甫之弟也；以仁甫爲弟，宜其有若是之兄也。『仁壽』名堂，不忝矣。」

一日，深源請曰：「子淵爲人子，弗克揚父之美，常悒悒于懷。先生幸知之，敢請紀此遺事于仁壽堂之壁，俾後之人世世鑒觀之。如之何？」予曰：「可也。仁之施不一，而壽之報有三：年齒耄耋，一身之壽也；世業久長，一家之壽也；子孫蕃延，一族之壽也。深源意度坦易，才識明敏，不墜先德。年垂六十，顔若童孺。資用源源而流通，生兒衮衮而賢才，所謂一身之壽、一家之壽、一族之壽，人蘄享其一而不可得者，且將備其三而不爲難，天之報王氏方殷也。雖然，天之於人也，如土之於木，栽者培之；人之於天也，如器之於水，虚者受之。深源既知所以光其先，益思所以淑其後，化所居之里爲仁里，拓所至之域爲壽域，皆此一堂之仁壽爲之基，勉之哉！」深源曰：「敬聞命矣。」乃書以遺焉。

密齋記

憲府鄭萬里名其齋居曰「密」，前翰林之屬歐陽南陽因教授傅民善而講求「密」之意。予曰：有其名，必有其義；究其義，宜識其字。識字者，古之所謂小學也，予幼嘗學之矣。今以小學家所學而告于學大學之人，其尚無忿。字由密而生，宀之下諧必聲者，室之静也；山之上諧宓聲者，山之用也。宓、密二字通用，故周密之密作宓，而静宓之宓亦借用。洗心退藏於宓者，静密也；幾事不宓則害成者，周密也。静密者，心不膠擾之謂；周密者，事不疏漏之謂。二者固宅心之要法、處事之大方，而行之不保其無弊。静密之弊，寂滅而絶物；周密之弊，詭秘而自私。密而或若是，不可也。惟中庸言密察、聘義言縝密，其義與周密之義同。以密察之密而析理，則分辨精微，已精而彌精；以縝密之密而治身，則脩省詳悉，已謹而彌謹。精而彌精，詩之「如切如磋」也；謹而彌謹，詩之「如琢如磨」也。此則密之所以爲密，而大學之所以爲學者。名齋之君子倘亦有志於斯乎？

觀復樓記

物之生始於根，人之生本於父。夫物，春而發榮、夏而長茂、秋而成遂，皆生意之流行也。至於冬則伏藏，固密而歸其根，是之謂「復」。而來歲之發榮、長茂、成遂，皆於此乎基。人之本乎父，亦猶是也。自幼而壯，自衰而老，學行足乎己，事業加乎人；德至於爲聖爲賢，位至於爲公爲卿。凡所能爲者，皆吾之一身，而吾之一身，即父之身也。故曰：身也者，親之枝也。然則親也者，身之本，其猶嘉植之根與？是以君子之於親也，事生而致其樂，送終而致其謹，追遠而致其嚴者，報本反始，不忘其所由生也。

高安陳以忠孝行，疇昔孝於其親，親殁而猶有終身之慕。今爲蒙山銀場提舉，創樓於公廨之側，面池背市。峙乎其右者，大蒙之山；聳乎其左者，鍾秀之峰也，翼以圓明丈室。退食之餘，宴坐其中，悠然而遐思，以不忘其親。樓經始於延祐乙卯之冬，落成於今兹丙辰之春，而扁之曰「觀復」。

尚古堂記

人之所尚有萬不同，尚名者進取百途，以蕲於升；尚利者計度百端，以蕲於豐。其他小術末伎足以溺心蕩志者，皆能使人尚之終身而不厭。嵇康之達也，而鍜；劉毅之雄也，而愽；則其下者，又奚足怪！夫其所尚之不同，由其識之不同也。識之卑者，所尚亦卑。宜春黄元瑜，循循謹厚，處家處鄉，未嘗矯激以求異於人，而其尚自有與人不同者。若名、若利、若小術、若末伎，凡世人所好，一切不之尚。作堂於所居之偏，聚群書及法帖名畫充牣其中，而扁其堂曰「尚古」，予聞而嘉嘆焉。蓋人之所尚者今，而元瑜之所尚者古。彼尚今者，喜其快己，喜其衒俗，而笑尚古者之澹且迂，夫孰知澹中之至味、迂中之至樂哉？孟子言：「讀其書，誦其詩，論其世，尚友古之人。」斯堂之名，於孟子之言有合也，其識不亦高乎？

元瑜之所尚固已高於人，而予又爲之次其品。法帖名畫古矣，而未爲古也，古者莫如書；書之有集、有子、有史古矣，而未甚古也，甚古者莫如經。春秋，古魯史，非司馬遷、班固以来之紀也；儀禮，古周制，非叔孫通、曹褒以来之儀也；風、雅、頌，古樂歌，非蘇、李、張平子以來之五七言也；書經爲上古之書，易經爲三古之易，古莫古於此，孰有出其上者？黄氏之子若弟沈浸乎是，含咀乎是，因古經之辭，學古人之道，得古人之心，則居今之世，而與今之人異，此尚古以淑其子弟之效也，其與尚今以誤其子弟，俾日趨而日下者，相去之遠，奚啻九地之視九天也哉？

元瑜名璧，爲榷茶都轉運司屬官。在江州爲予言其作堂之意，而予筆之以爲記云。

卷四十五　記

慶原別墅記

新淦龔翊舜咨貽書云：「去家三十里許，介新淦、樂安之間有名山隆中。形勢迴復，山麓有湫，四時不涸。心樂其地，營别墅焉，將逸吾老于斯。他日幸得全其天年而歸于斯也，榜其屋曰『慶原』，敢蘄一言以療吾癖。」予素聞舜咨喜佳山水，今「慶原」之扁，寧不謂人傑因于地靈，而期演子孫無窮之慶乎？

閲書竟，與龔之客鄒志宏可道言曰：「前儒或詆葬書本骸得氣、遺體受蔭之説，蓋未之思也。程子知道者，以爲地之美，則其神靈安而子孫盛，若培擁其根，而枝葉茂。此言與葬書之説何異？夫以慶之原于地爲非者，非也；以慶之原于地爲然者，亦非也。得地于今，延慶于後，是慶不自天，而可以人力致也。然則慶果有原乎？抑無原乎？吾夫子言之矣，『積善之家，必有餘慶』。善者，慶之原也，何也？地之吉，可遇不可求也。其遇不遇，由善之積不積爾。嘗見富貴之家禮葬師，擇吉兆，自謂子孫可保數百年富貴。然不旋踵而遂陵替，祖父之用意福其子孫者，乃所以禍其子孫也。此無他，善之不積，天其肯以吉地福之乎？凡興盛之家，其始曷嘗有意于求地哉？而天自畀之，非人之私意所能求而得者也。」

鄒可道曰：「舜咨弱冠失父，卓然自樹，能亢其宗。萬變紛紜，而生業愈拓。苟有一善，輒稱父訓。家之寶器，必識父之名號于底。母宋氏早喪，結廬墓側，展省如孺子慕。劉令君將孫文其碑，辭極悲愴。初，叔父與其父同甘苦，立門户。父既終，尊奉叔父如父。叔父亡，又恭順其兄。兄亡，又扶植其孤。慨世降俗薄，族人不收疏遠之屬，就高祖葬處構追遠亭，歲時率族羅拜，譜一族之昭穆，劉提學岳申爲敘其意。派出樂安龔坊，程承旨鉅夫書『淦龔坊』三字表其閭，不忘所本也。長子衛夭，幼子衢任石城縣教官，生三孫，命第三孫爲長子後。其于倫紀之篤有如此者。招致名師，接待四方賓友。來者既衆居，不足以容，則改闢增創園池亭館，諸賢皆有詩文。花木游觀之美，非專以奉己也。暇日領客焚香，啜茗觀畫，共賞清勝，花晨月夕，觴詠相驩。其于交契之厚有如此者。嘗授天全招討使經歷，不赴。一造京師，謁中朝諸公，不干進而去，識者高之。比其南還，多有贈言。其器識之不怵于外慕有如此者。讀書通古今，爲詩句律穩妥，集名桃原漁唱。竿牘往來，辭翰俱優，而猶以記未博、語未文自慊。其志趣之不厭于内脩有如此者。」

予謂可道：「所揚舜咨之善，予所欲聞也。令復舉善之一言指爲慶之原者。蓋善也者，仁義禮智之根于心也。舜咨嘗以心一倅其字，心之一，則其固有之善具存，而處己應物一一純乎天理之公，略無纖毫利己之私。若其倫紀之篤，交契之厚，器識志趣之不群，固皆善中之一端也。夫如是，則心合乎天，而天之福龔氏者，如水之汩汩滔滔而來也。斯其爲慶之原也歟？地之吉，不待求而自遇，其慶也，非原于地之吉，原于心之善也。」

可道曰：「大哉言矣！其可愜舜咨之所蘄也夫！請書以遺。」

于是繫之以詩，詩曰：

猗歟舜咨，挺拔之資。有光其先，超越等夷。廣交好賢，劬書工詩。

表表已偉，謙謙益卑；靡靡俗學，夸博尚辭。予諗舜咨，學不在兹。
本心至善，天命之性；孳孳爲善，古有大聖。雞鳴而起，未與物應。
爲善伊何？曰惟主敬。曷其謂敬？心一不二。吾聞舜咨，以此自勵。
一者無適，一者無欲。惟心之一，萬善具足。涵養擴充，達泉決川。
净盡己私，上合于天。惟心之一，惟心之善。其原深遠，其流迤衍；
其流迤衍，施及孫子。孰爲慶原？心一是已。

十章，章四句。

相泉記

吾鄉吏部侍郎李公，家在巴山之陰。山下有源泉，自南而北，可十里許，達于宅西，乃自西而東，遶宅之南，合于大溪，而復北流。侍郎之從子陽春令濤，工于詩，扁吟屋曰「蒙泉」，以其泉自山下出也。陽春之孫允思追念祖先，扁所居曰「相泉」。蓋鄉人敬漢尚書欒叔元，山巔祠之爲仙，山麓祠之爲神。叔元諱巴，嘗爲沛國相，避神之諱，故謂巴山曰相山，而巴山下之泉謂之相泉焉。昔陽春以卦名名泉者，疑取果行育德之象。今其孫以山名名泉者，不忘繼志述事之孝也。夫不舍晝夜，盈科而後進，孟子稱泉之德行如此，固陽春之所願果育者也。允思持己温謙，應務通洽，所繼所述無忝于祖，吾將見其如泉源之有常，吾將見其如泉流之有漸。斯泉也，蒙卦所象也，亞聖所稱也，孫之所名，即祖之所名也。其源混混，其流涓涓，世世不竭，是爲李氏之相泉乎？允思字汝德云。

墨莊後記

莊之爲字，草下諧壯聲，蓋草之盛也。假借而他用，容貌之致飾曰莊，路途之交會曰莊，與夫田業之所在曰莊，皆有盛之意焉。農之業在田，士之業在書，士之書猶農之田。田謂之莊，則書謂之墨莊可也。然農之治莊，其用一以養其生而已；士之治莊，其用亦一。自世降俗陋，而其用力或不同。用之以明義理而爲聖賢者，上也；用之以資博洽而爲詞章者，次也；用之以媒利禄而取富貴者，下也。莊一也，而用有三，志之高卑各異爾。古先聖王之率其民以義種仁穫者，無不由夫四術之教，書之用甚大也。後人謂經訓乃文章之菑畬，抑末矣，况以青紫之拾推本于明經，車馬之蒙歸功于稽古，何爲小用其書如此哉？

宋初三司磨勘劉公夫婦目其家所藏書爲墨莊，而勗其子以學殖。逮一傳、再傳，果以篤志勤學成名，登進士科累累，特餘事。磨勘之孫，集賢學士公是先生敞、中書舍人公非先生攽，學貫古今，名塞宇宙，而芳百世，遂稱江西儒宗。所以用其「墨莊」者，固已占上等之次、次等之上。而二先生之族曾孫清之與新安朱子契，猶恐人疑其治莊之志出于下等也，乃請朱子發揮其先代之所望于子孫者，蓋在上而不在下。卓哉！斯志乎！中書之胄一派居撫之金谿，其八世孫自得、自弘持朱子墨莊記來示，蕲予增益其語。予遲遲數月而不敢僭，其請不置，于是書此于朱記之左。夫士之立志在我，人莫能奪也。疇昔墨莊之子孫每從知道之大儒游，繼今讀書，斷斷乎不志于下。遡公是、公非二先生之學，以上達于周公、孔子，吾于劉氏之莊，何幸及觀其道畎之春耕、仁穀之秋熟也邪！

西園記

園池之勝，非有補于治道也，而君子之觀治或以驗焉，豈不然哉？臨川山水清遠，不以險固爲恃。田疇之力完厚，歲之出者敏博，其風俗尚文雅。昔多大儒先生以爲之儀則，而又涵煦國家德澤之盛者數十年。居是郡者，宜必有名勝之士治亭榭樹花竹以極視聽之娱者焉。然而予數過之，未聞有園池之可名者也。將昔人之風流漸泯，莫或繼之？將孤迥自處者以山川之奇爲已足厭，薄于役心事耳目耶？將敏爲生徇勢利，而不暇爲此也？以江左之名郡，而又當國家太平極盛之世，幾復有寡陋之嘆者，何也？

延祐戊午，余復過焉，客始以棠溪饒睿翁西園爲言者，于是知其締構之壯麗，樹藝之瑰異，賓客之盛，游覽之樂，而又得園之主人能以文學世其家。嗟夫！余固疑其有是，而予未之聞耳。夫力足以爲西園者，非止一棠溪也。而饒氏獨以西園名者，存乎其人也。棠溪之爲棠溪，非一日矣。而西園之勝獨見名于今日，則遭時升平故也。不然，其孰能有此而樂之也哉？予將求訪于西園之下，上以歌詠聖朝安富之盛，而下爲棠溪極其盛以賦焉，則俟予重過可也。

小隱源後記

撫州金谿縣東二十里，朱氏族望于其鄉。昔有倜儻不羈之士，前乎崇寧大觀之時，挾弓劍策駿馬走大梁之墟，意將頡頏取世資。竟不偶，則歸治園池亭館，植奇花異木，名之曰小隱源。日與賓客飲食宴樂，而以仙翁自號。身既死，子孫不能保，其族人所有垂二百年。其族之賢子孫得之，新園池亭館如舊，仍其名不改也，有客過之，言曰：「夫所謂隱者，道不行，身不用，潛伏而不見也，非求顯不顯之謂。所謂仙者，鍊氣銷質，不寒不飢，離群絶俗，高騫遠騰，逍遥乎山巖海島之中，縹緲乎烟霞雲霧之表，人不得以見其彷彿，聞其依稀，其視人間一切所有，同于查滓糞壤、污穢臭腐之物，棄之若遺，而惡得有如朱翁所有者哉？今子復能有翁之所有，而不改其名，也何？」

居主者曰：「小隱，吾家舊物也。物如舊，名亦如舊，奚以改爲？且昔吾仙翁樂于此，吾將于此延師儒講義理，聚宗族鄉黨子弟來學，養而教之，其樂又有大于昔。吾于仙翁之小隱，名雖因，實則革矣。」客曰：「偉哉！子之是舉也。因先代名德之厚也，不私耳目之樂于己，而公理義之樂于人，識之殊也。雖然，子之志安在？或謂五代竇禹鈞嘗爲是舉，多所造就，一家五子俱顯于宋初，此爲可慕。若子之志如是，則陋矣。五代之季，干戈紛紜，絃誦息絶。竇氏于斯時篤義方之教而及乎人，亦爲可尚。當時所教者何人？所學者何事？一家所成，不過如儀、儼輩，奚足多慕邪？今文軌大同，自京師至郡邑，詩書理義之教洋洋盈耳。子興私塾以助明時，大有裨益而後可，何也？所教、所學必有異乎今之所教、所學者也。」主者曰：「可得聞與？」客曰：「乾淳、紹慶間，大儒學徒遍東南，今其書行天下，人人誦説。然其所教、所學，往往非世儒之所與知與能。子之是舉，將以助于時也，將以光于宗也。充此志也，所造、所就果有如洙泗之門顔、曾、閔、冉其人乎？上也。果有如伊洛之門謝、尹、游、楊其人乎？次也。不然，昔之源既徒爲是詭激假託之名，今之塾又秖爲是鹵莽滅裂之實，後視今猶今視昔也，其何能有以光于宗，而亦何能有以助于時也哉？以斯源也、爲斯塾也，教者何以教？學者何以學？非可以鹵莽，非可以滅裂。此朱氏也，彼朱氏也，安得起雲谷、遯翁于九原而問諸？」主者曰：「客之言是也。」

小隱翁曰子平，今主者元善。元善之弟受益來游，爲予道其顛末，遂記之。

景雲樓記

初，毛侯總戎柄，長萬夫，居松滋二十餘年。其弟自廣平奉二親就養官所，侯之悦其親者無不備至。有游處之地，有寢息之室，又建一樓，以極登臨眺望之樂。二親既以壽終，禮葬畢，侯驅馳王事于外，弟留佐戎幕，守墳墓。越數年，樓敝，敞而大之，以書問名于伯氏。侯泫然曰：「吾尚忍名斯樓也邪？斯樓也，吾親疇昔之所登臨眺望者也。吾嘗觀唐史，狄梁公登大行，顧瞻白雲孤飛，而曰『吾親舍其下。』悵望久之而去。古人懷親追遠之心，無一時而或替。今吾親已歿，而樓復新，吾尚忍名斯樓也耶？無已，則取梁公顧瞻白雲之意，而名之曰『景雲』，志不忘吾親也。」時侯年踰六十，而有孝子終身之慕，侯于是過人遠矣。

臨川吴澄曰：漢諸葛孔明自比管、樂，人莫之許，惟知孔明者信其然。孔明卒無忝于二子，而又有光焉。侯之竊效梁公亦猶是。梁公，唐社稷臣，其忠之盛，皆孝之推也。侯歷官臨事悉心竭力，固已得移孝爲忠之槩。俾當大任、決大疑，其不爲梁公矣乎？然則侯之自期，豈止名一樓而已哉！

侯名淵，字巨源。弟名湇，字巨濟。樓之未名景雲也，曰「先月樓」。

山間明月樓記

龔舜咨居于新淦之遠郊，志氣卓越。嘗游京師，將有命自天，而登仕版矣。一旦幡然而去，别予于禁林，曰：「吾欲歸玩栖碧山中之月。」予甚高之，贈之以詩，末句有云：

「浩歌歸去渾無事，栖碧山前月上東。」舜咨既歸，而余亦歸，過客來言舜咨有樓，扁曰「山間明月」。予味其樓之名，益高之。

夫萬古常峙者，山也；萬古常明者，月也。眉山蘇子指山間明月爲用不竭之無盡藏是矣。又謂「月之盈虚如彼，其卒莫消長」，則不無疑焉。月固無消長也，而豈有盈虚也哉？古今人率謂月盈虧，蓋以人目之所覩者言，而非月之體然也。月之體如彈丸，其遡日者常明，常明則常盈而無虧之時。當其望也，日在月之下，而月之明向下，是以下之人見其體之盈。及其弦也，日在月之側，自下而觀者，僅得見其明之半，于是以弦之月爲半虧。及其晦也，日在月之上，而月之明亦向上，自下而觀者，悉不見其明之全，于是以晦之月爲全虧。倘能飛步太虚，旁觀于側，則弦之月如望；乘凌倒景，俯視于上，則晦之月亦如望，月之體常盈，而人之目有所不見。以目所不見而遂以爲月體之虧，可乎？知在天有常盈之月，則知人之曰盈曰虧，皆就所見而言爾，曾何損于月哉？登樓玩月，其亦有悟于斯乎？若夫春之花月，夏之竹月，秋之桂月，冬之梅月，影淡香清，興致無極，足以快賞心，足以供樂事，如蘇子之所謂用不竭，此衆人之玩月者而已。客喜予言，書以詒舜咨。

龔之主與客試其登斯樓，對酒浩歌，而以予之所言問諸月。

蛾眉亭重修記

姑熟之水西入大江，其汭有山突起，曰采石，橫遏其衝。江之勢撞激齧射，浩蕩而不可禦；山之骨峻削刻露，巉絶而不可攀。其下有磯，曰牛渚，晉温常侍嶠然犀燭怪之所也。其上有亭，曰蛾眉。宋元祐張守環之所創也。俯眺淮甸，平睨天門，一水中通，三山旁翼，修曲如蛾眉狀，亭之所以名也。據險而臨深，凭高而望遠，水天一色，景物千態，四時朝暮，變化不同，雖巧繪莫能殫也，頻江奇觀未能或之雙者。元祐至今餘二百年，亭嗣葺蓋亦屢矣。

延祐五年秋，予舟過之，又得寓目，而慨亭之將敝也。明年夏，留金陵，姑熟郡侯命其客持書抵予曰：「采石鎮距郡三十里，自昔號爲重地。多事之際，英雄豪傑鷹揚虎鬪；

承平之世，韻人勝士醉吟醒賞，流風概可想見。蒙恩守此土，幸與千里之民相安。境内凡有前代遺迹，不可坐視其廢壞。蛾眉亭三間，榱之朽者易矣，瓦之闕者補矣，壁之圮者今以甓矣；塗之以塈，繚之以楯。肇謀于歲初，訖功于春杪。一時聞者樂趍其事，中朝達官大書其扁亭，與名額煥然一新。重修歲月不可以無述，敢徵一言。」

惟侯嘗仕江西行省，綽有令譽。其牧郡也，廉正如江西時，聲實孚于上下，郡事治而心思靡所不周。一亭之微，可以觀政。他日郡民思之，觸目皆遺愛也，豈特四方來游、來觀之人啃啃嘆美而已哉？烏乎！近年氣習日異，仕而無媿耻者十八九也。旦夕蠒絲其民，苟獲盈厭，則翩翩而高翔，官府猶傳舍爾。事之當爲者有不暇爲，况可以不爲者，而肯爲之乎？如侯之爲，其識慮遠矣。然侯之聲不待今而著也，侯之實又豈以久而渝哉？

侯名鐵柱，亞中大夫、太平路總管、翰林學士承旨司徒公之子也。是歲五月丙辰記。

道山記

崇仁山在縣之西北，一名羅山，巍然高大，爲一邑之鎮。縣郭之南阜横如几案，與羅山正對。前無障蔽，極目遠眺，盡見縣北峰巒之秀。山下之水北流而東，至南門外，瀦爲大池，渟涵如鏡，是謂南湖。湖山之北爲樂安縣尹李氏所有，尹之子弘道新構，面湖臂山，地據南郭之勝。山有神館，以祠既往之仙靈，以俟方來之仙隱，而名之曰道山。

道山之主人謚于客曰：「嘗聞海中蓬萊諸山，飛仙所宅，人迹不得而到。漢以來，圖書祕府清嚴幽邃，衆所尊慕，視山如道家蓬萊山，故祕府有道山之稱。彼擬其似，此期其真，山之名同，而所以名者異也。」客曰：「幸哉！兹山之得斯名也乎！道也者，大而天地莫能載，小而人之日用莫能遺，未易以言語繪畫也。唐韓子略言其用于原道之篇，蓋自堯、舜、禹、湯、文、武、周公傳之孔子，以至于鄒孟氏。周之衰也，世喪道失。柱下守藏史著書五千言論道，其旨以清静無爲爲本。孟子既没，孔道失傳，人但見老子所言超乎末俗，因是專以老氏爲道家，學孔之徒名曰儒家者流，而不得與于道之名。韓子作原道，雖極其辯，而卒莫能奪。比及宋代，孔道大明于下，非漢唐所可等倫，然老氏專道之名猶如昔也。戰國之際，燕、齊之間目蓬萊三島曰三神山，後世遂易神山之名爲道山焉。道云道云，神仙云乎哉？清静云乎哉？山之主人家世皆出仕，同乎孔氏用世之道，異乎老子之清静無爲也。况道家之流一降而爲神仙，再降而爲法術，爲符籙，爲科教，愈降愈卑，遠于老氏矣，是烏可以名道也？今也治民能言游之愛，治材能冉有之藝，無一非孔道之用，何羡乎圖書祕府之擬于蓬萊者哉？語曰『仁者樂山』，又曰『義重如山』。有樂山之仁，而人蒙其惠；有如山之義，而事合其宜。則道山之道，韓子所謂合仁與義而言者也。彼老氏去仁與義而言之道，又奚足云！」于是道山主人囅然而笑曰：「客之言是也，深契我心之所同然。請筆之以爲道山記。」

静虛精舍記

心學之妙自周子、程子發其祕，學者始有所悟，以致其存存之功。周子云「無欲故静」，程子云「有主則虛」，此二言者，萬世心學之綱要也。不爲外物所動之謂静，不爲外物所實之謂虛。静者其本，虛者其效也。

江州柳從龍雲卿，家闤闠之中，厭喧囂之聒，擇幽曠之地爲藏息之廬。晨省之暇，燕休其間，飽玩聖賢之書，而扁曰「静虛」，將俾外物不能波其止水之停、窒其靈府之空也。卓然斯志！雲卿年長矣，而學于予，予故爲之陳其概。

周子言静，而程子言敬。敬者，心主于一而無所適也。夫苟主于一而無所適，則未接物之前，寂然不動，非静乎？既接物之後，應而不藏，非虛乎？静、虛二言，敬之一字足以該之。學静虛者，亦曰敬以存其心而已。所存之心何心哉？仁、義、禮、智之心也，非如異教之枯木死灰者。仁、義、禮、智四者統于一，一者，仁也。仁者，天地生生之心也，而人得之以爲心，故愛人利物之心滿腔皆是，而傷人害物之心一毫無之。由父母、兄弟而宗族、姻戚、朋友、鄉里，欲人人各得其所，温然如九州四海而爲春，視人之所願成全之，視人所患救護之。蓋同生天地之間，皆吾之同氣、同體也。或傷害于彼而便益于我，且不爲也，况無便益于我而傷害于彼者，其肯爲哉？周子所謂「窗前之草與己之意思一同」，程子所謂「静後見天地萬物自然皆有春意」者，即此也。能存此心，則妄念不起，惡事不留。此心廓然豁然，與天地同其静虚，聖學之極也。然豈易至哉？期學而至之，惟當主敬以存吾心之仁。此其大概也，其悉則有周子、程子之書在。雲卿躍然翻然，于此實用其力，再見之日，其必有以異于今。

卷四十六　記

梅峰祠記

撫崇仁之境，環南、西、北百里間，山之聳起而高大者五，俱有仙靈神異之迹寄託其上。最南一山曰華蓋，由華蓋而西北一山曰夫蓉，夫蓉之北支迤而西曰杯山，杯山之東北曰羅山，夫蓉之東支迤而東曰巴山，巴山之東北爲梅峰。

梅峰者，世傳以爲因漢梅子真而得名。子真昔爲南昌尉，而此地在漢隸南昌。或子真所嘗經行棲息，或後人祠之於此，而以名其山，蓋不可詳已。子真諱福，九江壽春人，少明尚書、春秋。成帝時，外戚王鳳擅權，京兆尹王章以忠直忤鳳，下獄死，人莫敢言，王氏愈熾。五侯僭侈，新都受封，宗室劉向極諫，成帝嘆息悲傷其意，而不能用。永始間，子真上書，引吕、霍、上官三危社稷爲鑒，乞抑損外戚之勢，其遠識深慮，逆知王氏之必不利於漢。以遐方小吏，越職言事，可謂忠君愛國之至者矣。其後賊莽勢成，遂棄妻子，變名而遯。有人見之於會稽，竟莫知其所終，或傳以爲仙云。蓋賢人哲士沉困下位，不忍坐視移國之禍，而力不能救，則潔身全命，逍遥物外。高風凜然，猶將使百世之下聞而興起，省想其遺迹所在，敬仰而祠祀之，此好德之良心不可泯没者也。

人以仙祀子真，宋代封靈虚妙應真人。既合祠於巴山，又專祠於梅峰。故吏部侍郎李公劉，家梅峰之陰。暨弟愽古捐貲，築室買田，備諸器物，度胡守真爲道士奉其祠。其子修、從子濤，又度羅日新爲道士以嗣胡，期於永久不替。而中更寇燬，守者失次，有乘間而據有之者。侍郎之曾孫允思言之于官，始克復舊，乃度鄒嗣昌爲道士以嗣羅，求余文記其顛末。余謂子真忠清而仁，箕子、伯夷之流亞，固不以祠不祠爲輕重。而梅峰峻拔特立，氣之鍾聚而秀美者。山之靈異配子真之名節，亘古亘今同其永久也宜。李氏子孫善繼先志，能得道流之勤謹者世守此山，其事皆可書也，是爲記。

相山四仙祠記

凡山之巍然高峙者，其氣盛。其氣盛，則其神靈。大而五嶽，次而五鎮，下而一郡一邑，苟有挺拔聳起之山，爲一方之望，往往靈異，而禱祈者趨焉。古禮惟諸侯得祭境内名山，今庶人以上俱有禱祈。然其所祠不主於山之神，而假托於人以爲靈。若山之所托必曰仙，其所謂仙，非必御風乘雲、飛騰天宇之中，或其功行術法有可濟人利物，則祠之矣。

撫州之西南，其縣曰崇仁。崇仁之南六十里，其山曰相山，所祠之人曰梅、曰欒、曰鄧、曰葉，謂之四仙。考之史傳，梅尉南昌，欒守豫章，山在所治境内；鄧、葉皆唐開元、天寶間道士，方伎之流也。山初名巴，唐時號臨川山，而俗稱不改其舊。巴乃欒仙名也，僉曰宜避。而欒嘗爲沛相，故易名相山云。山巔有祠屋，其地高寒，雷風之迅烈，雲霧之濕潤，冰雪之凝沍，木石不能堪，易於朽腐摧裂。屋雖頻修，而不久復敝。住山道士黄守正集聚材木，未及營造而去。

泰定丙寅六月，黄本初來貳其職，增益所儲之材。七月己未，構新屋十有八楹，從之深四尋，衡之廣如其深，而羡一尺。適上清孫慶衍被旨長是山，遂底完美。本初來言曰：「仙祠一新，黄師實肇其始，孫師實成其終，本初獲效微勤相其役。願刻石記歲月，以爲後之葺治者勸。」

予觀宋咸淳之季，郡守黄侯震爲道士羅端英作仙祠記，嘆典祠之人攘取微利。是思今山之提點、提舉不私其利，不私其名，公其心爲永久計，是可書已。况此山迥絶人境，超出物表，有地之靈，宜有人之傑。居山者倘虚吾之心，不使有一毫埃壒塵滓之留，六合内扶輿清淑，唯所收拾，以實吾之腹，逍遥遠近，堅固久視，且將與四仙合靈兹山，亦道家分内事也，因及之，以爲今之奉祠者勉。

玉華峰仙祠記

吾家之南有山名華蓋，祠浮丘、王、郭三仙，遠邇禱祈，奔趨如市，竟歲彌月，無休息時。撫、吉兩郡之境，山之秀特者必設分祠，往往以華爲號。

清江郡東南之三十里，玉華一峰聳立拔起，水旱疾疫，有求輒應，里俗相傳亦曰王、郭二仙所憇，則與華蓋所祠同此仙也。然華蓋有屋以祠，而玉華之祠無屋。山近郭氏敬神好善，父子再世擬搆仙殿而未果。及孫汝賢、汝敬繼承先志，乃聚木石，乃興工役。泰定乙丑九月丙辰鑿闢基址，十月乙未竪架楹楝。山形險絕，俯晛巖壑；跂翼翬飛，冠冕其巔。不勞人力，若或陰相。俾陳道人掌其洒掃。吾友人皮溍、范梈爲之請記。

予家華蓋山之下數世矣，禱祈之盛目見耳聞，而莫能究仙蹟之實。竊嘗思之，自古名山有功於民者受報，而唯諸侯得祭境内之山。今下逮士庶，既皆可祭古諸侯之所祠，其人不祠其山，庶猶未至於黷乎？蓋山氣之欝發，衆心之歸向，必有所寄寓，故其靈託諸超離氛埃、翺翔寥廓之仙，始能與山之孤峭峻削者稱。唐詩人謂山有仙則靈，予則以爲仙因山而靈也。玉華之峰予雖未至，而嘗至者言葛仙之岫、令威之壇拱其左，雷公之壁、瑞雲之巘揖其右。㕓其後者聖嶺、爛柯，卓其前者凌雲一峰暨三十六峰也。奇花幽草、嘉生之祥不類凡品，其尤足以駭人觀聽，起人敬信者，旦暮之圓光、静夜之天燈也。夫其靈異之迹大率與吾鄉華蓋同，而郭氏兄弟近亦有出而從事於時者，克成其父之志，孝也，予又重皮、范之請，是以記之云爾。

塗山庵記

塗山庵者，撫宜黄涂君允瑞墓所之廬也。涂之得姓，本自涂山，故生時以之爲號，而其墓所仍以之名庵焉。宜黄之涂由豫章徙，彬彬文獻之盛，百有餘年矣。允瑞名立可，以宋咸淳丁卯六月庚子生。其先三世鄉貢進士，曾大考驥子紹定辛卯貢，大考良佐嘉熙庚子貢，考登寶祐乙卯貢，而開慶己未入太學。涂姓固爲一邑之望，允瑞尤爲一時之傑。蓋詩書芳潤克紹於昔，而才識經綸足稱於今者也。其孝友恭讓也，規矩繩墨從容禮法之内，然英游豪彦契如膠漆，莫或病其臞；其俊邁倜儻也，精神意氣瀟洒塵埃之表，然純儒莊士親密如弟兄，罔或議其縱。東西南北往來大夫、士以成交獲識爲榮。築亭江皋，俯臨遐眺，因其浦帆寺鍾影響之彷彿，而扁曰「小瀟湘」三字，其趣遠矣哉！

一兄一弟早逝，撫其孤，教育冠昏之，與己子無異。子塤、子均、子坦俱務學，其二人尚幼。天歷己巳七月乙亥卒，十月丁酉葬邑南仙桂鄉之上池，邇先塋也。嘗自營構於其側，題曰「於斯」。其子復名曰「塗山」者，蓋於斯如見其父也。

予每過宜黃，允瑞禮予若其父師。及其卒也，遠近莫不嘆憶，以爲不復有斯人，而予亦云然。其將葬也，友人侯恭述之以狀；其既葬也，宜春夏鎮誌之而銘。坦傳二兄之意求庵記，乃爲寫予之所以嘉於允瑞者如右，而所已述、已誌者不再書。

豫章甘氏祠堂後記

爵之爲公、侯、伯、子、男，官之爲卿、大夫、士，皆有廟以奉其先，古制然也。自封建罷，郡縣置，人臣之有國者鮮矣。馴至叔末，雖處卿、大夫之位，或以官爲家，而終身客寄於外，豈復有國、有家而有廟以愜其報本追遠之心乎？秦、漢而下，惟宋儒知道。河南程子始修禮略，謂家必有廟，廟必有主。而新安朱子損益司馬氏書儀，撰家祭禮，以家廟非有賜不得立，乃名之曰祠堂。古者庶人薦而不祭，士無田亦然，蓋度其力之有不足故爾。遵朱子家禮而行，亦惟薦禮而已，視古祭禮則爲簡。然古之卿、大夫、士祭不設主，庶士之廟一，適士之廟二，卿、大夫亦止一昭一穆與太祖而三。今也下達於庶人，通享四代，又有神主，斯二者與古諸侯無異，其禮不爲不隆。既簡且便，而流俗猶莫之行也。

豫章甘君景文，獨拳拳於報本追遠，推其族之統系，以記其家之祠堂。建昌州學正曾仁復述其意，俾予一言。予謂奉先之禮，孝子慈孫之所當自盡者，奚以人之言爲哉？雖然，禮久廢之餘，而君之好禮甚，非其質之得於天者厚而然與？非其識之超於人者遠而然與？君豫章奉新人，先世自丹陽徙，其族蕃而久。以儒吏出仕，持身謹恪，懼辱先也。初從事憲府，繼爲郡牧之屬云。

雪崖書堂記

臨江貢士黄先生鉞，宋淳祐壬子、寶祐乙卯、戊午、咸淳丁卯四貢於鄉，議論慷慨，才猷卓犖，無曲士齷齪之態。今袁州路儒學正良孫，其子也。曩從予游，家有閣，扁曰「同〔一〕擬」。予經過，則館於其中，歲久敝壞。學正在袁時，冢子振祖新之，又於閣後創書堂，將以祠其祖，其父歸而嘉其意。今年五月，訪予山間，請爲之記。越數月，振祖復來温請。

予嘆曰：孝子慈孫之厚於其親也如此哉！貢士君四舉無成，子若孫堂而祠之者，欲其名之永存也。然名之存不存，不繫祠堂之有與無、記文之傳與否也。蓋聞顯其親者，在於立其身而已。身能自立，則身之名揚，而親之名與之俱顯。所以立身者，學也，而非如今世之士所謂學。今世之學，不過應舉覓官；幸而得焉，志願畢矣。必欲永存其名，殆未

〔一〕「同」字下，四庫本衍一「予」字，據成化本删。

可也。立身揚名之學竊嘗聞之先儒，而未之能。振祖資質粹美，可進於是。倘欲聞之乎？他日當爲言之。雪厓者，貢士君所自號也。

臨川饒氏先祠記

饒氏先祠者，臨川唐坑之饒施田於武林寺，將以久存其展墓之禮也。古之大夫士家有廟，而墓無祭，近代非有賜不得立廟。先儒定家祭禮，遂易家廟之名爲祠堂，而墓祭之禮亦從俗。然既祭於墓，而又立祠於僧舍，不知於禮爲何如禮，未之聞。而孝子慈孫之心不能不然者，其意可悲也，何也？古者居不離其鄉，各姓皆族葬。墓之地域有墓大夫之官，時巡其塋限，而無相侵。且設官寺於中，以守其墓，護宅兆，禁樵牧，不專諉其家之子孫也。時世非古，人家守墳墓之子孫或游宦、或遷徙，不能不去其鄉矣。縱使不去，而家業或不如前，則歲時展墓之禮豈無廢墜之時哉？深思遠慮者，謂人家之盛終不敵僧寺之久，於是託之僧寺，以冀其永存，其意不亦可悲矣乎？

予昔在金陵，同一達官遊鍾山寺，見荆國王丞相父子三世畫像，香燈之供甚侈，達官憮然興嘆焉。蓋以二百餘年之久，荆國子孫衰微散處，而僧寺之祠獨不泯絶，此孝子慈孫愛親之意所以不能不然者與？

臨川唐坑之饒爲著姓也舊矣，居士君元衍諱從木從區[一]，卒葬里之葉方。叔暘諱鑒者，其子也，中神童科，又中嘉熙庚子鄉貢第一，晚以特恩授迪功郎，主石城縣學，卒葬里之武林。武林寺距墓不遠，施田入寺，以祠居士君、石城君二世。其孫文甫諱成功，祔葬居士君之兆，其曾孫睿翁諱璿，祔葬石城君之兆。其玄孫熙又增施田，并祠高、曾、祖、考四世。饒自石城君以來，種學績文，篤行好義，至於熙益進益修，有隆無替，表表在鄉閭間，可謂世濟其美之家已。初施田者，熙之大母黄氏；增施田者，熙與也。寺僧曰慧顔、曰妙碧。

熙請作先祠記，殆又欲託之文以永其祠。予嘉其愛親之篤也，深思而遠慮，故不以古禮所未嘗有而没其美云。

〔一〕從木從區乃「樞」字，此乃吴澄避其父吴樞之諱。

靈傑祠堂記

有蜀西草木之秀，是以產蘇氏父子之才名；有江東山水之奇，是以毓孫氏兄弟之雄略。其見於經，則甫、申之生者，崧高之嶽也。人傑之係乎地靈尚矣。爰自後世，葬術行，而人家之盛必歸功於葬地之美，其說曰本骸得氣，遺體受蔭，某事某應，牽合幾碎，甚於漢儒洪範傳之所云。致遠君子或厭其説之泥，而莫之信。然譬之於木，本根得所託者枝葉茂，雖程子蓋亦云然，則其説未可少也。夫古人富貴福澤，往往推其苗裔所出，故世有本系、族有譜牒，其興必有所由。後世或徒步而取卿相、白屋而擬封君，無可推原，不歸功於本根所託之地，則無其説矣。

撫金谿之世族視他邑爲盛，與宋祚相爲始終奚啻数十。至於國朝，而邑有王氏代興焉，望於鄉黨，禮於官府，資甲一邑，而名齊二三百年之舊家。非地之靈，而能若是哉！葬於遶城者，君傑也。其子謙亨、謙道構堂墓側，爲歲時展墓奉祠之所，扁曰「靈傑」，而謁記於予。予謂地之靈已往而已然，人之傑方來而未艾。蓋人之特立如木之特起者曰傑。王氏子孫駸駸向文學，充其所到，如蘇、如孫、如甫、如申，分内事爾。衍於後，所以增光於前；修於人，以增重於地，兹傑之方來而未艾者乎？余將有俟。

卷四十七　記

御香賚江陵路玄妙觀記

皇慶二年，總攝道教所掌書記唐洞雲欽奉帝制，授誠明中正玄静法師、江陵路玄妙觀住持提點，兼紫府真應宫住持，後又兼領本路諸宫觀事。教所嘉其能、留之弗遣，遥領其職而已。延祐六年冬，被旨賫香，詣武當山及江陵玄妙觀祝禧。將行，會國恤，不果。至治元年冬，被旨如前，又被中旨，兼詣紫府真應宫、武昌武當宫、廬山太平宫。二年春，馳驛至武當山，次至玄妙觀，建大齋醮以殫報上之誠。宿德馮提點主齋醮事，提舉胡道隆、副觀胡道安、都監任惟杞暨遠邇徒衆莫不肅恭就列。宣、廉二司軍民諸官咸集，對揚于齋壇，俛伏稽首，如侍清光之側，同與齋宴，以侈恩榮，一時歡聲和氣充塞上下。續往真應、武當、太平三宫，一一蕆事畢，乃復于教所。江陵道流僉言：「宋大中祥符肇創天慶觀，視諸宫觀特爲崇重。我世祖皇帝至元間改錫『玄妙』名額，其崇重如昔，而江陵玄妙之承天寵也，未有若斯今之盛。粤帷吴大宗師際遇熙朝，嗣闡玄教，將旨使臣不辱使命，用顯皇猷，宜有所紀述，以昭示永久。」予適召至京師，來請譔文。竊謂道教之源遠矣，專掌禱祠蓋自近代而然。我朝列聖降香祝禧益加虔敬，禱祠之臣奔走供給，惟恐弗逮，拳拳報上，實與天保之詩同意。予于其君臣之義有取焉，故聊敘梗概，而俾刻于石。

南山仁壽觀記

開府張公際遇世祖皇帝，待詔闕庭，晨夕密勿。歷事五朝，寵眷如一。秩號崇進，而彌不自高；錫類稠數，而彌不自泰。天子視之如腹心，宰臣視之如賓友。近依日月，而退然類山林之隱逸，接微賤不異顯貴。在朝垂五十載，上下之交，人人心服其德厚。以冲虚不盈爲裏，以慈儉不先爲表，妙契玄元之教。生質固然，非學而後知、利而後行者也。

至大辛酉，年七十四，翛然懸解。嗣教子孫奉委蜕還故山，今聖上敕有司禮葬。泰定丙寅，嗣教宗師特進、上卿吴全節將旨祠信州、建康、臨江三名山。既竣事，乃以十有二月甲申，藏公冠劍于貴谿縣南山之月嶠。陰雨連旬，是旦忽霽，風和日暖，明麗如春。信、饒二郡及所屬諸縣軍民官奉勑護督唯謹，官僚、士庶、僧道會葬不翅萬人。生榮死哀，可謂甚盛也已。

其地北距龍虎山十有五里，兩山旁峙，一水中通，僅一徑可入。行至其中，劃然開豁，平疇廣衍，四山環拱，如列屏幃。月嶠西北創仁靖觀，殿名「混成」，堂名「玄範」，開府公之祠以「輔成」二字扁，其南軒曰「悠然」。總爲屋若干楹，庫廩庖湢器物具備。命其徒世守供香燈、省塋兆，有土田給其食。山之東又營别館，繚以外門，榜曰「南山道域」，落成于是年治葬之先。董其役者，李奕芳也。凡特進之所以報事其師，悉如孝子之于父。開府公欲有所爲而未及爲者，一一繼承，靡或廢墮。

予嘗論人心之天，唯親所親者能尊所尊。特進昔也于父致其孝，今也于師致其隆，親親尊尊，同一心也。或乃以爲道家者流游方外、出人間，人綱人紀有不屑屑爲。是説者，豈知道者哉？特進雖以玄元之道立教，而其親親也，本乎恩以盡其義；其尊尊也，本乎義以盡其恩，蓋與周公、孔子之道符。予所深嘉也，是以因其徒之索觀記，而特爲之書。

金華玉山觀記

樂安鄉之櫟步，澄先塋在焉。塋面金華山之陰，山之陽有道觀，名玉山。舊觀在東華山之下，久廢。宋建炎間，閤山道士謝居義創道院于金華山麓之金石原。謝之徒沖隱大師杜行正工詩善奕，清江謝尚書諤攝樂安尉時，甚禮貌之，廣拓道院，遷于山麓之左。或謂道院不屬官，終不可久，乃爲請「玉山」廢額，而杜之徒詹季立言于官，以爲東華山山下舊基形勢迫隘，地僻人稀，難以建觀，遂以舊額施之于金華山麓之道院，今觀是也。詹之徒李拱辰自出力首營殿宇，而好施者爲造門廡，自此道院陞爲觀。嘉泰甲子，構經藏。嘉定己卯，鄉士鄔克誠爲之記。後四十年，景定庚申，李之徒丁寅賓始刻記文于石。觀舊無恒産，丁三傳至謝若玉，于國朝至元丙子以後，買田數百畝，以食徒衆；竪樓一所，以禮天神，觀浸興盛。至治辛酉，游泳祥裝塑諸像，益美觀瞻。觀之道士保真明素冲静法師鄒嗣昌分處崇仁梅仙峰，受天師命提舉華蓋山崇仙觀，數過予，請玉山觀記，予未暇作。

泰定丁卯，予省先塋至玉山，與鄒之祖師陳文亨、鄒之徒孫康仁壽接，察其地，觀其人，而覘其觀之興盛未艾也。金華山一峰崔嵬特起，氣脉至觀而盡。水繞其前，山環其外。汎觀諸處道流，有悠悠廢務者，有汲汲營私者，有悻悻好事者，有蕩蕩踰閑者。是數者倘有其一，不免于敗道而招愆。而玉山一無有也，予是以知其興盛之未艾也。杜師之字曰正甫，詹曰孶齋，李曰筠窗，丁曰蒼檜，謝曰石屋，游曰滄州，陳曰山居，鄒曰梅窗，康曰虛碧。嗣康者姜興渭，再傳則鄒性善也。而清溪、南華二觀亦皆玉山道士分處，故稱玉山爲祖山云。

瑞泉山清溪觀記

撫州西南二百里外，其山之高者華蓋，上有浮丘三仙祠。華蓋而西北曰芙蓉，芙蓉之東一支爲巴山，西一支自上皁嶺而爲杯山。杯山之下，溪水分而二，不一里復合而一。二溪之間有道觀，以清溪名。無碑記可考，莫知其興創之由。俗傳以爲華蓋三仙祠之分也，且謂嘗有異人甘其水味，號之曰「瑞泉」，後人立觀，因曰瑞泉山清溪觀。小鐘一，宋咸平辛丑歲道士徐玄德所鑄；大鐘一，宋宣和壬寅歲道士蕭延宰及其徒鄧處謙、陳處正所鑄。傳系中絕，宋南渡後，臨江閃山道士詹季立來主玉山觀，而其徒一人李拱辰者留居玉山，一人鄒指南者往居清溪。鄒之徒黃，黃之徒陳。陳後七傳至今，觀復保真大師李泳沂。

李之徒康紹莊于延祐丙辰創一殿，甚偉，不百日而歸德流民止宿于觀，遺火焚燬，左右前後新舊屋廬靡孑遺者。越三年戊午，李師自出己資建法堂。次年己未，康師再建寢堂等屋，俱丙向，道寮、厨庫咸備。泰定丙寅，康之徒黄文静勸率好事有力之家建金闕寥陽寶殿及三門，俱庚向，裝塑神像，圬墁甓甃，具完具美。康師、黄師奉李師之命來請記。予向聞清溪罹人火之厄，共爲惋惻。迨今不十年間，營繕克底周悉，非其心之公、力之堅、才之優，何以能若是！

嗚呼！卷懷世間有用之才，寄迹方外無爲之教，而有未見者安能使人不慨然思其人哉！幸而獲見其人，又安得不深喜樂道而奬與其能乎？是以爲之記而不辭。

樂安縣招仙觀記

撫之支邑，樂安最後創。縣雖小，北郭有僧寺曰鬱林，南郭有道觀曰招仙，其地幽雅可隱處。招仙舊基在今縣境之東五里外，及其創縣，乃遷今所，是名鉛田招仙觀。紹興以來，道士杜、譚、李、曾、詹、陳、董、許，相繼主祈禳事。許當宋之季，新其棟宇。于時市叟有歸生業于觀而託以終身者。未幾，國朝得南土，遐僻之陬，兵寇躪躒，觀亦凋敝。許雖受靈遠大師掌其教，而未遑營造也。太和誠一仁静法師曾德貴始竭己所儲，合人所施，構殿堂、兩廡；太虚冲妙高遠法師黄有大協志同力，不怠不嗇，肇建藏室，善士各致助。而軍官夏鎮撫夫婦崇信尤篤者，畀田以豐其食，捐資以益其居，度人以永其傳，而觀之興盛倍于昔矣。曾法師妣，澄祖姑也，爲内外兄弟。偕徒孫謝師程過余，請作觀記。

樂安縣内舊額之觀有南真焉，縣外新額之觀有石泉焉，招仙實爲之總，而其徒分處之三。觀道衆十八九人，一派之流演也。觀占勝地，而子子孫孫皆能，觀之興盛而未艾也宜哉！

崇仁縣仙遊昭清觀記

仙而曰遊，何也？以仙之能飛行乎六合之間也。遊者，飛〔一〕行之謂。陰質銷盡，陽精

〔一〕飛，四庫本作「非」，據成化本改。

渾成；倏往忽來，無所滯礙；咫尺八極，瞬息萬里。漆園真人所云逍遥遊，楚國騒人所云遠遊，郭景純之稱爲遊仙，佛氏書之目爲十行仙，概以仙之飛行者爲遊也。夫仙遊之翺翔空虚也，或值天際孤峰、海中絶島而栖止。故凡世間山之崇峻而特起、人之隔遠而稀到者，往往以儗仙遊栖止之地，而建祠宫。

崇仁縣百里之内山之高出群山者四，曰羅、曰巴、曰芙蓉、曰華蓋。皆于山巔祠仙靈，而華蓋之祠，人之信嚮虔奉尤衆。山形之近似者輒爲行祠。縣東五里有山，雖不崇峻，然南望華蓋諸山，崒嵂奇聳，上接寥廓，眼界所極，昭昭太清，無纖塵微滓。予每一至其處，泠泠然、超超然，有御風乘雲意。則此山雖在人境，實同仙居，名仙遊，宜哉！

前代有昭清道觀，占地五畝。環觀之山畝二十有奇，贍觀之田畝三十有五。觀無碑刻可考，不知創始之由。傳聞觀基山田俱邑人吴氏所施，開山道士汴梁周覺之也。中間重修，建炎丁未秋，貢士吴沔爲記，而碑斷缺不可讀。國朝有此土以來，居之人既死，居之室亦壞。至元中，玉清觀道士姚時升起廢，畀其徒居之，買田二十五畝益其食。大德乙巳，北里謝録出力葺仙殿。逮泰定乙丑，居者非其人，觀復敝。東里陳祥協從姚時升之謀，與祥符觀道士黄守正公舉道士余希聖掌觀事。陳施財新三門，黄施財新道寮，余又自新庖厨等屋。施粟、施田、施山者累累，有别載碑陰，于是觀再興盛。希聖，宜黄縣南華山招福觀道士也，遍歷羅浮、天台、武當、東嶽等處，亦嘗一造京師。澹净持身，通變諧俗。兹山可藉以永久，而仙遊之勝迹庶其如仙道之無墮毁時也。陳祥、陳毅及上方觀道士彭南起求予文記始末，予因言仙遊之遊，以俟夫有志仙道者印證焉。

撫州玄都觀藏室記

玄都觀者，前道教都提點張師次房之所肇創，觀之藏室，則其徒孫黄仁玄之所新作也。師本臨川梅仙觀道士，至元間從天師北覲，留侍闕庭數載，宣授崇道護法弘妙法師、江西道教都提點，住持浮雲山聖壽萬年宫、撫州梅仙玄都觀以歸。凡得近日月、沾雨露而復還山間林下者，寵渥焜煌，位望殊特，人人夸之以爲榮。師乃不然，曰：「皇澤誠優，非吾徒所宜蒙，非吾教所宜有也。」二教設官一如有司，每日公署涖政施刑。師曰：「吾教清静無爲，奚至是哉？彼有司所治，地大民衆，非政不整，非刑不齊。今吾所治皆吾同類，何事當訊？何罪當懲？而以勢分臨之，而以囚撻待之乎？」其時主教天師簡易不擾，所在宫觀晏然寧處，師之言已若是。既而習漸變，道流不勝困苦，夫然後知師之遠識先見、仁心厚德不可及也。

道官出入騶從甚都，前訶後殿，行人辟易，視都刺史、郡太守無辨。唯師不改其素，閒不騎乘。或以勿太自卑爲諷，師曰：「吾豈乏馬？然故舊滿眼，不下馬則人議其傲，數下馬則已受其勞，孰若緩步徐趨，遇所識則肅揖而過，于身甚便、于心甚安也。」玄都觀初在郡城南隅，後徙今所。按唐時舊觀，其中止有玄元一像。逮宋中葉，裝塑天神，增益名號，矯誣幾慢，莫之或正，玄都觀獨循唐舊制。即此一事，師之定是非、審取舍高出千萬人之上。師既厭世，其徒周秉和將營藏殿于玄元正殿之左，蓋以玄元嘗爲周藏室史故也。市材未畢，而周亦逝。仁已克承其志，至治辛酉始構，次年壬戌底成。崇深宏偉，聳動觀瞻。中藏聖賢經傳、歷代史記，與夫諸子百家之書，靡不存貯。仁已請記。

予謂佛寺有藏，藏諸品經。佛經蔓衍繁複，而貴其多，非藏莫可藏也。老氏以約爲記，以不博爲知，而貴其少。道德二篇，五千文爾；雖南華之汪洋，亦不過六萬餘。言非若佛説之蔓衍繁複，而何以藏爲？故道觀之有藏，追倣玄元所守藏書之室，而非擬釋教之經藏也。雖然，玄元務約不務博也。及至答孔子之問禮，纖悉細微，詳盡曲當，則其上智之知兼該普偏，豈寡陋以爲約者哉？張師道行純美，默契玄元慈儉讓下之寶。其徒世世相傳，不忝祖教，亦匪紛紛道流所可例觀。是以備述張師之善，而爲玄都藏室之記云。

張師字紹隱，號松谷道人。一初者，仁已之字也。造吾門時，與徒孫毛允執俱。

仙原觀記

仙原觀者，乃宜黄縣仙原鄒氏之所創建也。鄒儒俗，世居縣市之西隅。宋治平丁未進士諱極，官至度支郎中、提點江南西路刑獄，殁葬縣南之小麓。墓近有赤松，僧寺掌其汎掃，至今二百餘年，得所託。度支公生湖北轉運永年，轉運又數世而生石城縣丞，子宜縣丞兩與鄉貢，晚以五舉推恩就禄。伯子次傳，叔子次陳，咸淳癸酉聯貢于鄉。甲戌，次陳登進士科，未授官而宋祚訖，徙家剌桑。貢士君次傳三子，其一友直，仕國朝，任韶州路儒學教授，從事廣東憲府；其二衆，武岡路儒學教授。俱先貢士君而卒，無子。其季明善，承父命嗣伯兄。衆子其甥，明善娶同縣欒氏，相夫畢伯兄伯嫂若父若母之喪，無闕禮，頗務生殖。夫年四十，得疾革，顧謂妻曰：「以弟後兄，于禮不安。且吾亦未有子。」乃求族兄之子壽珍繼伯兄之後，而己歸奉貢士君之祀，鞠叔父次陳之孫蕢蔞爲己子，遂以疾終。欒氏遵夫遺言，一無所違。夫卒之明年，泰定丁卯二月，葬待賢鄉之蕭家原，營雙穴，以俟同藏。請于道教所得「仙原觀」額建道觀。直墓宅之右前有殿，後有堂，像設鐘鼓如儀。左廡、右廡、外門、内庖悉具。堂之後祠屋一間，以祀其舅姑與夫。施水田計畝七十有五，并畀陸地、山林，以資守觀者之食用。予孫女婿譚觀來乞文，將俾貽諸永久。

嗚呼！予與縣丞君、貢士君父子兄弟交游，見其一門之内敦睦慈良，宜無人非鬼責。而世珍無傳，可爲惻愴。度支公之墓幸託于佛寺，貢士君父子之祠仍託于道觀，匪禮之經，而中事之權，其可也。欒氏名德順，孝敬舅姑，貞順于夫。年未四十而嫠，存其夫家之祀于既絶，思深慮遠，不以盛隆衰替二其心，從一而終，有古今女節婦之風，書之可厲薄俗云。

上方觀記

上方觀在崇仁縣之青雲鄉。崇仁，撫之壯縣也。縣之西北聳然特起而高大者曰羅山，羅山之陽，宋初時侍郎樂公父子兄弟接踵擢科，故名其鄉曰青雲。其後羅文恭分與丞相趙忠定公同時秉政，安宋社稷，山之靈異鍾爲偉人，其蜿蜒磅礴、鬱積不盡者，往往爲仙佛之徒。近年以來，道觀之最盛者，上方也。俗傳晉代嘗有飛仙往來其地，因以立觀，三徙而宅旗峰之側，今觀是已。中間道流傳系泯絶，道士陳逢吉派出東京壽聖觀，苦行清文。受知邑令范清敏公，嘉定季年來主觀事，觀之重興自此始。

數傳之後至吴惟一，樸素直諒，爲衆所嚮。田園歲入增三之二，駸駸日趍于盛。繼而陳次搏、陳復宗志宏才優，同心協濟，用克樹立，世緒彌昌。廣其所居，益其所食，不啻數倍于昔。煒然以光，巋然以隆，聲實與巨室富户等，縣大夫以下，莫不敬禮焉。復宗嘗奉其師次摶命來索觀記，而予未暇作也。會有集賢之命，以予行之有期，督之逾亟。

予謂家國之興替，係乎其子孫臣下之能不能。雖游乎方之外者，與人家國一也。上方之盛，基于吴而成于二陳，非其才之與志合而能若是乎？視彼寄身清凈教中，而營營自豐，靳靳自私，不以一毫公于其徒、利于其後者，其用心之廣狹爲何如哉？予既有嘉于昔吴與今陳，而人之尊之也，各以號稱。吴曰竹隱，次摶曰林居，復宗曰袓山。袓山長于文恭公之族，其初以羅氏。若其構架之廣凡若干楹，壤土之益凡若干頃，不能悉記也，年月日記。

卷四十八　記

紫霄觀記

至治元年十月甲子，紫霄觀道士張惟善來言：「紫霄觀在南豐之西南八十里，岩洞之勝，世之稀有。而遠於通都要途，故搜奇探幽之士鮮或至者。惟遁身絶俗之人保神煉氣，棲息其間，而亦昧昧，鮮有聞也。其入山之逕石岩削立，中鑿石磴百餘級，至梯雲洞，洞之上右，一逕入華陽洞；正路逶迤而升，又石磴七十餘級，而後至觀門。立正殿以禮天神，屋三分之二居岩下，其前宇飄雨所及，乃覆以瓦。正殿之左爲屋，以禮玄武神，右爲屋以處道流；其前爲法堂，又前爲藏室，藏室與觀門相直。正殿之後石竇中有蜕骨，色如金，長八尺許；又上小岩中有仙床，又上一岩形如甕盎，名曰經洞。觀之左有掛冠石、赤松岩及蛟湖、金坑之屬；觀之右有丹井，四時不竭。由丹井入中岩，有張丹霞讀書山房；中岩而上至山頂爲上岩，有浮丘祠；祠下有小岩，曰妙仙洞。踞高望遠，軍峰卓然，諸山聳秀，盱水如帶，縈紆横陳。軍峰之下水流小澗遶觀之前如線，通於山石之間，五七里内凡九曲，出雙蓮橋，合于大溪。觀之後方峰如屏，觀之前一山名香爐峰，前後左右小岩洞不可勝數。觀肇自唐開元，名妙仙觀，五代時頽廢。宋大中祥符道士王士良重興之，治平初改今名額。淳熙間道士吴源清知書能詩，錫號善遠大師，賜紫，一新殿堂，今百餘年，惟善忝主此山。大德丁未，善士施財修葺其舊，惟善已紀其歲月于石。延祐丁巳，又以善士施財創建經藏，正月興役，九月畢工，十有一月開藏運動。施者王子茂、陳哲、諶檝暨遠近諸善士，王應祥承父之志，竟所未竟。惟善昔年遊江右、江左，自兩淮、荆襄至武當而還。今老於山中矣，蕲一言以傳久遠，可乎？」

予聞其言，泠然有御風之想，欲飛至其所一觀幽奇而不可得。惟善通儒家、道家書，朴素而不俚，逍遥而不危，方外畸人也。以此地宜有此人，非此人不足以宅此幽奇也。予既以未獲至爲欠，則筆其所誦授之，以達予意於山靈，尚期他日往遊而賦詠焉。

西陽宮記

文章之傳世，雖聖賢之餘事，然其盛衰絶續之際，實關繫乎天地之氣運。周、秦以前尚矣，先漢賈、馬二子以來八百餘年，而後唐有韓子，唐韓子以來二百餘年，而後宋有歐陽子。天之生斯人也，固不數也，是以百世之下萬口一辭，稱爲文章之宗工。尊其文則敬其人，尊其人則敬其親。苟敬其親也，則其敬無乎不在，而况其墳墓所在乎？此予所以不能已於西陽宮之記也。

西陽宮者何？歐陽子之親之墳墓所託也。昔韓子三歲而孤，先世墳墓在河陽，時或往省。歐陽子四歲而孤，二親俱葬吉永豐之瀧岡，終身不能一至。蓋其考崇公官於綿而生子，官於泰而遽終，妣越國太夫人鄭氏以其子依叔父隨州推官。越一年，崇公歸葬于吉，葬後還隨。歐陽子年二十，預隨州貢，年二十四登進士科，歷事多在江北，及留中朝，年四十六而太夫人喪，次年歸附崇公之兆，葬後還潁。崇公之葬距越國之葬踰四十年，越國之葬距文忠之薨又二十六年。六十年間，欲如韓子之一省墳墓而不可得，其墳墓之託，幸有西陽宫焉。

宫在永豐沙溪鎮之南，舊名西陽觀，莫詳何代肇創。宋至和乙未，道士彭世昌起廢，掘地得鐘，識云「貞觀三年己丑西陽觀鐘」。崇公諱觀，聲異而字同，乃請于朝，改觀爲宫。宫之後有祠堂，合祠崇公父子。阡表、世次二碑竪于一亭中間。祠堂敝，里人陳氏新之。淳熙丙午，誠齋楊先生爲之記。其堂後復敝，陳氏子孫重葺。咸淳丙寅，巽齋歐陽先生爲之記。莆陽方侯崧卿守吉，出錢十萬，命邑尉陳元勳修築瀧岡阡之門與墻。紹熙辛亥，艮齋謝先生記其事尤該備，獨西陽無片文可稽。祠堂初記丙午，至今一百四十四年矣；祠堂續記丙寅，至今亦且六十四年矣，而宫之道士鞠文質始遣其徒蕭民瞻來請記建宫本末。

民瞻之言曰：宫面山枕溪，供抱明秀。金華、桃源翼其左，龍圖、鳳岡峙其右。地之廣袤六畝而縮，禮神安葬，室屋俱完。宋南渡後，道士賜紫者四，劉師禹、陳宗益、彭宗彦、曾若拙也。田之歲入米以斗計三百而贏，則宫之可藉以永久宜也。

而予竊有慨焉。常聞諸禮，士去國，止之者曰：「奈何去墳墓也？」子路去魯，顏子俾之哭墓而後行。然則古人未嘗不以不得守其墳墓爲戚也。而唐、宋二大文人栖栖無所於歸，末年就京、就潁而家，悉不得歸近墳墓，豈其心之所樂哉？今瀧岡之阡，歲時展省如其子孫者，西陽宮道士也。據禮之常、揆義之正，雖若可慊，倘非歐陽子之文上配韓子，如麗天之星斗光于下土，與天無極，人之尊仰推之以愛敬其親者，亦將與天而無極，則亦何以能使其親之得此於人哉？夫能使其親之得此於人也，其不謂之孝子哉？夫得謂之孝子也，而但謂歐陽子爲文人，可乎哉？噫！此予所以不能已於西陽宮之記也。

仙岩元禧觀記

信之山水固奇秀，而龍虎山都其最。山之西十餘里，厓石嵌嵁，下瞰溪津，洞穴百數，有名者二十四，號爲仙岩。地勢險絶，人跡不到，陽顯陰幽。若或宅于其間龍虎勝境，寄身老子法者宮之。逮及國朝，盛極甲天下，一本三十六支，冠褐千餘，其崇隆豐厚，位望儕於親臣，資用儗於封君，前代所未嘗有。蓋其地氣之積鬱發達而然。開府大宗師以龍虎道士際遇世祖皇帝，依日月光，歷事五朝，眷渥如一。嗣其統於神奇者若而人，演其派於故山者若而人，分設宮觀布列朔南郡縣者不可勝計。

至若仙岩之卓詭殊特，自應乘其旺氣，而開府之徒孫張師嗣房始建觀于岩之陰，面玉屏、鉢盂、天馬諸山，名元禧觀。師恢廓慷慨，剛直自立。人有過，輒面折；人有急，周之無吝情。好讀書，能吟詩，每謂：「富貴浮雲，死生夜旦爾。倘不聞道，如未出世。」擇地營搆，俾其徒安内養、忘外想，蘄守清虚謙讓之教，前傳後續永不失墜也。嘗從開府入覲仁宗皇帝，制授體道通玄淵静法師，主潭州路岳麓宫，乃以元禧觀事屬其徒何斯可。致和元年，制授斯可明素通玄隆道法師，主仙岩元禧觀。

何之諸孫薛玄羲具建觀始末，薛之諸孫曾吾省詣予求文載諸石。羲曰：「元禧觀，延祐三年丙辰肇建，六月己未落成。殿名宗元，鐘樓、鼓樓翼于左右；堂名玄範，東西二廂曰楚樵、曰愛梅，東西二舘曰清真、曰寶玄。外設聽事之所。其二廡曰興仁、曰集義，中門扁曰漁樵真隱。一池前泓，曰環翠池；一澗横遶，橋以便往來，曰通德橋。觀之後有閑機洞，有芳潤圃，有玉泉井。茂林修竹，名花異果，羅簇葱蒨。買田若干畝以飯衆。經畫四五年，而功大集。泰定三年丙寅，張師化去，何師克紹先志，凡營搆未備者，一一修完。觀之陽諸岩嶄峭，或啥呀而中空，或瑰瑋而外見。川流中貫，風帆上下，探僻搜怪者時時而至。昔陸文安公偕文學士七十八人游覽，留其名氏。今元禧之建，可無記乎？願得一言與文安之記并刻，以誌後觀。」

予夙聞仙岩之名，而足不一履，未由模寫其態狀之彷彿。因嘅龍虎上清關係地勢，然亦有天焉，亦有人焉。天運將昌其教，而教門之繼繼承承，莫非人才之傑。人才之傑，有以當地氣之靈，地氣之靈，有以符天運之昌，天、地與人三者合一，龍虎上清之極盛于今也，豈偶然哉？仙岩之元禧則傑才之衍、靈氣之波、昌運之瀦也。

清溪道院記

希夷處士名允，字從道，氏老子之氏，年未六十，鬚髯皓然，貌老子之貌。不求身顯，不與時競，隨俗浮沉，隱遯於市，行老子之行也。察其心，若混兮其無物；觀其跡，若冲兮其不盈，又將道老子之道者焉。其先河北曲陽人也，少負豪氣，常登恒山瞻海，曰：「意欲挾百嶽而跨東溟，騰九霄而隘六合也。」其後涉大江而南遊，望龍蟠之阜，瞰虎踞之城，喟然嘆曰：「此偏方也，形勢乃有類京洛者乎？」遂留居而不去。尤愛清溪之浮涵瑩徹，買地數畝，搆室數楹。前俯清溪，而中以祠老子，扁曰「清溪道院」。

泰定乙丑冬，予過金陵，謁予文記之。予謂今之處士殆非昔之處士也，不然，何以有是祠？「玄之又玄」，必有悠然默契者矣。方將和其光，方將襲其名，方將如良賈之深藏，不示人以可見，天下不出户而遍，天道不窺牖而知，乾坤一萍也，人間外世奚啻塵垢糠粃，曾是足以滓吾哉！且處士也，老子也，二歟？一歟？其氏同也、其貌似也、其行可幾及也，何獨於道而猶難之？老子固言其道之易知易行，而嘆人之莫知莫行也。小則私一己而葆真，大則公一世而還浮，存乎其人而已。如志之，果在於斯道乎？予有道德經注二卷，可以實藏室之藏，而亦焉用予之文爲？

大瀛海道院記

外察乎天，内包乎地，三旁無垠，而下無底者，大瀛海也。非沖融混冥，智周寥廓，能納六合於方寸，未易與語此。

而有客授予以大瀛海之圖，爲之瞿然以驚。謂客曰：「此惡可圖也？而孰爲爲之哉？」展而視之，則荒厓斥澤之間，浮沙淺水之上，一勺之沮洳，一撮之塉瘠，夫豈沖和清淵明秀之所鍾！乃或堂而構焉，以爲栖霞餐露之舘，而冒之以是名也，又爲之喟然以吁。授圖者曰：「達人奚索之之深也？鄞之東南北里達于海，舟行八十里曰象山，有縣。縣之東二十里曰爵溪，潮汐齧衝，賈舶絡繹，東望日本，南走天台。世傳神仙安期生之往來也，故其名至于今好仙道，其鄉曰游仙。至元癸未，鄉之人王翁棄妻子，改名一真，結屋其隈，延接方外之交。前代善書之人嘗有『大瀛海』三字，購而得之，因以爲扁。大德丁未，天台崇道觀道士吕虛夷爲縣令，禱雨有應，王翁一見而莫逆也，遂與共處。王逝而呂嗣，主教者命之世守，方將資衆力大其居，又欲資一言久其名也，爲是手圖以來。蟻之於垤也，蝸之於殼也，涔蹄之於廣居大囿也，亦各適其適也，而達人奚索之之深耶？」

予於是進道士，與語曰：「子生長海瀕，請爲子竟瀛海之説。禹貢敘事至訖于四海而止訖者，地之盡處也。海之環旋，東、西、南、北相通也，而西海、北海人所不見，何也？西北地高，或踞高窺下，則見極深之壑，如井沉沉然，蓋海云。東南地卑，海水旁溢，不啻萬有餘里。中國之地廣輪方三千里耳，而東連海岸，以勾股稽之，水之所浸，倍於中國之地二十而羨，其間洲島國土不可勝窮，若三神山者，蓋不知其幾也，奚獨蓬萊、方丈、瀛洲也哉？載籍之所不記，人跡之所不及，而惟長年度世之流，形質銷鑠，神氣澂凝，逍遥飛步乎太空之中者得而至焉。人也雖非彝教庸行，而胚冑氣秉絶識，超越凡庶萬萬也，企而慕之者人人而然，能幾彷彿者誰與？名不混世，實不離世，稯稯營營，卒與幾耎肖翹之類俱爲塵泥，其亦可哀也夫！今子出乎四民之外，不與遊方之内者爲徒，詎可但以大其居、久其名之爲務哉？必有事焉可也。他日朝燕暮越，瞬息八極，泠然御風，過三神山之頂，臨觀舊鄉而一笑，下覷人間，自稱爲道人，非子也耶？」道士改容曰：「謹聞命，敬聞命。」於是乎書以遺之。

仙城本心樓記

龍虎山形勢之奇秀莫可與儷，自宜爲神君仙子之所棲止。其後罔名象山，金谿陸先生亦嘗搆室而講道焉，至今使人尊慕而不忘。上清道士劉立中致和，生長儒家，寄迹老氏法，好尚迥與衆異。得地於龍虎山之仙城，築宫以祠老子。若仙岩、若臺山、若琵琶，左右前後森列環合，一覽在目。而象山直其東，乃相西偏作樓三間以面之。樓藏書數百卷，扁之曰「本心」。焚香讀書其間，儼然如瞻文安在前也。致和來京師語其事，且請記。

予嘆曰：致和之見固及此乎？夫人之生也，以天地之氣凝聚而有形，以天地之理付畀而有性。心也者，形之主宰、性之郛郭也。此一心也，自堯、舜、禹、湯、文、武、周公，傳之以至于孔子，其道同。道之爲道，具於心，豈有外心而求道者哉？而孔子教人，未嘗直言心體。蓋日用事物，莫非此心之用。於其用處各當其理，而心之體在是矣。「操舍存亡，惟心之謂」，孔子之言也，其言不見於論語之所記，而得之於孟子之傳。則知孔子教人，非不言心也。一時學者未可與言，而言有所未及爾。孟子傳孔子之道，而患學者之失其本心也，於是始明指本心以教人。其言曰：「仁，人心也。放其心而不知求，哀哉！」又曰：「學問之道無他，求其放心而已矣。」又曰：「耳目之官不思而蔽於物，心之官則思。先立乎其大者，而其小者不能奪也。」嗚呼，至矣！此陸子之學所從出也。夫孟子言心，而謂之本心者，以心爲萬理之所根，猶草木之有本，而苗莖枝葉皆由是以生也。今人談陸之學，往往曰以本心爲學，而問其所以，則莫能知陸子之所以爲學者何如。是「本心」二字徒習聞其名，而未究竟其實也。夫陸子之學，非可以言傳也，况可以名求之哉？然此心也，人人所同，有反求諸身，即此而是。以心而學，非特陸子爲然，堯、舜、禹、湯、文、武、周、孔、顏、曾、思、孟以逮，邵、周、張、程諸子，蓋莫不然。故獨指陸子之學爲本心之學者，非知聖人之道者也。聖人之道應接酬酢，千變萬化，無一而非本心之發見。於此而見天理之當然，是之謂不失其本心，非專離去事物、寂然不動以固守其心而已也。致和朝於斯，夕於斯，身在一樓之中，心在一身之中，一日豁然有悟，超然有得，此心即陸子之心也，此道即聖人之道也。夫如是，則龍虎山之奇秀，又豈但以老子之宫而名天下！

紫極清隱山房記

夫心不溷濁之謂清，迹不章顯之謂隱。古之清静無爲、隱約無名者，予於周室守藏史老聃氏見之。粤稽聃書，「淵兮湛兮，清之極也。小而隱於柱下，大而隱於西徼」，隱者孰能及之哉？漢初尊其教，目爲道家言。張留侯、曹相國拾其緒餘，猶足以佐漢，以之治一身，寧不綽綽乎？後之道流，寄身老氏法中。豫章諸宫觀，紫極獨擅江山之勝，其道流之派分而七，一派自玉隆管轄孫師元明始，孫傳章、傳孫、傳魏，而至余師永和，嘗名其堂曰「清隱」。余傳胡、傳汪、傳劉，而至余師天熙。其於清隱之余，在家爲同宗之從子，出家爲繼祖之玄孫，號稱玄谷道人。

宅通都闤闠之地，静坐塊處，不願與事接，不願與物競。將虚其心，以期於清；晦其迹，以期於隱。其徒傅以誠善應世緣，遠近士大夫無不與之親厚優優於應者，其師之所以得安安於定也。至治辛酉，余命傅創樓，而扁曰「太古」，意甚深遠。至順辛未，傅又命其徒蕭自顥於堂之前築丹室奉其師，繚以中門，而榜曰「清隱山房」。予觀前余師首標清隱之名，而後余師遂蹈清隱之實，傅又善事其師，俾無或撓其心、滯其迹者。虚之又虚，進進而無爲；晦之又晦，駸駸而無名，玄谷師之能全其高也可待矣。

予每客豫章，必造紫極，獲識孫師安定。泰定乙丑，還自禁林，泊舟宫門之外，而留信宿，與余、傅二師聚談，嘉其師弟子之不相沿而互相成也。後八年，至順壬申，傅師過予，敍其清隱山房顛末，於是悄然嘆曰：「予讀易，窺聖人洗心齊戒者，其清也；遯世潛藏者，其隱也。然聖人之心常清，而迹之隱顯隨時，不必於隱也。」老氏與夫子同生周季，專守無爲無名之道，固亦吾夫子之所尊，至今能立其教，與夫子并，允謂博大真人哉！囿於其教、味於其道者殆鮮。道流之宫而睹清隱之名，已可驚喜，况又有睎清隱之實如玄谷者焉，惡乎而不敬異之也？昔嘗爲詩太古樓矣，故今復爲記清隱山房云。傅者，梅岩師也。

崇賢舘記

龍虎山之北十里許，有白雲嶺，嶺峻而徑幾，凡之龍虎者，必由斯徑也。貴賤老少，緩步以涉，無不氣促而力憊。上清外史薛玄卿，静中觀動，而閔其勞也，乃於嶺之東構二亭，嶺之西構一舘，俾得憇息焉。又買田若干畝，收其歲入，供湯茗之資，以待過客，而沃其喉吻之焦，其心亦仁矣哉！

或曰：「玄卿學老氏，老氏貴玄玄之道，而賤煦煦之仁。今之爲是煦煦也，得無以其所賤待人乎？」或曰：「勞瘁于斯者，少賤有所不獲免。老者可以休，貴者可以逸，而胡爲乎來哉？其必有所牽也。終身役役，爾然以疲，可大哀已。而彼不自哀也，是豈可以言而諭？使之駐足斯舘，游目斯亭，覽群峰之奇勝，納六合之廣大，當勞瘁之餘，而悠然遐想，恍然頓悟，將外境俱忘，内慮冰銷，知閑閑静退之高，而擾擾飛奔之癡也。是蓋善以玄玄之道覺斯人者，而豈徒以煦煦以爲仁乎哉？」或又曰：「玄卿之於老氏，寄迹焉爾，其心則儒也。儒之心，寒者思暄之，暍者思清之。雖見一牛之喘，聞孤獸之號，猶且惻然動不忍之心，而况於人乎？救餓必發廩，利涉必成梁，固也。廩未發而粥以食餓，梁未成而輿以濟人，亦時措之宜而賢乎已，詎可謂之小惠而不爲也耶？」

是三者之説各不同，予歷舉以問玄卿，玄卿笑而不言。於是筆之爲崇賢舘記。

卷四十九　記

宜黄縣杜𤐝興祖禪寺重脩記

宜黄，小邑也，寺之以禪名者八數，杜𤐝其一也。寺後枕崇岡，前頫大溪。北之山曰筆峯，南之山曰南搭，東之山曰重華，西之山曰西華，他山不能悉紀也。恒産不滿二百畝，水毁其四之一。貲力微薄，而寺僧世守之，逮于今不替。雖曰地氣之鍾聚、人心之信嚮有以致，然亦主之者能維持保葺而然也。寺無碑記，莫考本初。改律爲禪自雅師始，雅師而新師，十四傳矣。

至元丁亥，新之徒行元主其寺，節縮所出，積儹所入，又得諸大家樂施，若佛殿、若法堂、若樓閣、若廚庫，東廡西廡，中門外門，或後或先，以漸脩建。月增歲益，完美偉然，有隆盛之勢。裝飾像設，瞻者竦敬。蓋自至元壬辰訖延祐甲寅，二十三年之所經營也。元之徒四人：曰宗敏、曰宗祐、曰宗愷、曰宗義。延祐丁巳，宗義嗣其師爲寺主。泰定丙寅，鑄洪鍾，竪巍樓，聲聞振揚，規制寵峻，鏝艧甓甃，倍加雄麗於昔，亦皆衆力之助成也。義之徒五人：曰自亨、曰自泰、曰自智、曰自惠、曰自璋。

致和戊辰春，主僧來言先師艱難興創於前，宗義刻厲繼承於後，懼事迹久而湮泯，将勒石以垂不朽，丐文文之，且於碑陰并存施財爲鍾與樓者之姓名。予嘉其意之公廣悠久也，不辭其請，而爲文以畀。宗義秉戒虔，應務熟，僧俗咸欽重焉。烏乎！世之公卿大夫士所以謀國家而詒子孫，有能長計遠慮若此者乎？

净居院記

崇仁一縣六鄉，而崇仁鄉之地最廣。鄉之南鄙不二十里間，僧之院有九，貲力則長興院爲甲，徒衆則净居院爲盛。其初，同鄉陂頭袁氏施田一百八十畝共一區，田之兩旁山林園野皆與焉。宋紹定庚寅，院遭虔寇殘燬，既燬而脩，久而後完。景定甲子，僧覺應建法堂及東廡；咸淳丙寅，僧覺昇建佛殿及西廡。前所建法堂鏝以采，甃以甓，而猶未周備也。皇元大德甲辰，僧道正重脩佛殿、兩廡，增益陶瓦，鱗比縷密，加以鏝甃。越三載，造新庖。延祐乙卯，造中門、外門，回環四圍繚以墻屋。次年鑄大鐘，又次年新覆法堂，又次年題助於樂善好施之人以造鍾樓，望之巋然，即之偉然，而院始周備矣。予適家食，道正求文記之。

嗚呼！晉、唐以來，佛法與儒、老二家并而爲三教。三教兼崇，無所偏重者，皇元之德也。前此僧自置司徵取，無藝力不能支，往往僧逊而院廢。皇上御極，嘉惠僧徒，罷去專官，四海之内咸仰聖恩，大小寺院浸以興隆。净居在深山之中，非若大禪刹日費浩瀚，然數年以前，幾不能以自立。今而得以安居暇食，香燈鐘鼓晨夕供養，優遊自樂，有此室廬，非賴吾皇天涵地育之賜，其何以臻此哉？

僧道正，豐城徐氏。其師曰永順，其祖師曰覺應。道正之下，其徒殆将十人。九院長興、修祈、華嚴、芙蓉各有僧，義興、石繩、龍泉、龍興皆净居之徒分處。

海雲精舍記

不廬而居，不耕而食者，浮屠氏也。其初蓋不以奉身之物累其心爾。後世尊重其教，優異其徒，而宏敞其居，豐饒其食，則至貴至富之奉亦或蔑以加焉。其初豈若是哉？不惟處者然也，而行者亦有奉。或行千萬里之遠，或歷千萬日之久，不問舍而有歸依止宿之適，不齊糧而無羈旅窮乏之虞，奢之者曰：「此佛教之所以爲盛，佛徒之所以爲能也。」臨川海雲精舍，當一郡闤闠之衝，而爲僧人接待之所。僧之游行至是，饑者得以飼，勞者得以息，無不容納，如大海之於百川；任其去住，如浮雲之於太空。供給日仰於人，而未嘗不足。主之者誰與？僧文煥實肇其事。煥過姓，郡城人也，爲僧於金溪之静思院。至元甲申，游閩遊浙，謁蒙山和尚而有契。久之還鄉，結茅白水渡，離郡而孤栖。家有二兄，嘉其厲行，大德戊戌，仲兄良弼首讓己宅爲今精舍，伯兄仁亦割己田助其日費。既有以居、既有以食，乃精專自寫四大部經，由是感孚賢善，競捨財粟。皇慶壬子，始大營繕，寶藏法輪、金仙正殿，巍然壯觀，輪奂一新，綱條具舉。延祐乙卯，焕年四十有一，端坐入滅。二兄念焕開基勤篤，思得其繼。僉言静思院僧文恢，焕之同派，戒律素嚴，善譽久著，必能成焕之志。於是合辭以請。

恢來嗣業，一遵成規，有崇無墮。庖厨、府庫、僧堂、旁舍，備所未備，上瓦下甓，蓋甃完整，丹漆艧塗，煒煜美觀，純金裝飾梵相五身。又市鄰屋，撤而擴之，則出富室吴仁甫之力。捐俸起立華嚴寶閣，上塑觀音及善財五十三參像，裝嚴圓滿。又市近地，闢而拓之，則承郡牧閭閭公之意。諸方僧衆、二教勝流來往過從殆無虚日，轉藏徼福，繩繩不絶；施財施田，月益歲增。鐘魚震揚，香積芬苾，幾若十方大禪刹之風，恢之成終可無負於焕之創始也已。郡牧徵予文爲記精舍始末。予惟二師先後相資，其善心公溥，共願力堅固，有可書者，遂不辭。

抑嘗聞釋氏經教言飯善人福最深重，而謂飯善人不如飯五戒，飯五戒不如飯四果，况諸菩薩佛又在其上。每日飯于精舍之人，莫能知飯者之人品高下等爲何如，則飯之者福德深淺重輕固亦莫可知也。師之意若曰：「佛心慈悲，佛門廣大，來者飯之而已，不問彼之人品也，又奚暇計此之福德哉？」文焕師號稱懶牛，文恢師號稱了如云。

泰元院記

泰元院者，崇仁雲峯院僧恒可之所肇創，院在宜黄崇賢鄉之笠南磜。其初山谷深阻，草樹蒙翳，狐狸豺狼之所窟宅，夔魈盗賊之所藏匿。延祐己未春，恒可翦除荆榛，墾闢基址，於其西偏、東偏，構供佛、栖僧之屋各一。泰定甲子，始建佛殿於中，旁有樓閣，前爲三門，繚以廊廡，額曰「泰元院」。廣其田以食衆，度其徒以繼緒。請予記其肇創之由，以貽永久。

恒可，福之候官縣人，而於撫之崇仁爲僧。嘗從講主演説經論，後遂披法衣坐講席。欽奉國恩，受袈裟之賜至再，受大師之號亦至再。初號圓悟，繼號弘教浄明。此俗僧之所夸以爲尊、所羡以爲榮者，而恒可不然，方且幽尋人跡不到之地以營梵宫，不私其所有而與衆共，殊無一毫貪癡留滯於胸臆。予以爲當於佛法中求之，而非可與世之族僧例例視也。故於其請記也不復辭，文以畀之，俾歸刻于石。

雲峯院重脩記

崇仁縣之鄉凡六，而崇仁一鄉地最廣，山最多。鄉之雲峯院，距縣八十里，在重岡複嶺間。東南有馬祖岩，西有山曰龍湞、有峯曰疊石。院蓋肇於唐，前時廢興無碑記可考，至宋末将圮。國朝初，僧法旻道建鐘樓，德杲、德鑑新佛殿及佛像，恒可、恒敬新法堂及供器，又立外門。繼而恒惠修一二門，造廊廡，德郴、德義備其未備，以底于完美。僧寮派別，而各寮俱肯悉心協力，用能使營構周足，設飾輝煌，壯梵王之居、聳衆目之觀有如此者，由其心公力勤故也。僧來謁記。

予聞洪之分寧亦有雲峯院，昔南曾氏作記，薄其土俗，而稱院僧道常斥散有餘，淡泊無累，獨與彼土之敝俗異。今吾崇仁民俗素厚，非如分寧，而雲峯僧衆皆閩人、饒人，心無所私，力無所靳，與吾鄉之善俗同。予安得不嘉之重嘉之，而樂爲之記乎？

元真院長明燈記

噫！佛氏之教，四大俱幻，萬緣俱空，以天地父母生成之身爲大累，况身外物耶？爲佛氏之徒，崇佛氏之教，夫孰敢云非是而不之貴？然而着貪癡者營營自私，汲汲多積，視外物重於身，愈有而愈不足。倘俾公其所有，雖毫毛之微，如丘山之重，靳靳然難之，或乃甚於市井殖貨、閭閻畜帑利者之爲。噫！是誠何心哉？佛教固若是乎？

古豐城之會昌鄉有元真院，廢也久矣，而净居衆僧惠空興之，其徒惟敘敦土木之事。功半而空入滅，敘竭力成之。殿堂樓閣、門廡館庖，舍僧之室，供佛之器咸具靡闕。捨己所有之田悉歸于公，以飯徒衆，其用心也公矣。又作長明燈三炬，一供佛、一供普庵師、一供后土祇。别施己財買田，歲入以斗計者三百，詒之後人，專給燈費，期於永久，續續如初，其爲謀也遠哉！心之公、謀之遠，於佛之教其庶幾，於佛之徒其亦可尚也已。雖然，燈之長明果何謂？所以象佛之性常明也。朝朝暮暮，歲歲時時，常明不滅。彼燈如是，吾性亦然。融大圓光普照世間黑闇冥迷，刹刹塵塵同囿浄惠正覺之内，是又佛祖禪宗所傳之燈，歷千萬劫而長明者。諸有等是虚妄，畢竟銷亡，惟此一燈真實自如。吾今説是燈已，見在未來一切僧衆皆當歡喜踊躍，信受奉行。

五峯庵記

自佛氏之教行乎中土，其始也，福田利益之説足以誘庸愚；其久也，明心見性之説足以悦賢智。是以智愚賢不肖，莫不翕然信奉而尊事之，由晉、隋、唐、宋以逮于今，可謂盛矣。百年之前，袁州慈化寺僧號普庵師，得正覺法，了悟自性，作慈閔念，濟度衆生。住世之時，固已起人之尊慕；入滅之後，威靈氣燄震燿遠近。信奉之者跨越江淮，奔走祠下，一歲不知幾千萬億人。僻在荒服，亦且航海梯山而效布施，圖刻像貌，家家而然。凡有天灾人禍，必叩普庵普庵云。

僧道興者，瑞州高安諶氏之子。幼年辭家，捨身臨江寶慶院，苦行勤力，遍遊諸方，道路橋梁種種方便事，不憚勞瘁，獨力修完。歲在乙亥，歷撫州宜黄。于時疫癘熇熾，憑普庵師威神發願救治。是年六月，行宜黄南鄙之仙符坪，左黄山，右華蓋，五峯森聳乎其前，照鏡石、仙人塔隱暎乎其後。水口無路可通，沿流而下，有九龍淵幽閴寥迥，亢爽顯敞，拱衛旁羅，襟抱環匝，於佛境界爲宜。遂結草爲庵，名曰五峯。地屬袁氏，即日喜捨，庵之四畔林皁原陸悉以歸焉。墾闢荒蕪，自給衣食。每有祈禳，應答如響，趍之者如市。至元壬午，有樂貢士祈禳獲安，施杉木一千株，搆佛殿及藏殿，運轉法輪。大德庚子，於東建觀音閣。至大己酉時，西建華嚴閣，門廡、庖厨一一周遍。又設普庵道場，曰玉泉庵，命其徒覺了主之。又造僧寮一所，曰桂溪庵，命其友江生主之。

夫道興赤手而來，於萬山之間人迹不到之處誅茅菅、剪荆棘、驅狐狸豺狼，而立佛祠。乙亥至癸丑，垂四十年，鼓舞群動，赫赫如小慈化，雖曰福利之誘人，然非堅志長才足以辦事，亦安能成就若此？故嘗謂世之士大夫學孔氏之教者，食君上之禄，膺民社之寄，使人人能如佛氏之徒，何事不可辦？而素餐尸位怠其事者比比，可嘆已！吾安得不於道興之所爲，而嘉其志、其才之不易及哉！

興之爲僧也，續吉州三學派，禮臺山禪寺僧大顯爲師。興傳之德通，通傳之惠深，是以五峯開山以來相傳之次。

小臺院記

小臺院在撫樂安天授鄉杯山之灣，唐僧肇建，而宋僧德聰、神寶、自滿、智清、守寧、紹端、嗣海、了印、道洪、道源、道溟，經咸淳辛未，院廢。大元至元甲申，洪豐城静安寺僧法成來起廢，院再興。成而智敬，敬而得寧，寧而惠昌，亦且四傳矣。考之舊碑，宋元祐間，自滿主院事時，里人陳若谷兄弟肯有所施，象設一新，滿之徒智清請記於游主簿極。

紹熙間，僧了印宏敞其居。開禧、嘉定，里人鄭安國父子續有所施，營構大備，印之徒道源請記於劉居士迂。

院之再興也，大德庚子，里人黄一元、殷正吉造佛殿；至大庚戌，塑一佛、二菩薩於法堂者，亦一元所施也。延祐甲寅，僧惠昌自出己橐，諸善士曁黄助之，起鐘樓，脩殿宇，并完三門、兩廡、諸寮及羅漢像十八。泰定丁卯，作大佛像七，福海上覆，香案前横，金飾花果羅列璀璨，甓甃内外鏝艧輝煌者，又一元所施。一元翁年八十矣，過予求文以記，將欲佛像僧廬之永久不敝壞也，俾衆目觀瞻，想佛氣燄，駭佛神靈，而勉於爲善，懾於爲惡，翁之用意厚矣哉！

嗚呼！自佛法之行乎中國也，鼓舞一切智愚翕然信從之。然智者之根有利鈍，愚者之疾有微劇，信從則一，而所以信從之實，奚啻百千萬品之不齊！約其大較，則有四：上焉者超於無，徑造頓悟，諸緣悉空，智根之利也；次焉者猶未免滯於有，或由教入，或由律入，或由禪入，而以漸至，智根之鈍也；下焉者徼其福，謂佛真能貴我富我、壽我康我，愚之疾微也；其最下者，直不過怖其禍爾，必有所感觸，必有所嚴憚，境變心移，庶或可幾其畏威寡罪，愚疾之劇也。然則佛教之夸靡烜赫于其居處像設者，殆劇疾者之藥歟？游之記曰：「闡教敬言俗。」劉之記兼存普攝，蓋亦如予所云。

予以黄翁昌師之發念積既可嘉尚，故爲申前碑之説而記焉。

雲峯院經藏記

藏者何？藏經之所也，昔釋迦牟尼佛以世外法爲天人師，凡一言之出，聞者莫不恭敬作禮，圍繞讚嘆，何也？以其言誠可尊重故也。匪特其徒爲然，後千餘載傳入中土，中土之人尊之重之，亦如其國。譯以華言，名之曰經，不敢輕慢也。措諸塔廟，貯之以藏，不敢褻瀆故也。藏之所在，經之所在，其尊其重，如佛在是。無智愚，無貴無賤，人想慕其功德，烜赫其威神焉。

雲峯院經藏者，僧自新及其徒妙鑒之所建也。院占宜黄縣南之上游，距縣六十里。宋初有里人樂黄琮譔記，亦莫詳其肇創之年代。無城市之喧囂，有山林之幽寂，事佛者居之爲稱。自新父母家里之樂氏，侍郎史之族裔也。離俗爲僧，謹朴淳厚，不畔佛之戒律。自至元己丑主院事，三十年餘，艱勤備嘗，以克植立。至治壬戌，授其徒妙鑒，抄題衆力，於癸亥歲建經藏一所。將底周完，而鑒先逝。新再主院，畢其前功。金飾二龍於兩楹爲護衛，甚偉。其徒孫曰道隆、曰福廣、曰慈珏，咸知輔翼其長。珏遍告善士，得所施助購四大部經滿足一藏。新來文記之，以示永久。

予謂經藏所藏之經，悟解之者超最上乘，其次上乘，其次中乘，又其次下乘，其下持戒脩福，亦可成就種種福果。藏制之圓象天，擬法輪之運轉無息也。院僧之所崇奉、善士之所信響，豈徒爲是美觀而已哉？新能率其徒爲永久計，以不墜其教，可嘉也夫！

卷五十　碑

崇文閣碑

國朝以神武定天下，我世祖皇帝以武之不可偏尚也，廣延四方耆碩之彦，與共謀議，遂能裨贊皇猷，脩舉百度，文治浸浸興焉。中統間，命儒臣教胄子；至元間，備監學官。成宗皇帝光紹祖烈，相臣哈喇哈孫欽承上意，作孔子廟於京師。御史臺言胄子之教寄寓官舍，隘陋非宜，奏請孔廟之西營建國子監學，以御史府所貯公帑充其費。逮至仁宗皇帝，文治日隆，僉謂監學櫝藏經書，宜得重屋以庋。有旨復令臺臣辦集其事，乃於監學之北構架書閣。閣四阿，檐三重，度以工師之引，其崇四常有一尺，南北之深六尋有奇，東西之廣倍差其深。延祐四年夏經始，六年冬積成。材木瓦甓諸物之直、工役飲食之費一皆出御史府。雄偉壯麗，燁然增監學之輝，名其閣曰「崇文」。英宗皇帝講行典禮，賁飾太平，文治極盛矣。臺臣請勒石崇文閣下，用紀告成之歲月，制命詞臣撰文，臣澂次當執筆。今上皇帝丕纂聖緒，動遵世祖成憲，於崇儒重道惓惓也。泰定元年春，誕降俞音，國子監立碑如臺臣所奏，臣澂謹録所撰之文以進。

臣聞若古有訓：「戡定禍亂曰武，經緯天地曰文。」武之與文，各適所用。然戡定禍亂，用於一時而已；經緯天地，則亘古亘今不可無也。何也？日月星辰，天之文也；山川草木，地之文也。人文與天地相爲經緯，則亦與天地相爲長久，而可一日無也哉？我世祖忽忽用武，日不暇給；而汲汲崇文，惟恐或後。此其高識深慮度越百王，宏規遠範垂示萬世，以爲聖子神孫法程，夫豈常人所能測知？蓋創業之初，非武無以彌亂；守成之後，非文無以致治。武猶毒藥之治病，病除即止；文猶五穀之養生，無時可棄也。有文治之君，必有文治之臣。文治之臣苟非教習之有其素，彼亦惘然，孰知文之所以爲文者？故建學以興文教，暢文風，涵育其人，將與人主共治也。斯文也，小而脩身、齊家，大而治國、平天下。言動之儀、倫紀之敘，事物理義之則、禮樂刑政之具，凡粲然相接、焕然可述，皆文也。古聖賢用世之文載在方册，不考古人之所以用世，不知今日之所以爲世用者也。然則聖朝之崇文，豈虚爲是名也哉？門之所庋，古聖賢之文也。立之師，使之以是而教；設弟子員，使之以是而學。教之而成，學之而能，則游居監學者濟濟然、彬彬然，人人閑於言動之儀，登於倫紀之敘；博通乎事物理義之則，詳究乎禮樂刑政之具。他日輔翊吾君，躋一世文治於堯、舜、三代之盛，由此而選也。夫如是，其可謂不負聖天子崇文之明命休德已。若夫不能潛心方册，真有得於古聖賢之所謂文，而涉獵乎淺末，炫燿乎葩華，曾是以爲文乎？上之所崇、下之所以爲世用者，蓋不在是。

臣澂再拜稽首，而献頌曰：

皇元肇興，於赫厥聲；天戈所指，如雷如霆。聖聖繼承，六合混一。
威命遠加，丕冒出日。神謀英略，敷遺後人。征誅以義，持守以仁。
既成武功，大闡文治。尊道隆儒，勸學講藝。京師首善，教胄設官。
孔廟巍巍，四方來觀。執法之臣，職務糾慝。爰矢嘉謨，弼我文德。
于廟之西，黌舍翬飛；于黌之北，傑閣雲齊。其閣伊何？有經有史。

傳采旁羅，有集有子。昔在中古，郁郁乎文；式克至今，用宏兹賁。詵詵多士，被服聖術。鳳翥鸞翔，虎炳豹蔚。維身之章，維國之光。匡扶盛化，上躋虞唐。民物阜蕃，禮樂明備。允顯崇文，昌運萬世。

通州文廟重脩碑

皇元有天下，文教自京師達郡縣，雖遐陬僻壤，莫不建學設官，以闡教事。通州近在畿甸，素聞廩給學官每至輒去，不惟教事廢弛，而孔廟亦且不葺，將就傾圮。永平楊齊賢繇豐潤縣教諭來爲通州學正，思振厥職。擇民間子弟可教者，得三十家，籍之入學，課之誦書，白之官府，而復其身。州之參李侯與州之長協心主張于上，於是其人咸願出力，以脩廟學。至治二年七月役興，八月績成。孔廟正殿、東西兩廡爰及外門上瓦下甓，杇鏝四周，奂然一新。講堂敝壞，上兩旁風蓋覆而塗墐之，前後窗牖、中外甃砌，悉備其所未備。其南則敞門塾一間，其北則續檐宇三間，以益堂之深，學者遂有藏息之所。廟之南竪穹碑，刻加封詔書示永久。積年之頹靡一旦而完整，雖曰學官之勤，微州官扶樹之功，胡能致是哉！

古之牧民者，常以教民孝悌忠信爲急務。通州之官能用意於廟學，不敢後，庶幾不愧古良牧之政矣。齊賢詣國史院，請書其事。予固樂稱其美，以爲後來治官、教官之勸。

州長名速朗吉大，其官承直；李侯，名也先，其官承事。在州多惠政，通民便之。初，榆河之西有閒田，欽依至元三十一年詔旨，撥隸州學。後運官奪取造廬舍，而私其僦利。齊賢遡于官，户部、禮部暨監察御史直其說，以畀州學如初。今齊賢又以餘暇率所轄三河縣之民，脩其縣之廟學，概可書也。

大都東嶽仁聖宫碑

天子祭天下名山，嶽爲衆山之宗，岱又諸嶽之宗也，東嶽泰山之有祠宜矣。而古今祠祭禮各不同。嶽者，地祇也，祭之以壇壝而弗廟。五嶽四瀆，立廟自拓拔氏始，當時惟總立一廟於桑乾水之陰，逮唐乃各立一廟於五嶽之麓。若東嶽泰山之廟遍天下，則肇於宋氏之中葉。

古者祭五嶽之禮視三公。蓋天者，帝也；地者，后也。諸神、諸祇，皆帝后之臣也。天之日月，地之嶽瀆，臣之最貴者，三公爲臣之極品，故祭之禮與公齊等。祭之秩次如公，而非以公爵爵之也。唐先天、開元間，謂漢以來王亦爵也，位公之右，於是封嶽祇而爵之曰王。宋大中祥符間，致隆嶽祠，猶以王爵爲未崇極，於是尊嶽祇而號之曰帝。意在乎尊之而已，禮之可不可，有不暇計。吁！咈哉！若神僭竊同天地，所以起大賢之嘅也。既廟之，又爵之；既爵之，又像之，地祇而肖像若人焉，至于今莫之或改也。

我世祖皇帝平一海内，制作之事未遑，尚仍前代之舊。東嶽舊號天齊仁聖，復加新號曰大生。郡縣并如金、宋時，有廟以祭東嶽。大都新築，規模宏〔一〕遠，祖社朝市、廟學宫署無一不備，獨東嶽廟未建。玄教大宗師張開府留孫職掌禱祠，晨夕親密。欽承上意，買地城東，擬建東嶽廟。事既徹聞，仁宗命政府庀役。開府辭曰：「臣願以私錢爲之。倘費

〔一〕「宏」，四庫本作「宋」，據文意改。

國財，勞民力，非臣之所以效報也。」上益加賞，遂勅有司護持，毋得沮撓。方將涓吉鳩工，而開府遽厭世。

嗣宗師吴特進全節深念師志永畢，竭心經營，不惜勞費，於壬戌春成大殿，成大門；於癸亥春成四子殿，成東西廡，諸神像各如其序。魯國大長公主捐資構後寢，勅賜廟額曰「仁聖宫」。特進以書來請記。予觀先開府之報上恩、今特進之繼師志，忠敬出於一誠，其美可書也。而余因及古今祠祭循習之由，以俟議禮者之討論。方今襲累朝積德之餘，際百年興禮之會，明聖在上，仁賢布列，必將追復二帝、三王之懿，盡革魏、唐、金、宋之駁。其於東嶽也，禮以地祇，而不人其像；尊比三公，而不帝其號。兆之如四望，而不屋其祠；庋縣於其方嶽，而不遍祠于郡縣。夫如是，雖玄聖復生，必無「曾謂泰山不如林放」之嘆。乘太平之基，新一代之典，昭示萬世之法程，斯其時矣。何幸吾身，親見之哉！

南安路帝師殿碑

宣政院臣奏請起立巴思八帝師寺殿，王音曰：「俞各省各路。」臣欽承唯謹。中順大夫、南安路總管府達魯花赤臣常山言：先太傅、開府儀同三司、冀國忠武公，先臣右侍儀使、資德大夫、中書右丞歷事先朝，世篤忠貞。臣被命守土，爲臣之禮敢有弗虔！於是躬董其事，得吉地於郡之東，購良材，集良工，棟宇崇峻，規模宏敞，大稱明時尊尚有人之意。遣其屬縣儒學臣陳幼實走臨川，俾前集賢直學士、奉議大夫臣吴澄文其碑。守臣所欽者，上旨也。雖老病退閑之小臣，何敢以固陋辭！

欽惟世祖皇帝混一區夏，創建法度，遠近大小文武之才各適其用。帝師，佛教之統也，翊贊皇猷爲有力焉。爰自古昔聖神君臨萬邦，因時制作，各有不同。鴻荒之世，民淳事簡，結繩而治之。至於黄帝，始命其臣蒼頡肇造書契，乃有文字以紀官政，以糾民慝。更數千[一]年，而周之臣籀頗損益之，名爲大篆。又數百年，而秦之臣斯再損益之，名爲小篆。且命程邈作隸書，以便官府行移，遵而用之，逮今千有餘歲矣。其字本祖蒼頡，而略變其體。然觀漢臣許慎説文，所載字以萬計，而不足以括天下之聲，有聲而無字者甚多也。皇元國音與中土異，則尤非舊字之所可該。帝師具大智慧，而多技能，爲皇朝制新字。字僅千餘，凡人之言語，苟有其音者，無不有其字。蓋舊字或象其形，或指其事，或會其意，或諧其聲，大率以形爲主，人以手傳而目視者也。新字合平、上、去、入四聲之韻，分唇、齒、舌、牙、喉七音之母，一皆以聲爲主，人以口授而耳聽者也。聲音之學出自佛界，耳聞妙悟多由於音之學，於中土有曰娑陀力，有曰雞識，有曰沙識，有曰沙侯加濫，有曰沙臘，有曰般贍，有曰俟利箑。其别有七，於樂爲宫、商、角、徵、羽、變宫、變徵之七調，於字爲喉、牙、舌、齒、唇、半齒、半舌之七音。此佛氏遺教聲學大原，而帝師悟此，以開皇朝一代同文之治者也。聖度如大，無所不容；聖鑒如日，無所不照。所以徇近臣之請，而致隆致厚，以示報也。

[一]「千」，四庫本作「十」，據文意改。

先是，南安守臣教養蒙古字生徒，新其學舍，可謂知所重矣。及是帝師殿成，中大夫總管臣張昉、同知總管府事臣某、判官臣饒某，暨經歷、知事、提控、照磨臣梁某、臣安某、臣饒某，若長若正，若貳若參，莫不同寅恊恭，以竭尊君敬上之仁，而於是役也，唯恐或後。猗歟欽哉！臣澄既爲書其事，而復繫之以詩。詩曰：

兩間初屯，狉狉榛榛。蒼圖黄書，載基人文。醨醇散朴，變逮秦邈。世異文同，未或有作。於昭皇元，一統九垠。輓今追古，六典四墳。天賚西師，躡籀轉斯。妙悟佛音，國字滋滋，帝臣有心，帝有俞音。隆師重本，咸用丕欽。新字翼翼，遺像有赫。報祀惟崇，永永無斁。

撫州路帝師殿碑

欽惟世祖皇帝朝，八思八帝師肇造蒙古字，爲皇元書同文之始。仁宗皇帝命天下各省各路起立帝師寺，以示褒崇。今上嗣服，再頒特旨，聖心眷注，俾加隆於文廟。不與其餘，不急造作，同恩綸誕敷，雷震風動。越在外服，臣欽承唯謹。

宣武將軍、撫州路達魯花赤臣閭閭躬董是役，卜地於寶應寺之左，廣壽寺之右，高明爽塏，宏敞行迤。從度之，其深六十尋有奇；衡度行，其廣五分其深之二。中創正殿，崇二常有半，廣視崇加尋有五尺，深視廣殺尋有七尺。後建法堂，崇視常九尺，廣視崇加尋有二尺五寸，深視廣殺尋有二尺五寸。前立三門。崇二常有四尺，廣視崇加一尺，深視廣殺尋有二尺。堂之左右翼爲屋各五間，其深廣與堂稱。門之左右有便門，有二塾，爲屋各十有四間，其深廣與門稱。兩廡周于殿之東西，前際門之左右塾，後際堂之左右翼，爲屋各十有三間。左廡、右廡之中有東堂，有西堂，各三間，環拱正殿，上合天象，如紫微、太微之有垣。三門之外欞星門，其楹六，楹之竪于地者通計二百有五十。屋據高厚，俯臨闤闠，望之巍然，彪炳雄偉，足以稱皇朝尊奉帝師之意。工役重大，而民不病其勞，官不病其費。蓋唯郡臣虔恭勤恪，劑裁運調有其才，是以不期歲告成，極崇侈壯麗之觀，可傳示于永久。猗歟盛哉！

竊謂自有書契以來，爲一代之文而通行乎天下者，逮及皇元凡四矣。黄帝之時，倉頡始制字；行之數千年，周太史籀頗損益之；行之數百年，秦丞相斯復損益之；秦又制爲隸字，以便官府。倉頡古文、史籀大篆、李斯小篆、程邈隸書，字體雖小不同，大抵皆因形而造字。蒙古字之大異前代者，以聲不以形也。故字甚簡約，而唇、齒、舌、牙、喉之聲一無所遺。倘非帝師具正覺智，悟大梵音從衡妙用無施不可，天實賚之以備皇朝之制作，其孰能爲之哉？宜其今日受崇極之報也。聖上遠繼世祖之志，近述仁考之事，以致奉先之孝，天下臣子咸用丕欽，以盡奉上之敬。繼自今，德教所被，一皆以孝心、敬心爲之本，而聲學、字學之用，使太平之治光輝烜赫于千萬世，由此其基也。遠方小臣爲記其成，非但嘉郡臣有成之績，蓋以贊皇治無疆之休也。

華蓋山雷壇碑

風雨雲雷，均之爲有功于民也，祀典有風雨而無雲雷，然屈原九歌有雲中君，則楚俗固祀雲神矣。今黄冠師禱祈必禮雷神，禮雖先王未之有，而可以義起者，此類也夫。

吾家之南三十里，有山崒然而高，曰華蓋。能興雲，能致雨，常多迅雷烈風。山峰卓立，下臨懸厓，厓石空洞如頣。天將雨，雲氣一縷如爐烟直上，俄而雷聲殷殷，由空洞中出，以升於天，此予之所親見。而雷震之威，俗傳其神異可駭可怖，不可勝計。山祠仙靈，禱祈不絶，徼福之人往往不吝財施。祠仙有屋，祠雷無壇。吾里鄭子春命工琢石累壇三，成爲禮雷神之所。

考之古禮，祀日、祀月、祀星，曰王宫、曰夜明、曰幽宗，皆壇也，風師、雨師，亦於壇而祀。以義起之，雷爲天神，其有壇也宜。

邑二令李粲嘉之，而記其事。鄭之友陳种爲予言其嚴敬天神之誠，予之嘉之猶二令也，爲是爲作迎享送神之辭，俾有禱有祈者歌以祀焉。辭曰：

起巖穴兮行蒼冥，騰騰以上兮遠邇聞聲。神之來兮雨八紘，砉然大震兮天下驚。蘇困蟄兮發屯萌，翼元化兮生萬生。雲收兮日晶，神功若無兮藏閟其鳴，山共長天兮萬古青青。

崇仁縣孔子廟碑

夫學校之設，三代至今，數[一]千年矣。所以明人倫而善風俗，所以育人材而裨正教，其關繫豈小哉！而學之尊先聖也，自漢以來，未有一定之制，亦未有通祀之典。唐開元間，定孔子爲先聖，廟而衮冕南面，每歲春秋祀焉。由是廟學之禮益備，凡有學者必有廟，示其尊也。

撫崇仁，江右壯邑。縣學據一邑之中，近横清漣，遠矗蒼翠，山水之秀鮮儷。前五十年遭兵火而毁，後買民間舊屋起立爲殿、爲堂，苟簡取具而已。泰定三年冬，真定史侯景讓來作尹，視孔廟敝陋，將謀更造，邑丞祝彬相與協贊。四年春，召匠以計。未幾丞去，尹獨尸其事。既得良材，乃於九月壬子興役，十二月己亥竪楹，悉徹其舊，易以新構。用竹木瓦甓暨石若干，斧之工千三百，鋸之工百五十。度以工師之度，其崇三尋有二尺，其

[一]「數」字之上原衍一「今」字，據成化本删。

廣五尋，其深三尋有六尺。五年三月告成。巍巍赫赫，大稱聖朝崇儒重道、憲官勉厲之意。侯其有見於風俗之機、政教之本也與！夫崇仁學産之入，歲用且或不給，而克臻是者，侯之用心公而用人當也。

邑人陳祥慷慨有幹略，前時倡議修縣治之譙樓，輿論偉之。及是知邑宰之用心於廟學也，率先乎衆，而出金濟急；代任其勞，而市財鳩匠。又與教官榮應瑞勸在學職員各捐己俸，在邑、在鄉好義之家咸樂致助。蓋率衆而人先之，則有義者孰不願輸其財；代勞而肯任之，則有職者孰不競效其力。此費之所以辦、事之所以集也。

雖然，侯之所以新孔廟，豈徒然乎？將以聳動觀瞻，振起偷惰。居游於學之士於是警發而厚於倫，可以端群下之表儀；而優於才，可以待公上之選舉焉耳。況崇仁近世之先達，德行則有若尚書何公，事業則有若僉書羅公，博洽則有若侍郎李公，奥學則有四吴，清節則二謝，皆後來之所當睎慕者。進而有聞乎孔道，則又有光於前。夫如是，庶幾不負邑宰作興期望之心，邑之士其可不自勉哉！

江西等處行中書省照磨李侯平反疑獄之碑

李侯名楫，字濟川，番陽人。自袁州路經歷遷新淦州判官，大德壬寅至官，丁未得代。明敏公勤，精於吏事。佐州六年，令行政舉，聲譽著聞，當路每委用焉。

朝廷命使者巡行天下，彰别淑慝，臨江官吏俱受譴責。至新淦，侯迎謁應對得宜，使者嘉之，分遣詣安福、永新，出吏贓鈔以貫計凡六千二百有五十，六年之間，平反鄰州鄰縣疑獄者四。

其一，新喻民求姦弗獲，殺死婦人，七歲女在旁，并殺之以滅口。時暮夜無証左，囚不肯伏，輒番易牽連無辜七十餘人，三年不决。侯設法鞫問，精辨器仗衣服詰囚，囚駭然無辭，遂伏辜。釋所罣罥，歡聲如雷。

其二，奉新庖人治庖於豪民之家不返，其兄偵伺不得蹤跡，與穀千斗，囑其兄俾勿訟。其兄受券聞於官，豪民結連華校數人，指言其兄已得其弟溺死之屍於某水中，焚之以歸。

吏受賕曲是其説，鍜鍊其兄，以爲誣告，校寘獄，將議罪。侯視豪民自書與穀之券，曰：「豈有無慊於中而私賄人者？」究問，乃庖人通豪家之婢，豪民之子見而殺之，投其屍於水，遂脱庖人之兄所荷校，以校豪民之子，干繫三十有八人悉免，一邑稱快。

其三，靖安有獄，謂甲姦乙妻，勒死乙。或謂乙與丙交争，乙折丙齒，懼罪而自經於丙之門。檢官以死者項後痕不交匝，遂定爲勒死。侯取他文卷參考，有自經死而痕不交匝者；又以洗冤録所載「自縊者屍下地三尺有炭」依其法驗之，於所縊柘樹下掘地二尺五寸，果有炭塊數十，遂定爲縊死。

其四，奉新甲告乙盗葬山地，官吏監改。職役人黨甲，不待乙至，掘其父棺。乙與甲鬩至丙之門，而甲之僕丁鬭毆死。官謂乙盗葬，謂盗葬縱或侵越，謂盗葬則非也。官吏職役擅發乙父之棺，以致交鬩，而遂毆死，亦偶中傷，而非故殺。

前二事失出，後二事失入，累年掩昧，至侯始得明允，非真見定力不能也。侯母夫人年近八十，侯出問事歸，有所平反，夫人輒喜。年與夫人相若者，侯客之，升堂把酒爲壽。善畫者作家慶圖，賦詩夸揚，以娱其親。侯於橋梁道路加意修治，州郭外有嶽祠傾杞，侯曰：「嶽於祀典最重。」捐己費葺之，其他興滯補弊率類此。僉廉訪司事李公嘉侯，薦之曰：「廉潔詳明，宜寘風憲。」今授江西等處行中書省照磨，朝廷所以旌能也。淦人摭侯平反事實爲傳，又將勒諸石，余乃因其傳次敘其辭，而繫之以詩曰：

粤若古者，欽恤惟刑。於昭皇元，惻惻哀矜。奏讞審詳，有慎無輕。貪人庸夫，弗念弗承。彼詘孰信，彼曖孰明。韙哉李侯，善治流聲。有獄未直，汝往司平。靡微弗章，靡隱弗徵。姦狡膽落，展如神靈。家有慈親，天錫遐齡。陰德之報，其昌其榮。勗哉李侯，徯汝澄清。

天寶宮碑

泰定二年春，予以養疾寓天寶宮之別館，其宮之道士李天瑞、任進福、王進瑞、崔進貴，合辭言曰：「吾教之興，自金人得中土時，有劉祖師避俗出家，絶去嗜慾，屏棄酒肉，勤力耕種，自給衣食，耐艱難辛苦，朴儉慈閔，志在利物，戒行嚴潔，一時翕然宗之。繼劉而陳，陳而張，張而毛，毛而酈，酈始居天寶宫，際遇國朝，名吾教曰真大道，自爲一支，不屬在前道教所掌。酈之後有孫、有李、有岳，而吾之師嗣焉。吾師張氏，乾州奉天縣人，儒宦著族。大父德開爲軍官，掌千夫，父永興襲其職，母吕氏。師長身古貌，瞻耳美須，肅然埃壒之表，望之知其有仙風道氣。自幼惡殺，不啖肉味。年十六，從天寶宫李師爲道流，錫名清志，然獲歸養父母。年十八，辭家入太白山。越一年，往覲李師，復還省親。久之，辭親入終南山。大父年老，招之出山，乃家居侍養。年二十六，創長安明道觀。又適鳳翔扶風縣，立天寶宫。及李師死，師事岳師，畀以扶風道教之職。年三十三，爲永昌王祈福于五嶽四瀆，名山大川既遍，復來關中，修理前所創宫觀。居太白山龍虎洞三載，妖魅障厄亟至，一皆不懾。聞大母喪，歸服喪如禮。會陝西行省官有疾，治之而愈，有所贈遺，皆却不受，彼乃爲辦葬資。服闋至京師，岳師試以勞事，喜曰：『是子所矣。』又遣之出，曰：『他年再來。』吾師暨徒二人入東海大珠宇山，結茅而居。山舊多虎穴，虎避他處，頗爲人害。吾師曰：『吾奪其所，可去之。』於是游山東諸州，爲人除疾，應驗之速，若或相之云已。岳師死，吾師還喪之。喪畢潛遁，踰大慶渡至河東，居臨汾五紀居雲庵。地大震，城邑鄉村屋廬俱摧，壓死者不可勝計。獨師與其徒所居中裂爲二，得免於患。師遍尋木石問，聽呻吟聲，救活甚衆。復歸華山舊隱，而天寶宫二趙一鄭攝掌教事，五年之間相繼殞滅。鄭臨終，語其徒曰：『天降凶災，死亡荐臻，得非教條有違逆與？吾聞張清志躬受岳師囑咐，蓋仁人也，可奉之掌教，庶有在乎！』於是宫之徒衆尋訪吾師，得之於華山岩谷。既至，衆皆悦服。師諭徒衆曰：『吾教以慈儉無爲爲寶。今聽獄訟，設刑威，若有司然。吾教果如是乎？繼今以始，凡桎梏鞭笞之具盡廢之。』衆曰：『諾。』自是衆安害息，五年宿弊一旦息除。詣奉聖州鄺師所建大玄宫及縉山香水園，值車駕臨幸，嘗移文集賢院，欲解職而去，弗可。歸鄉展省墳墓，因至河南盧時山，仁廟俞集賢之請，加恩進號，英廟命住華岳太白山祝釐。今天子即位，有旨促還。師曰：『山澤之癯，於國不能寸補，何敢乘駟騎乎？』步行而前，圉人牽駟騎以從。吾師之孝其親也，大父母、父母之存，膳必親視，藥必親嘗；出入必告，應對必謹；清温定省，靡或有闕。母嘗病疽殆甚，口吮其膿去毒，遂得蘇瘥。又患滿氣疾幾不救，師禱神進藥，不寢食四旬，忽吐涎塊如瓜，漸底平復。居喪至哀，於儒家喪制不悖。師之敬其師也，塵賤之役，人不屑爲者，皆不厭倦，澣衣執爨，汲井剪厠，一無所辭。師之持其身也，衣布衲，携銅鑵，自爲粥以食，終夜危坐，未嘗解衣。其寢衣，絲纊及氈罽皮毛之屬，至於乳酥酪密，亦未嘗嚌也。師之濟於人也，少能力耕，其鄉土厚泉深，艱於得水，盛夏時每日於農務之餘，汲水貯石槽中，使盈而不竭，以待鄉里放牧牛羊及禽之渴者來飲之。宗戚之家親死子壯，葬娶愆期，則傾橐爲之葬娶。饑饉之歲，見不能自存之人，輒賑恤，令不至餒死。行禱嶽瀆山川時，自賫錢三十緡，隨行以濟所在惸獨無告者。鈞州趙家河民居近山麓，莫可鑿井，遠取河水以飲。師爲相土脉，俾井其處，果得甘泉，人甚便之。新豐戲河地在高原，亦以無井爲苦，或告以師前在趙家河得水之事，衆請師，師曰：『前特偶然耳，其可再乎？』請不已，竟爲掘二井。師之達於命也，汴有狂民，以逆取敗，其所罣與師同姓，誤執師以往。治獄者鞫問師，師凝然不動，無一辭辨解。拘縶年餘，省臺官徐察其誣，特與釋免。吾師謙冲損抑，掌教將二十年，教風日盛。於天寶[一]宫完舊營新，祝聖

〔一〕此下至一〇三一頁注釋〔二〕處，四庫本闕，據成化本補。

之殿、誦經之堂、禮師之祠、安衆之寮，以至庖庾廪廄，各有攸宜。日食數千指，而吾師澹然無欲，仙翁神君亦將讓德。欲立二石以記天寶宫重興之由，敢以爲世之能文章者請。」

予曰：子之教自托於老氏，其源蓋深遠矣，其流之别，教各不同，予未暇細論，洪惟我朝列聖之於二教，其恩至厚，其禮至隆，前古未之有也，而子之師皎然獨清於衆濁之中，口绝葷膻之味，身绝穢污之行，可謂特立不群者矣。若夫客塵不入，而内心常虚；主珍不出，而腹常實，神氣合一，如妻子父母之相戀而不離，長生久視，以閲生生滅滅之衆，此則老子末流，所謂神仙之伎也。予學孔氏，不足以知此，然或罔克究竟而欺世盗名者，蓋亦不無。若子之師崇尚質素，泊然自守，庶可以與游方之外者哉。

先是，翰林院承制行詞授師演教大宗師、凝神沖妙玄應真人，統轄諸路大道道教事。溯而上之，以逮其祖師，九傳矣，累朝俱賜真人之號。曰崇玄廣化真人者，其八傳艾德文也。曰頤真體道真人者，其七傳李德和也。曰通玄真人者，其六傳孫德福也。曰太玄真人者，其五傳酈希成也。曰體玄妙行真人者，其四傳毛希崇也。曰沖虚静照真人者，其三傳張信真也。曰大通演教真人者，其再傳陳師正也。初號無憂普濟真人，加號無憂普濟玄明洞微真君者，其祖師劉德仁。今與吾接而自言其教者，李、任、王、崔。李，宣授沖和常善大師；任，宣授明真頤正大師；王，授常善體真明道大師；崔，授圓明普潤大師。

撫州玄妙觀碑〔一〕

□□□□〔二〕門中豁，三夾旁附。正殿之西竪西閣，與東閣對峙。東廡、西廡以間計凡一十。前後左右既周且備，乃作正殿。掄才於遠郊，礱石於鄰郡。爲柱爲礎，必良必堅。四阿巍巍，四宇翼翼。阿之所幬，方五尋有半；宇之所環，其室十有二。規制朴偉，視昔相倍蓰。正殿之北、居屋之南造法堂及東西房，負柱之楹六。惟西偏東向之屋八間仍其舊，餘皆一新。像設壇位，輝赫整肅。自丁巳之冬至己巳之夏，十餘年之所經畫，而玄妙之精神氣象，奚翅復其舊而已哉！非意度之廣、才具之優，能若是乎？會其費，當緡錢

〔一〕四庫本失題，據成化本補，成化本有目無篇。
〔二〕本篇開頭四庫本原闕。

一十二萬。

昌祖，臨川彭塘人，禮師受業於仙蓋山之龍堂觀。善繼善述，輪其居，充拓其産，有光於其先矣。往往遶山觀振極於頽敗之餘，内外構架具足，捨所買私田百五十畝贍公厨，其所進益一如罷堂焉。永崇觀廢，舊額猶存，重爲啓立，度人嗣守其所，完美又如遶山焉。以至白雲開山，而樂界觀近之土相山，兼職而大築仙祠之宫，最後再興玄妙，優爲之也。蓋長於理財，而不私聽有。凡諸觀營造，悉用其私積，一毫無所取於公帑。玄妙之役，城中諸善士施助約萬緡，此外無所資於他人也。

嗚呼！群動總總，終身孳孳，利身肥家是圖；貪其入，吝其出，重外物，尤重於一己。達者固癡之，而况棄家遺身、遊方之外，非有仰俯之事畜，非有世胄之縻繫，而貨殖闢地，靳靳自私，靡異流俗之編氓，則其癡殆有甚焉。若全跡昌祖之達，千有不一二也。世之士大夫學孔氏，以治國平天下自許，授之以事，鮮或能辦，私其一身一家者比比而然，孰能於己無私，於事有成如全師者乎？師以其法嗣萬得一、連學禮分掌玄妙觀務，來請記營造始末，予因是嘆士大夫之有不如師，亦賤土苴而貴其真□□□□〔二〕，稱遶山道人云。

興聖五公寺碑〔三〕

五公寺在今清江鎮，鎮古淦陽縣也。舊傳梁僧寶公、朗公、唐公、化公、約公飛錫所駐，故建寺而因以名焉。寺初涉江，後值岸圮，遂徙東。已廢而重興者，宋紹興年間僧師善也；既毀而重構者，宋嘉定年間僧明悟暨覺慧也，歲久復敝。大元大德庚子，僧自宏謀新之，弗果。皇慶壬子，僧祖震白其師志澄，命其徒寶印敦役更造。而好事之家，二黎氏曰鎔、曰楝，二黃氏曰遵、曰莘，二周氏曰寅孫、曰仕奇，楊氏三登、陳氏以忠諸人咸施財助力。於是供佛之殿，縣鐘之樓，旁兩廡，前三門，講法有堂，財物有比。公庖私

〔二〕四庫本原闕。
〔三〕成化本有目無篇。

寢，内外一新，崇廣之度視昔加羨。延祐庚申告成。

寺有藏經，中使歲至，集僧繙閱，特賜「興聖」二字冠寺額，且錫師號及金紫之服，旌印之勤。寧具修寺始末，諗于史氏曰：「昔寺之重建也，紹興時，則有楊補之所譔疏，然禪師所譔記猶存；嘉定後，則有寺僧净師獄麓退居，與鄉貴向、范、李、王諸公游，留詠未泯。今延祐營繕功倍于前，不有鉅筆雄辭文諸堅石，永作實鎮，其何以示方來？」唐宋文人不吝分餘光以照叢林，庸敢布其衷。予觀都上國，梵宫造天，金碧焜煌。小有壞墜，官爲完。嘗言王公大人主之於上，其烜赫固宜。若夫遐陬幽寺，非有提挈維持之援，而寺之僧世世克承，以興廢補敝爲事。雖運代有迁革，而佛靈無休歇。其心也公，其謀也遠，是豈等一切有爲於夢幻泡影者所能哉！予固不得以學佛之徒少之也。

持印之役者，僧道安、僧義壽，予并嘉之，而人以精嚴僧律，紹述師志，爲來者勸。

長興院碑〔一〕

「天下名山，僧占多」，世有是言也。崇仁一鄉之居數十，長興院距縣最遠，而形勢最佳。山勢自北而來，形如城垣，環遶周四方三隅，唯東南隅爲出入門户。院之初起不知自何代，唐時已有之。院基背北面南，負山之正脉，乘其王氣。後徙右畔之西南，舊基蕪廢，院亦浸不如昔。有僧祖瑩善吟詩，游士大夫間，持身甚清苦，而莫克復其舊。數傳至僧如昌，新構于舊址之上，而院日以隆盛。創法堂，創佛殿，創正門、廊廡、樓閣、府庫、庖厨、僧廬、賓舘及左右前後之室屋，靡所不具。至元癸巳肇役，逮延祐丁巳，二十餘年，乃底完美。一出己力，而不資人之助。吁！難矣哉！

營造既備，而詩文以記。予固喜其形勢之勝，又嘉其興復之勤，於是樂爲之記而不辭。蓋長興之中否而復泰也，以得其地、以得其人焉爾。竊嘗怪二氏之徒豐其儲積而沾沾自

〔一〕成化本有目無篇。

肥，甚若編氓之欲以遺其子孫然。工於營造，則廣受布施以崇侈甚居而利其嬴餘者，或不能免也。

今昌師有所儲積，而於己無所私；有所營造，而於人無所求。夫其不求也，貪之疾除矣；其不私也，癡之疾瘳矣。應接盎然如春，而好醫術，以寓其慈閔普濟之仁，則嗔之疾又無有也。爲佛之徒，而去此三疾，豈不可貴乎？

院之抵吾家不滿三十里，予之識昌師不啻三十年。無私於己也，無求於人也，有功於院也，皆可書也。

卷五十一　原阙

卷五十二　原闕